私をギュッと抱きしめて

愛を取り戻す七つの会話

Hold Me Tight

Seven Conversations for a Lifetime of Love

by Sue Johnson

スー・ジョンソン

白根伊登恵 訳　岩壁 茂 監修

金剛出版

愛の理解を深めてくれた
クライエントと同僚たちへ

愛を感じ与えることを教えてくれた
夫と三人の子どもたちへ

Hold Me Tight :
Seven Conversations for a Lifetime of Love
by
Sue Johnson

私と踊ってください、美しい人
燃えるようなバイオリンの音に合わせて
不安な私を抱き寄せて
踊ってください、心が鎮まるまで
鳩の運ぶオリーブの枝のように
私を家に連れ帰ってください
私と踊ってください、愛が続くかぎり

レナード・コーエン

私をギュッと抱きしめて　愛を取り戻す七つの会話

目次

第II部

第III部　抱きしめることの効力　229

私をギュッと抱きしめて

愛を取り戻す七つの会話

はじめに

　私はいつも夫婦関係というものに興味を抱いてきた。イギリスで生まれ、父の経営するパブで人々が出会い、飲んでおしゃべりし、踊ったり喧嘩したりするのを見て育った。だが、子どものころ何よりも気になっていたのは父と母の関係だった。両親の関係が壊れていくのをどうすることもできずにただ見つめていた。それでも、二人が深く愛し合っているのはわかっていた。臨終の床で、父は二十年も別居していた母のために心からの涙を流した。

　両親の苦しみを見て育った私は、ぜったいに結婚などするまいと誓った。恋愛なんて幻だ、罠《わな》だ。独身のほうが自由で束縛がなくていい。だが、結局は、私も恋に落ちて結婚した。恋愛の吸引力にはあらがえなかったのだ。

　両親を挫折させ、私の人生を複雑にし、多くの人々の喜びや悲しみの根源となるこの神秘的で強い感情は何なのだろう？　迷路を抜けて不変の愛に至る道はあるのだろうか？

　こうした興味が心理学の勉強へとつながった。愛や絆に関する文献を渉猟し、愛を拒まれて不安定になった子どもや失恋に悩む大人のカウンセリングをした。愛し合っているのに衝突し、それでも別れられない家族の面接もした。だが、愛は謎のままだった。

　バンクーバーのブリティシュ・コロンビア大学でカウンセリング心理学の博士号を取得するため、夫婦を対象にしたカウンセリングを始めるとすぐ、クライエントたちの苦悩の深さに強く引きつけられた。夫婦の問題を生死にかかわることのように語る人も多かった。

しかし、個人や家族の相談ではかなりの成果をおさめても、反目しあう夫婦のカウンセリングはなかなかうまくいかなかった。図書館の本も学校で習った技術も役に立たない。クライエントたちは子ども時代を振り返って洞察を得ることなどに興味を示さなかった。理性的に交渉する方法を学びたいわけでも、もちろん、効果的な喧嘩のしかたを知りたいわけでもなかった。

愛は交渉などとは馴染まないように思われた。思いやりも絆も交渉して得られるものではない。それは感情に基づくものであって知性に基づくものではないからだ。私はひたすら夫婦の話に耳を傾け、恋愛というダンスにおける感情のリズムやパターンを教えてもらうことにした。カウンセリングの様子を録音して繰り返し聴くようにもなった。

こうして夫婦が言い争ったり泣いたり沈黙したりするのを見ているうちに、鍵となる感情の場面があることがわかってきた。そこで、博士論文のアドバイザーであるレス・グリーンバーグ教授の助けを借りて、こうした面接場面に基づく新しい療法を開発し、それを「感情焦点化療法（Emotionally Focused Therapy: EFT）」と呼ぶことにした。

この療法の効果を調べるために私たちは研究プロジェクトを立ち上げた。そのプロジェクトは、何組かの夫婦に感情焦点化療法を受けてもらい、別の何組かにはコミュニケーションや交渉のしかたを学ぶ行動療法を施し、さらに別の何組かには何の療法も施さないというものだった。感情焦点化療法の成果は、行動療法や何の介入もしないグループよりずっと良かった。夫婦喧嘩が減り、配偶者との関係に対する満足度が急上昇したのだ。この研究の成果によって私はオタワ大学の教員の地位に就き、その後何年にもわたってカウンセリングルームや臨床訓練センター、病院の診療室などでさまざまな夫婦を対象にさらに多くの研究を重ねた。結果は引き続き驚くほど良好だった。

だが、この時点ではまだ、夫婦関係をもつれさせる感情のドラマをきちんと理解できていなかった。愛の迷路を進んではいたが、その中心にはまだたどり着けていなかったのだ。疑問はいくつもあった。苦悩する夫婦はなぜそんなにも激しく憤るのか？　愛する人に無視されるとなぜそんなにつらいのか？　感情焦点化療法はなぜ有効なのか、それはどうすればもっと改善できるか？

ちょうどそのころ、パブで同僚と議論していたとき、いわゆるインスピレーションがひらめいた――くしくも初めて人とのコミュニケーションを学んだパブという場所で。私たちは、夫婦関係を単なる合理的な取引と考えるセラピストが多いという話をしていた。誰でも最小のコストで最大の利益を得ようとするから、というふうに考えが進んでいった。

「でも、夫婦カウンセリングをしていると、それよりずっと多くのことが進行しているのがわかるのよ」と私は言った。「そうか。でも、夫婦関係が取引でないなら、何なの？」と同僚が挑んできた。そのとき私は何気なくこう答えた。「ああ、それは心の絆よ。安心できる結びつきを求める、生まれながらの欲求。ジョン・ボウルビィ（イギリスの精神科医）が母親と子どもの愛着理論で言っているのと同じことが成人のあいだでも成り立つんだわ」。

このひらめきに私はすっかり興奮して同僚と別れた。夫婦の激烈な不満や必死の防衛の後ろに突然すばらしい理論が見えたのだ。彼らが何を求めているのか、感情焦点化療法がなぜ有効なのかがわかった。夫婦の問題は愛着や絆にかかわる問題だったのだ。頼りにできる相手、つながりや安心感を与えてくれる相手がほしいという、脳内に刻み込まれた欲求にかかわるものだったのだ。

愛とは何か、そしてどうすれば愛を修復し持続させられるかという問いへの答えを、発見あるいは再発見したと私は確信した。愛着や絆の枠組みを使うと、苦悩する夫婦を取り巻くドラマがはっきりと見えるようになった。自分自身の夫婦関係もはっきり見える。このドラマでは、私たちは情動の渦に巻き込まれている。情動とは何百万年もの進化が生み出した生存のためのプログラムであり、情動を回避しようとすれば自分自身を完膚なきまでに歪めることになる。従来の夫婦カウンセリングに欠けていたのは愛についての明確な科学的見解なのだ。

だが、この考えに周囲の同意は得られなかった。大人は情動（すなわち感情）をコントロールできなくてはならない、と同僚たちは言った。むしろ感情を出し過ぎるから夫婦関係がうまくいかなくなるのだ、と。感情は克服すべきものであって、傾聴したり甘やかしたりすべきではない。しかも、健康な大人なら自立しているはずだ。自立できていない人だけが他人を頼る。そういう関係は「絡み合い」とか「共依存」などと呼ばれる。つまり、互いに依存し過ぎているからこそ夫婦関係が破綻するのだというのだった。

クライエントを自立させるのがセラピストの役目だという考えは『スポック博士の育児書』のアドバイスに似ている。泣いている子どもを抱き上げると弱虫になるというアドバイスだ。だが、子どもに関してスポック博士は完全に間違っていた。そして、大人に関しては私の同僚たちも間違っていた。

感情焦点化療法の考え方はいたってシンプルだ。上手な口論のしかたも幼少期の分析も派手な求愛も新しい体位も関係ない。ただ、自分がパートナーに心理的に依存し愛着していることを認めさえすればいい。子どもが優しさを求めて親に愛着するのと同じように。大人の場合はもっと相互的で子どもの場合ほど身体接触に重きを置かないが、情緒的な結びつきの性質は同じだ。感情焦点化療法では、夫婦が互いに心を開き、波長を合わせ、相手の働きかけに応じる瞬間を大切にしながら心の絆を作り、強化していく。

今日、感情焦点化療法は夫婦カウンセリングに革命的な変化をもたらしている。過去十五年の厳正な調査によると、感情焦点化療法を受けた夫婦の七〇～七五パーセントが苦悩から回復して幸せな結婚生活を送っている。その効果は持続的で、離婚の危険性が高い夫婦にも当てはまる。感情焦点化療法は有効性の実証された夫婦療法として米国心理学会でも認められている。

北米には感情焦点化療法の訓練を受けたセラピストが何千人もおり、ヨーロッパ、オーストラリア、ニュージーランドにも何百人かいる。中国や台湾、韓国でも教えられている。最近では、米国とカナダの軍隊やニューヨーク市消防隊のような大きな組織から、苦悩する隊員とその配偶者のために感情焦点化療法を紹介してほしいとの依頼があった。

感情焦点化療法は広く受け入れられ、一般の人々にも知れわたるようになった。すると、ふつうの人が自分で使えるように本にまとめてほしいという要望が殺到してきた。そこで、この本を書くことになった。『私をギュッと抱きしめて』は生涯の愛を求めるあらゆるカップルのために書かれた本である。年齢も性別も法律上の婚姻関係も問わない。また、どのような文化的背景の人にも適用できる。心の絆に対する基本的欲求は地球上の誰にでもあるからだ。ただし、暴力的な関係や深刻な依存症、長期の不倫状態にある人には向かない。そのような状態ではパートナーと前向きにかかわれないからだ。そういう場合はセラピストに直接相談することをお勧めする。

本書は三部に分かれている。第I部では愛とは何かという昔からの問いに答える。意図せずしてパートナーと仲たがいしてしまうことがいかに多いかも説明する。また、最近の膨大な研究から必要なものを取り上げて随所で紹介する。デンバー大学家族研究センターのハワード・マークマンも「現代は夫婦カウンセリングがますます重要になってきている」と述べているが、この分野の研究は爆発的に増えている。

私たちはついに親密な関係を科学するに至った。夫婦の会話や行動が最も深い欲求や不安にどう影響し、相手との関係をどのように築いたり壊したりするのかを詳細に説明できるようになった。この本はカップルたちに新しい世界を見せ、どうすればゆるぎない愛を築けるかを教えるものである。

第II部は感情焦点化療法の簡略版である。ここでは夫婦関係における決定的な瞬間をとらえる七つの会話を提示し、安定した絆を生み出すためにこれらの瞬間をどう形成するかを教示する。それぞれの会話で実際のケースを紹介し、「やってみよう」のセクションも設けたので、読者自身の夫婦関係に役立てていただきたい。

第Ⅲ部では、愛のもつ力について述べる。ときとして人生は私たちの心に痛烈な痛手を負わせるが、愛にはそうした痛手を癒す計り知れない力がある。また、絆の感覚は夫婦関係を超えてもっと大きな世界へと広がっていく。愛に満ちた共感は真に思いやりのある文明社会の礎《いしずえ》なのだ。

感情焦点化療法を開発できたのは長年カウンセリングをさせていただいたカップルの方々のおかげで、プライバシー保護のために名前や詳細は変えてあるが、本書のあちこちでその方々の事例を使わせていただいた。また、それらの事例に別の事例を組み合わせて簡略化し、何千組ものカップルから学んだ普遍的な真実を反映させるようにした。私同様、読者諸氏もそこから学ぶものは多いだろう。この本はその知識を読者に伝えようとするものである。

私は一九八〇年代の初めに夫婦カウンセリングを始めたが、二十五年後のいまでも相談室でカップルと向き合うことに大きな喜びと情熱を感じる。夫婦がお互いの心からのメッセージを理解し、思い切って相手を求めるとき、私は喜びで胸がいっぱいになる。その方々の努力と決意を見るたびに、自分も大切な人たちとの関係を生き生きとしたものにしておかなければと思う。

人生は出会いと別れのドラマだ。人は皆結びついては離れていく。だが、これからはやみくもにそれを繰り返さなくてすむ。この本が愛する人との関係をすばらしい冒険の旅にしてくれるだろう。私自身にとってもそうだった。

「愛とは世間で言われているとおりのものです」とエリカ・ジョングは書いている。「愛のために戦い、愛のために勇気を出し、愛のために思い切って行動する――本当にその価値のあるものです。問題は、思い切って行動しないと危険が増大するということです」。まったく同感である。

第Ⅰ部

愛についての新たな光明

A New Light on Love

愛——その革新的解釈

Love — A Revolutionary New View

「われわれは互いの庇護のもとに生きている」

——ケルトの格言

愛という言葉はわれわれの言語で最もよく使われる最も重要な言葉かもしれない。人は愛について本や詩を書く。愛の歌をうたい、愛のために祈る。愛のために戦い（トロイ戦争のように）愛の記念碑を建てる（タージマハルのように）。愛の告白——「愛している！」——に舞い上がり、その解消——「もう愛していない！」——に落ち込む。愛について考え、愛について語る——際限もなく。

しかし、愛とはいったい何なのだろう？

学者や専門家は何世紀にもわたってその定義を試みてきた。冷徹な評者は、愛とは好意のやりとりによる相互利益の協定、すなわちギブアンドテイクの取引だという。歴史好きな人は十三世紀フランスの吟遊詩人が生み出した感傷的な社会習慣だという。生物学者や人類学者は遺伝子の伝承や子孫の養育を確実にするための戦略だと考える。

だが、ほとんどの人にとって、愛とは描写できても定義できない神秘的でとらえどころのない感情だった。かつて一七〇〇年代にさまざまな分野で偉業を成したベンジャミン・フランクリンも、愛とは「気まぐれではかなく、偶発的なもの」としか述べることができなかった。もっと最近では、妻というものの歴史を論じた学術書のなかでマリリン・ヤロムが「それは陶酔をもたらすセックスと感傷の混合物で誰にも定義できない」とさじを投げた。イギリスのパブで働く私の母の「おかしな五分間」という解釈は少し皮肉っぽいが、似たようなものだ。

しかし、今日、愛は理解を超える神秘の力だなどと言ってすませるわけにはもういかない。そんなふうに片付けられないほど愛は重要なものになってきたからだ。好むと好まざるとにかかわらず、二十一世紀では、愛に基づく夫婦関係こそが中核的な人間関係となってきたのだ。

一つの理由は、私たちの生活に社会的孤立の度合いが強まってきたことである。ロバート・パットナムを始めとする著述家は、現代人は「社会資本」の喪失にあえいでいると警告する（「社会資本」とは一九一六年にバージニアの教育専門家が編み出した用語で、隣人相互の持続的な援助や共感、仲間意識を指す）。今日、私たちのほとんどはもはや、親兄弟や幼友だちのいる地域共同体で暮らしてはいない。勤務時間も通勤距離も長くなるいっぽうで、親しい人間関係を築く機会はどんどん少なくなってきている。

私がカウンセリングする夫婦も二人だけで暮らしているケースが多い。二〇〇六年の国立科学財団の調査では、信頼できる人の数が減っていると答えた人が大多数を占め、何でも打ち明けられる相手は一人もいないという人が増えていた。アイルランドの詩人ジョン・オダナヒューが言うように「巨大な重たい孤独が凍える冬のように人々のうえに居座っている」。

必然的に、現代人は私の祖母が村中から得ることのできた情緒的つながりや帰属感を配偶者や恋人に求めることになる。それに追い打ちをかけるのが恋愛を賛美する大衆文化だ。映画やテレビドラマは恋愛こそが最も大切な人間関係だというイメージを植えつけ、新聞や雑誌、テレビニュースは俳優や有名人の際限ない恋の探求を熱心に報じる。最近のアメリカとカナダでの調査で、職業や経済的な成功よりも恋愛や夫婦関係での満足を第一に望む人が最も多かったのも驚くに値しない。

そうすると、愛とは何か、どうすれば愛を生み出し持続させられるかを知ることが必須となる。ありがたいことに、この二十年ほどのあいだに、愛についての知見は革命的な進歩を遂げてきた。

いまでは、愛は進化の頂点であり、人類にとって切実な生存のメカニズムであることがわかっている。だが、それは愛が交尾や繁殖を促すからではない。愛がなくても交尾はできる。愛が生存のメカニズムであるのは、それが少数の大切な人たちとの「絆」を育むからだ。その人たちは人生の嵐から避難するための安全な場所を提供してくれる。愛は人生の浮き沈みから私たちの心を守ってくれる防波堤なのだ。

そういう愛を求める気持ち──「私を抱きしめて」と言える誰かを見つけたいという欲求──は遺伝子に組み込まれていて、食物や住居と同じくらい生命や健康の維持に欠かせない。心身の健康を保つためには──すなわち生きるためには──かけがえのない少数の他者との情緒的つながりが必要なのだ。

新しい愛着理論

愛の真の目的を知る鍵はなかなか見つからなかった。かつて一七六〇年に、スペインの司教がローマの上司に宛てた手紙で、孤児院の子どもたちは衣食住が足りているのに「悲しみのために死亡する」と書いた。一九三〇年代から四〇年代には、アメリカの乳児院でスキンシップや情緒的接触を与えられない孤児たちがぞろぞろと死亡した。精神科医たちは、身体は健康なのに冷淡で人と交われない子どもの存在を認めはじめてもいた。一九三七年にデービッド・レビーはアメリカ精神医学会誌への寄稿のなかで、そのような子どもの行動は「情緒的飢餓」のせいだと述べた。一九四〇年代には、アメリカの精神分析医ルネ・スピッツが「成長障害」という用語を作り、親から引き離された悲しみで衰弱した子どもに適用した。

しかし、事態を正確に見抜いたのはイギリスの精神科医ジョン・ボウルビィだった。正直なところ、もし私が心理学者として、また一人の人間として、人を理解する仕事における最高の理念に賞を授ける立場にあったとしたら、フロイトでも誰でもなく、文句なしにジョン・ボウルビィにそれを授けただろう。彼は観察や報告という糸をつかんで「愛着理論」という筋の通った理論へと織り上げたのだ。

一九〇七年に準男爵の息子として生まれたボウルビィは上流階級の慣習にしたがって主に乳母や女性家庭教師によって育てられた。十二歳になって初めて両親とともに夕食の席に着くことを許されたものの、デザートの部分だけだったという。全寮制の学校へ入れられたあとはケンブリッジのトリニティ・カレッジで学んだ。ボウルビィの人生が伝統から離れたのは、環境不適応児のための斬新な寄宿学校でボランティア活動をしたときだった。この学校はA・S・ニールのような先見の明のある人たちが創設したもので、通常の厳しいしつけより情緒的支援に重きを置いていた。

この体験をきっかけにボウルビィはメディカル・スクールへ進み、精神医学を学んだ。そこでは七年間精神分析を受けることが義務付けられていたが、彼は素直な患者ではなかったようだ。フロイトは人が他者を求める気持ちを軽んじていたとするロナルド・フェアベーンのような先輩の影響を受けていたからだろう。問題の大半は患者の問題は内的葛藤や無意識の空想にあるという専門家の見解にボウルビィは反旗を翻した。問題の大半は外的なもので、現実の人々との現実の関係に根ざしているのだと彼は主張した。

ロンドンの児童相談所で問題のある子どもたちを担当したボウルビィは、その子たちが基本的欲求にうまく対処できないのは親との関係が荒廃していたからだと考えるようになった。のちに、一九三八年になって、著名な精神分析家メラニー・クラインのもとで臨床医として働きはじめると、極度に不安な母親をもつ多動児を受け持った。だが、子どもの問題は本人の投影や空想のせいだとみなされていたため、母親と話すことは許されなかった。ボウルビィは激怒し、自分の考えを系統立てて述べる必要を感じた。彼の考えとは、愛する人との結びつきの質や幼少期の情緒的剥奪が人格形成や対人関係の癖を決めるというものだった。

一九四四年、ボウルビィは家族カウンセリングに関する最初の論文『四十四人の若年窃盗犯』を発表し、そのなかで「無関心の仮面の裏にあるのは底なしの惨めさであり、冷淡な表層の下にあるのは絶望だ」と述べている。彼の担当した子どもたちは「また傷つけられるのはごめんだ」という姿勢のなかで凍りつき、絶望と憤怒のなかで硬直していた。

第二次大戦直後、ボウルビィは戦争孤児となったヨーロッパの子どもたちの調査研究を世界保健機関（WHO）から依頼された。その研究の結果、情緒的飢餓が現実にあることや温かい接触が身体の栄養と同じくらい重要であるという彼の考えが確認された。こうした研究や観察を行ううちに、自然は生存に役立つ行動を優遇するというチャールズ・ダーウィンの考え方に共鳴した。そして、大切な他者をそばに置いておくことは進化によって組み込まれたすばらしいサバイバル・テクニックなのだという結論に達した。

だが、ボウルビィの理論は急進的で、すぐには受け入れられなかった。実際、彼は英国精神分析協会から除籍されそうになった。伝統的な考え方は、母親をはじめとする家族に甘やかされて育った子どもは依存的になり、ひいては無能な大人になるというものだった。子育てでは清潔で理性的な距離を保つのが正しいとされた。そういう考え方は病気の子どもにも当てはめられた。ボウルビィの時代には、親が病気の子といっしょに病院に留まることは許されなかった。病院の入り口に子どもを置いてこなければならなかったのだ。

一九五一年に、ボウルビィと若いソーシャルワーカーのジェームズ・ロバートソンは『二歳児が病院へ行く』という映画を作り、ひとりで入院させられた幼児の怒りや恐怖、絶望を生き生きと描いた。ロバートソンは家族から引き離された子どものストレスを医師たちが理解してくれることを願ってその映画をロンドンの王立医療協会で上映した。だが、それはまやかしとして退けられ、上映禁止にされてしまった。一九六〇年代になってもまだ、イギリスとアメリカでは、親が入院中の子どもを見舞えるのは週に一時間だけというのが一般的な決まりだった。

ボウルビィには自らの知見を世に証明するための別の方法が必要だった。その方法を見つけたのがカナダ人の研究者でボウルビィの助手となったメアリー・エインズワースだ。彼女は愛着の基本となる四つの行動を見るためのシンプルな実験を考案した。四つの行動とは、愛する人との情緒的・身体的な近さを確認し維持すること、不安なときにその人を求めること、その人がいなくなると寂しく感じること、自分が外の世界へ探検に出ても何かあればその人が助けてくれると信じていること、の四つである。

この実験は「新奇場面法」と呼ばれ、誇張なしに何千もの科学的研究の礎となり、発達心理学に大きな変革をもたらした。この実験では、研究者が母親と子どもを見知らぬ部屋に招き入れる。一、三分後に母親は子どもを研究者と二人だけにして立ち去り、研究者は必要なら子どもを慰める。三分後に母親が戻ってくる。そして分離と再会がもう一度くり返される。

大半の子どもは母親が出て行くと動揺し、体を揺すったり泣いたり玩具を投げたりする。しかし、なかには比較的立ち直りの早い子もいる。こういう子は素早く上手に自分を落ち着かせ、母親が戻ってくるとすぐにつながりを取り戻し、母親がまだそばにいることを確認しながらすみやかに遊びを再開する。必要とあれば母親が必ず助けに来てくれると信じているのだ。だが、立ち直りの遅い子は母親が戻ってきても不安で攻撃的だったり無関心でよそよそしかったりする。気持ちを落ち着けることのできる子どもの母親は概して温かく共感的で、怒る子どもの母親は気まぐれで行動に一貫性がなく、無関心な子どもの母親は冷たく拒否的な場合が多い。こうした分離と再会の単純な研究から、ボウルビィは愛の動きを目で見てそのパターンを記録するようになった。

数年後に愛着、分離、喪失についての有名な三部作を発表すると、ボウルビィの理論はさらなる承認を獲得した。いっぽう、彼の同僚でウィスコンシン大学の心理学者であるハリー・ハーロウも、サルを使ったドラマチックな実験でいわゆる「接触快感」の力に注意を喚起した。この実験では、生まれたばかりの子ザルを母親から引き離し、食物を与える針金製の「母親」と食物なしの柔らかい布の母親のどちらかを選ばせた。すると、母親との接触に飢えた子ザルたちはほとんど毎回柔らかい布の母親を選んだのだ。また、ハーロウの実験は初期の分離の有害も明らかにした。すなわち、生後一年以内に母親から引き離された身体的に健康な霊長類の子どもは社会性のない大人になるということだ。そのサルたちには、問題を解決したり仲間の合図を理解したりする能力が発達しておらず、抑うつ的になり、自傷し、つがうこともできなかった。

初めは嘲笑され軽蔑された愛着理論が、結局は北米における子育ての方法を激変させた（私が盲腸の手術を受けた息子のそばで寝させてもらえるのもジョン・ボウルビィのおかげだ）。現在では、子どもには安全で継続的な心身の接触が不可欠で、それを無視するのは非常に危険であるということが広く受け入れられている。

大人どうしの愛

ボウルビィは一九九〇年に亡くなり、自身の研究がきっかけとなった第二の革命を見ることはなかった。第二の革命とは、愛着理論を成人どうしの愛に当てはめることだ。ボウルビィ自身、大人にも同様の愛着欲求があってそれが大人どうしの関係を形作ると主張していた。第二次大戦で夫を亡くした女性たちの研究を通して、その女性たちが孤児と似た行動パターンを示すことを発見したのだ。だが、このときもまた、彼の考えは受け入れられなかった。保守的で堅物の英国上流階級の人間が恋愛の謎を解くことなど誰も期待していなかったのだ！　いずれにしても、人々は恋愛のことならもうわかっていると思っていた。それは一時的な性的のぼせ上り、フロイトの言う「本能」に飾りをつけたものにすぎない。あるいは他人に頼ろうとする未熟な欲求の一種。もしくは求めることより与えることを旨とする無私無欲の犠牲と考えられていた。

だが、何よりも重要なのは、恋愛に愛着理論を当てはめることが「大人」についての社会通念に反することだった。成熟とは自立であるという考え方、ひとりで危険に立ち向かう不死身の戦士という理想は長く私たちの文化に根づいてきた。四十年たってもまだ強くなっている偶像、ジェームズ・ボンドなどは良い例だ。心理学者たちは自立や自己主張できないように見える人々を「未分化だ」「共依存だ」「融合している」などという。それとは対照的に、ボウルビィは「効果的依存」という言葉を用い、「ゆりかごから墓場まで」心理的支えを求めて他人に頼れるのは強さのしるしであり源泉であると述べた。

成人の愛着を立証する研究はボウルビィが亡くなる直前から始まった。当時デンバー大学の社会心理学者だったフィル・シェイバーとシンディ・ハザンは母子関係で見られる反応やパターンが夫婦関係にもあるかどうか見るために成人男女にアンケート調査を行った。『ロッキー・マウンテン・ニュース』という地方紙に質問事項を掲載したのだ。その結果、大人たちも、パートナーとの心のふれあいを求め、自分が動揺しているときは相手が安心させてくれることを望み、相手が離れてしまったように感じれば悲しみ、相手が見守ってくれていると思うと自信をもって外へ出て行けると答えた。また、相手への信頼感があるときは容易につながりを求められるが、そうでないときは不安になったり怒ったりよそよそしくなったりするという回答も得た。これはボウルビィとエインズワースが母親と子どもについて発見したことと同じだった。

このあと、ハザンとシェイバーはもっと本格的な研究を行い、アンケートの結果とボウルビィの理論を補強した。いまでは成人どうしの愛着に関するボウルビィの予言を立証する研究は何百もあり、本書でもあちこちで引用する。全体としての結論は「パートナー間に安心できるつながりの感覚があれば良好な関係を保てる。そして、それは当人たちに計り知れない恩恵をもたらす」ということだ。主だった研究結果のなかには次のようなものがある。

・パートナーとの関係がおおむね安定しているとき、すなわち、親密さが快く感じられ、相手を頼っても大丈夫だと思えるとき、支援を求めることも与えることも楽になる。ミネソタ大学の心理学者ジェフ・シンプソンによる研究では、八十三組の恋愛中のカップルに相手との関係についてのアンケートに答えてもらい、それから一堂に会してもらった。女性たちには「これから、たいていの人が怖がる作業をやってもらいます」と伝えておいた（作業の内容は教えていない）。アンケートの時点でパートナーとの関係に不安がないと答えた女性は、これからやらされる作業についておおっぴらに愚痴をこぼし、パートナーに支援を求めることができた。ところが、自らの愛着欲求を否定し、親密さを避ける傾向のある女性はその作業のことをあまり話さなかった。男性の反応も二通りだった。自分の恋愛関係は安定していると答えた男性はふだんよりもっと優しくなり、パートナーの身体に触れたり微笑みかけたりして慰めようとした。いっぽう、愛着欲求に違和感をおぼえると答えた男性はパートナーが不安を訴えても同情せず、相手の苦悩を軽くみて冷淡になり、身体に触れることも少なかった。

・パートナーとの確実なつながりを感じている人は、相手の言動に傷つくことがあっても柔軟に受けとめて強い敵意を抱くことはない。イスラエルのバーイラン大学のマリオ・ミクリンサーは、一連の研究で、パートナーとどうつながっていると思うか、諍《いさか》いが起きたときの怒りにどう対処するかを参加者に尋ねた。夫婦喧嘩の場面にどう反応するかを見るために心拍数のモニターもした。その結果、パートナーとのつながりが安定している人は相手にそれほど腹を立てないし、相手に悪意があるとは考えないことがわかった。そういう人は抑制のきいたやり方で怒りを表現し、問題を解決して仲直りするというような前向きの姿勢を示した。

- 愛する人との安定した結びつきは自信につながる。一群の研究を通してミクリンサーはパートナーとしっかり結びついている人は自己肯定感が強いことを確かめた。そういう人に形容詞のリストから自分の特徴を表す言葉を選んでもらうと、肯定的な言葉を選ぶ傾向があった。弱点について尋ねると、理想には達していなくとも自分に不満はないとためらいなく答えた。

ミクリンサーはまた、ボウルビィが予言したように、パートナーとの絆がしっかりした成人は好奇心が強く、新しい情報を受け入れやすいことも発見した。あいまいさを嫌わず、複雑な問いを好むのだ。ある実験では、ある人の行動を伝えてからその人の長所と短所を参加者たちに話し合ってもらった。すると、パートナーとの絆がある参加者はその人についての新しい情報をすぐに受け入れて自分の評価を改めた。新しいことに心を開く柔軟性は他者との安全な結びつきと関連しているようだ。好奇心は安心感から、頑固さは不安からくるのだ。

- パートナーと心を通わせる能力が高い人ほど自立できる。これは他人に依存しないことを良しとする社会信条に反するようだが、ピッツバーグのカーネギーメロン大学のブルック・フィーニィが二八〇組のカップルを観察して得た結果はまさにそれだった。自分の欲求がパートナーに受け入れられていると思う人はそうでない人より自力で問題を解決できる自信があり、首尾よく目標を達成できる確率も高かった。

人間は社会的な動物であるだけでなく他者との特別な親しいつながりを必要とする動物であること、そしてそれを否定すれば命にかかわることは、あらゆる分野の科学がはっきり証明している。実際、第二次世界大戦の死の収容所で生き残ったのは単独でいた人たちではなく二人一組のペアになっていた人たちだった。また、結婚している人のほうが独身者より長生きすることは昔から知られている。

豊富な証拠《エビデンス》

他者と密接なつながりをもつことは心身の健康を保つうえで欠かすことができない。シカゴ大学社会神経科学センターのルイス・ホークリーによれば、孤独は血圧を上昇させて心臓発作のリスクを二倍にする。ミシガン大学の社会学者ジェームズ・ハウスは「心理的な孤立は喫煙や高血圧より健康に悪い」と断言するが、喫煙や高血圧のリスクならいまや誰でも知っている！　こうした研究結果は「苦しむのはしかたないが、ひとりで苦しむのは耐えられない」という古くからの格言を実証している。

しかし、単に近しい関係があればいいというわけではない――その質が重要なのだ。劣悪な関係は健康を蝕《むしば》む。クリーブランドにあるケースウェスタンリザーブ大学の研究者たちは狭心症や高血圧症の病歴のある男性に「あなたの奥さんは優しくしてくれますか？」と尋ねた。「いいえ」と答えた男性は「はい」と答えた男性よりも次の五年間に狭心症の発作が二倍近くあった。女性の心臓も影響を受ける。夫との関係は緊張が高く、しょっちゅう夫ととげとげしいやりとりをする女性は幸せな結婚をしている女性に比べて血圧が有意に高く、ストレスホルモンのレベルも高い。さらに、心臓発作を起こしたことのある女性で夫婦関係に不和がある場合は、そうでない場合より、再度発作を起こす危険性が三倍も高いという研究結果もある。

ペンシルベニア大学の心理学者ジム・コインは、うっ血性心不全の患者では、夫婦関係の善し悪しが病気の重さと同じくらい四年後生存率の予測因子として有効であるという結論に達した。ハート（心臓）を愛の象徴とした詩人たちはきっと、心臓は愛の強さから切り離せないという科学者たちの結論にニッコリ微笑むにちがいない。

夫婦関係の悩みはホルモンや免疫系、さらには外傷からの回復力にさえも悪影響を及ぼす。オハイオ州立大学のジャニス・キーコルト＝グレイザーは新婚夫婦に喧嘩してもらい、その後数時間にわたって採血するという興味深い実験を行った。その結果、敵意が強くて軽蔑的であればあるほどストレスホルモンのレベルが高く免疫機能が低下することがわかった。その影響は二十四時間までも持続した。キーコルト＝グレイザーはもっと驚くべき実験もしていて、その実験では、真空ポンプで女性ボランティアの手に小さな腫れを作ったのちに夫と喧嘩してもらった。喧嘩が険悪であればあるほど女性の肌を治癒するのに長い時間がかかった。

愛情関係の質は精神面での健康を決める大きな要因でもある。かつてないほど豊かなこの社会に不安や抑うつが蔓延している。愛する人との諍いやその人からの敵意に満ちた非難は自信喪失や無力感につながり、うつ病の引き金となる。私たちは愛する人に認めてもらう必要があるのだ。夫婦関係の悩みはうつ病のリスクを十倍高めると研究者たちは言う。

以上が悪い話だ。しかし、良い話もある。

他者との愛に満ちた良好なつながりは私たちをストレスから守り、人生の難題に対処するのを助けてくれるという研究が何百もある。イスラエルの研究者たちは、安定した情緒的結びつきのある夫婦は結びつきの弱い夫婦よりもスカッドミサイルの攻撃のような危険にうまく対処できると報告している。安定した夫婦はそうでない夫婦より不安が少なく、攻撃後の身体的問題も少ないという。

愛する人の手を握るだけでも、過敏になった脳内の神経細胞が落ち着く。バージニア大学の心理学者ジム・コーンはＭＲＩで脳のスキャンを受ける女性患者たちに「機械の上に付いている小さな赤いランプが点灯したら足に軽い電気ショックを受けるかもしれません」と告げた。この情報に患者の脳内のストレス中枢が反応した。だが、パートナーが手を握るとストレスは減少した。電気ショックがあっても苦痛は少なかった。この効果は最も幸福な関係にある夫婦で著しく高かった。それは夫婦関係の満足度で高い得点をあげ、研究者たちが「スーパーカップル」と呼ぶ人たちだ。愛するパートナーとのふれあいは文字通りショックやストレス、痛みに対する緩衝材《バッファー》として働くのである。

愛する人は心と身体の「隠れた調節装置」だとコーンは言う。愛がうまくいかないと心が痛む。実際、カリフォルニア大学の心理学者ナオミ・アイセンベルガーによれば、「心が痛む」というのは非常に的確な言い回しなのだ。拒絶や排斥は身体的な痛みと同じ脳内部位の同じ回路を、すなわち前葉帯を、活性化させることを彼女は脳画像の研究から突きとめた。事実、この部位は私たちが親しい人から心理的に引き離されると必ず活性化する。この論文を読んだとき、私は自分自身の体験を思い出した。母の訃報にふれたとき、文字通りトラックに轢かれたかのように打ちのめされたのだ。また、パートナーと抱き合うと、オキシトシンやバソプレシンといった「愛のホルモン」があふれてくる。これらのホルモンは脳内の「報酬中枢」を活性化させ、ドーパミンのような落ち着きと快感の化学物質をあふれさせ、コルチゾールのようなストレスホルモンを抑止する。

私たちは長い道のりを経て愛とその重要性を理解するに至った。一九三九年には、女性が伴侶を選ぶ際の要因として「愛情」は五位だった。だが、一九九〇年代までには、それは女性だけでなく男性にとっても一位になった。いまの大学生たちが結婚に最も期待するのは「安心感」だという。

愛は人生の飾りなどではない。それは酸素や水のように、必要不可欠なものなのだ。そのことを理解し受け入れれば、夫婦関係の問題の核心に到達しやすくなる。

愛はどこへ行ったの？　つながりを失う

Where Did Our Love Go? Losing Connection

「愛しているときほど
傷つきやすいときはない」
――ジグムント・フロイト

「サリーに金銭感覚のないことが問題なんです。すぐ感情的になって、僕を信じて家計を任せることができないんです」とジェイは断言する。すると、サリーが爆発する。「そう、いつも問題は私なのよね。まるであなたがお金のことをちゃんとわかっているみたいにね！　このあいだだって、あなたの欲しがるくだらない車を買いに行ったわ。うちには必要ないし、買う余裕もない車をね。あなたは自分のしたいことだけして、私の気持ちなんかわかろうともしない。つまり、私なんかどうでもいいってことなのよね！」。

「あなたは厳しいばかりで冷たい父親だわ。子どもは見守ってやらなければならないのよ。規則で縛るだけではなく！」とジェーンは夫のクリスをなじる。彼はそっぽを向く。それから、落ち着いた声でしつけの必要性を説き、ジェーンのしつけ方はなっていないと言う。二人のあいだで非難の応酬が続く。ついにジェーンは手で顔を覆ってうめくように言う。「もうあなたっていう人がわからない。まるで知らない人みたい」。クリスはまたそっぽを向く。

ナットとキャリーはじっと黙ったまま座っていたが、突然キャリーが泣き出して、ナットの浮気でどんなに傷ついたか訴える。ナットは苛立ったようすで、浮気の理由をよどみなく話す。「どうしてそういうことになったのか何度も説明したじゃないか。本当のことをすべて打ち明けた。しかも、二年も前のことだ！過去のことなんだ！もうそろそろ乗り越えて許してくれてもいいじゃないか」。「あなたはわかってない！」とキャリーが叫ぶ。それから小さな声でつぶやく。「私を、私の気持ちを、ないがしろにしている。ただ元通りになればいいと思っているだけなんだわ」。彼女はすすり泣き、彼は床を見つめる。

私はそれぞれの夫婦に基本的な問題は何だと思うか、そしてどうしたらその問題を解決できるだろうかと尋ねる。彼らは少し考えてから答える。サリーはジェイの亭主関白ぶりを指摘し、もっと公平に権限を分担する方法を教えてもらいたいと言う。クリスは、ジェーンとは育児の面で同意できないので「専門家」の子育て講座を受けるべきだろう、と答える。ナットは、キャリーには性にまつわる心理的問題があるようなので夫婦関係を改善するためにセックスセラピストに相談すべきかもしれないと言う。

この人たちは夫婦の問題を一生懸命解決しようとしているが、的を外している。問題の表面的な部分、つまり氷山の一角しか見ていないからだ。それには多くのセラピストが同意するだろう。では、その下にある「本当の問題」とは何か？

たいていのセラピストは、これらの夫婦は不毛な権力争いや辛辣な喧嘩のパターンにはまり込んでいるので交渉のしかたやコミュニケーション・スキルを学ぶべきだ、と言うだろう。しかし、それもまた問題の核心から外れている。氷山を喫水線まで降りていったにすぎない。

根本的な問題を発見するためにはその下まで潜らなくてはならない。真の問題は、これらの夫婦が情緒面でつながっていないということなのだ。互いに対する安心感がない。夫婦喧嘩とは、実は情緒的分断に対する抗議なのだということに本人たちもセラピストも気づいていない。いがみ合う夫婦は相手にこう尋ねているのだ。**私はあなたを頼れますか？　あなたの支えを当てにできますか？　呼んだら応えてもらえますか？　私はあなたにとって大切な存在ですか？　あなたに尊重され、受け入れられ、信頼されていますか？**　怒りや非難は愛する人の心を揺さぶってその人とのつながりを取り戻すための叫び声なのである。

原初的パニック

愛する人は人生の「安全な基地」だと愛着理論は教える。その人の心が離れてしまうと、孤独でどうすればいいかわからなくなる。怒りや悲しみなどさまざまな感情が湧いてくるが、何にもまして不安になる。不安というのは生得の警報装置で、命がおびやかされると作動する。愛する人とのつながりが切れると安全の感覚がなくなり、脳内の扁桃核でアラームが鳴り出す。ニューヨーク大学神経科学センターのジョセフ・ルドゥーが「不安中枢」と呼んだこの部位は自動的な反応を喚起する。私たちは考えない。感じ、行動するのみだ。

誰でもパートナーと意見が合わなかったり口論したりすればいくらかの不安を感じる。だが、安定した絆のある人にとっては、それは一時的なものにすぎない。頼めばパートナーはすぐに安心させてくれるので、不安は簡単に鎮まる。しかし、もっと弱いあるいは擦り切れそうな絆しかない人にとっては、その不安は絶大なものとなる。ワシントン州立大学の神経科学者ヤーク・パンクセプが「原初的パニック」と呼ぶものに襲われるのだ。そうすると、たいてい次の二つのうちのどちらかの行動にでる。一つは相手から慰めや安心感を引き出そうとしてうるさくまとわりつくこと。もう一つは自分を守り落ち着かせるために相手に背を向けることだ。正確な言葉は別にして、前者の本音は「こっちを見て。私のそばにいて。あなたが必要だから」であり、後者は「傷つけられてたまるか。冷静になって、取り乱さないでいよう」である。

つながりを失う不安に対するこれらの戦略は無意識のもので、少なくとも初めのうちは有効だ。しかし、こういう戦略に訴えれば訴えるほど不安の悪循環が出来上がり、夫婦の心は離れていく。どちらも安全を感じられず、防衛的なやりとりが増え、相手との関係について最悪の事態を想定するはめになる。

もしパートナーを愛しているなら、なぜ結びつきを求める相手の叫びを聞いて優しく応じないのだろうか？　それは、自分のことで頭がいっぱいで相手の気持ちに波長を合わせる余裕がないからかもしれない。愛着の言語をどう話せばよいのかわからず、欲求を明確に伝えられないからかもしれない。自分の欲求がはっきりしていないからきちんと伝えられないということもあるだろう。相手との関係に確信がもてないために、つながりを求める声に怒りや苛立ちが混じることもある。この場合は、懇願ではなく強要に近くなるので対立が深まる。また、心のつながりを求める気持ちを最小限に抑えようとしてその気持ちを限られたかたちでしか表わさない人もいる。その典型はセックスに重点を置くことだ。そういう歪んだメッセージは自分がむき出しの欲求にさらされるのを防いでくれるが、相手がその欲求に応えるのを難しくする。

悪魔の対話

夫婦が結びつきを感じなくなってから長く時間がたてばたつほど、二人の会話はネガティブなものになる。研究者たちはそういう有害なパターンにいろいろな名前をつけている。私はそれを「悪魔の対話」とし、三つの種類に分けて、それぞれを「悪者探し」「抗議のポルカ」「冷めて離れる」と呼んでいる。この三種類については「第一の会話」の章で詳しく説明する。

この三つのなかでいちばんよく見受けるのは「抗議のポルカ」だ。このパターンでは夫婦のどちらかが攻撃的になってもう一方がよそよそしくなる。ワシントン大学の心理学者ジョン・ゴットマンは、結婚後二、三年でこのパターンに入ってしまった夫婦は四、五年のうちに離婚する確率が八〇パーセント以上であることを突き止めた。

ある夫婦の例を挙げてみよう。キャロルとジムは、ジムが約束の時間を守らないことでよく喧嘩する。あるとき私の相談室で、キャロルはつい先日の夜もいっしょに映画を観る予定だったのに彼が遅刻してきたと訴える。「どうしていつも遅くなるわけ？」と彼に食ってかかる。「私が延々と待っていようが、がっかりしていようが、あなたはどうでもいいのね？」。ジムは冷たく答える。「引き留められていたんだからしかたないだろ。だけど、そんなにガミガミ言われるんなら、映画なんか観ないでさっさと家に帰ったほうがましだね」。キャロルはジムが遅刻した別の例を次々と挙げてやり返す。ジムはその一つひとつに異議を唱えはじめるが、急にやめて黙りこくってしまう。

この果てしない口論で、ジムとキャロルは実際に起きたことの内容にとらわれている。ジムが最後に遅刻したのはいつだったか？　ほんの先週か、それとも何カ月も前か？　二人のうちどちらの話のほうがより「正確」で、どちらのほうが「まちがって」いるのか？　そして、問題は彼の無責任さか彼女の口やかましさかどちらかだと思っている。

しかし、何について喧嘩しているかは、実はどうでもよいのだ。別のセッションでは、ジムが夫婦関係について話したがらないということで口論が始まった。「そういう話になると必ず喧嘩になるんです」とジムが言う。「何のためにそんな話をするんです？　堂々巡りでイライラしてくる。しかも、最後にはすべてこっちが悪いことにされる。セックスのほうがよっぽど親密さを感じられますよ」。キャロルはあきれ顔で言う。「話すことさえしない人とセックスなんてしたくないわよ！」。

ここでは何が起きているのだろうか？　「遅刻」についてキャロルが文句を言いジムがふてくされるというパターンが「夫婦の会話がない」とか「性生活が充実していない」という問題へと飛び火している。そして、一方の否定的な発言がもう一方のさらに否定的な発言を呼び起こすという悪循環に陥っている。キャロルが責めれば責めるほどジムはふてくされる。そして彼がふてくされればふてくされるほど彼女はヒステリックになる。

最終的には、喧嘩の原因はまったく問題ではなくなる。ここまでくると、夫婦の関係全般に恨みや警戒心、よそよそしさが際立つようになる。夫婦間のあらゆる相違や不一致を否定的なフィルターを通して見るようになるからだ。相手のたわいない言葉を聞いて脅しと受け止める。あいまいな態度を見て最悪を予想する。不安や疑惑でいっぱいになり、常に警戒して防衛的になる。こうなると、相手と親密になりたくてもなれない。ノトリアス・チェリー・ボムズのヒットソング『昼間ガミガミ言ってた唇に夜キスなんてできないよ』はジムの体験を完ぺきに代弁している。

ときには「悪魔の対話」が始まりそうだとわかる場合もある。ジムは、キャロルが口を開くまえから自分が彼女の期待を裏切ったのだとわかるので、「引火」を防ぐ「壁」を打ち立てなければと思うのだが、結局はいつものパターンにはまってしまうのだと言う。だが、ほとんどの夫婦は自分たちのそういうパターンに気づいていない。

苛立った夫婦はどうしてこんなことになってしまうのかと考える。相手が無神経で思いやりがないからだと決めつける人もいる。自分を責める人もいる。「もしかしたら私に何か深い問題があるのかもしれません」とキャロルは私に言う。「おまえは可愛げのない子だって、よく母に言われましたから」。こうなると誰も信じられなくなり、愛などまやかしだという結論に達する。

夫婦の一方がうるさく文句を言いもう一方がふてくされて距離をとるという悪循環には愛着不安がからんでいるという考え方は、多くの心理学者やカウンセラーにとってまだ革新的なものである。私のところへ訓練を受けにくる同僚たちはたいてい、夫婦の諍いそのものや権力争いを主要な問題とみなすよう教えられてきた。だから、喧嘩をやめるための交渉やコミュニケーション・スキルを教えることに注力してきた。しかし、これは言わば対症療法にすぎない。際限ない苛立ちのダンスにとらわれている人たちは音楽を変えなければならないのにステップを変えろと言われているようなものだ。「俺にああしろこうしろと言うな」とジムが命令すると、キャロルはカッとなって相手の言葉を考慮する余裕などない。「私が言わなければあなたは何もしないじゃない。らちがあかないわ！」とすぐさま言い返す。

夫婦喧嘩のさまざまな側面に対処するテクニックはいろいろあるが、愛情関係をまとめる中核的な原理がわからなければ、問題を真に理解して持続的に夫婦を援助することはできない。一方がうるさく言ってもう一方が黙り込むというパターンは悪癖であるだけでなく、もっと深い真実の反映でもある。それは、その夫婦が情緒的に飢えているという事実だ。情緒的な滋養源がなくなりそうで、心が干からびていく。だから、その滋養物を必死で取り戻そうとしているのだ。

結びつきに対する根本的な欲求やそれを失う不安に目を向けないかぎり、従来のテクニックに効果はない。問題解決法もコミュニケーション・スキルも、子ども時代を振り返る療法も喧嘩を中断する技法もお門違いだ。幸せな夫婦が不幸な夫婦より「巧みな」あるいは「洞察に満ちた」会話をしているわけではないと前出のゴットマンも述べている。幸せな夫婦がいつも共感的に相手の話を聴いたり、相手が過去の体験のせいで厄介な期待を抱いているのだと考えたりしているわけではない。私の相談室でも、驚くほど明確に話ができて自分の行動についてもすばらしい洞察のできる人が、いったん感情の津波に襲われると、パートナーに対して筋の通った話し方ができなくなることがある。たとえば、クライエントのサリーはこう言う。「おわかりのように、私はきちんと話ができるほうです。友だちもたくさんいます。自分の意見をはっきり言って、相手の話をきちんと聴きます。でも、夫とのあいだで恐ろしい沈黙が続いているときに夫婦カウンセリングで教わったテクニックを思い出そうとするのは、飛行機から投げ出されて落ちている最中にパラシュートの取扱説明書を読もうとするようなものです」。

標準的な心理療法では、安全な情緒的つながりに対する欲求やそれを脅かすものに注意を向けない。夫婦が結びつきを取り戻してそれを保つ方法を教えない。喧嘩を中断させるテクニックは教えるが、その代償は高くつく。中途半端に喧嘩を中断させれば夫婦の距離はかえって広がり、絆を確認するどころか見捨てられ不安を強めてしまう。

愛着と分離の鍵となる瞬間

愛着理論を使うと、有害なパターンが理解しやすくなる。夫婦の絆が壊れたり築かれたりする瞬間がわかる。クライエントがこんなことを言うときがある。「何もかもうまくいっていたんです。私たち夫婦は親友みたいで、すばらしい四日間でした。でも、あの一つの出来事で、夫婦仲がめちゃくちゃになってしまいました。わけがわかりません」。

夫婦や恋人のあいだでは劇的な変化が非常に速く無秩序に進むので、現実に何が起きているのかつかめず、どう対処したらよいかわからないことが多い。だが、速度を落として眺めてみると、鍵となる瞬間が見えてくる。愛着欲求やそれに付随する強い感情は突如湧き起こることが多いのだ。それが湧き起こると、平凡な日常会話が身の危険や死活問題へと飛躍する。たとえば、「ジョニーはテレビを見過ぎる」という夫の言葉が妻のなかで瞬時に膨れ上がる。「私はジョニーのわがままを抑えられない。ひどい母親だわ。でも、あなたは今だって私の話を聞いていない。わかってるわ。仕事が忙しいからでしょ。そうよね。仕事が大事なのよね。私の気持ちなんかよりも。私は孤立無援だわ」。

もし夫婦のあいだに基本的なつながりの感覚があれば、こういう瞬間は日常生活のスパイスのようなものですむ。だが、もし結びつきが定かでなければ、そこから不安の連鎖が始まって夫婦関係は冷えていく。ボウルビィはどういうときに愛着の警報が鳴り出すか教えている。それは、自分が急に心もとない存在になったような気がするとき、あるいは愛する人との関係が悪いほうへシフトしたように感じるときだという。そういう感覚は外界から来ることもあるし、本人の内部から来ることもある。つまり、現実のものでも想像上のものでもありうるのだ。だから、重要なのは認知であって事実ではない。

リンダと結婚して六年になるピーターは、最近自分が妻にとって重要な存在でなくなってきているような気がしている。リンダは新しく仕事に就き、セックスの回数が減った。パーティでは、リンダは光り輝いているのに「おまえは髪が薄くなったね」と友人に言われた。彼女がとてもハンサムな男性——髪がふさふさの男性——と親しげに話しているのを見ると、胃が痛くなる。ここで、彼は自分が妻にとって大切な存在であることを思い出して気持ちを鎮めることができるだろうか？　頼めば彼女はそばに来て優しくしてくれたこともあった。そのときのイメージを使って不安を和らげることができるかもしれない。

だが、もし腹の虫がおさまらなかったらどうだろう？　妻のところへ歩いていって痛烈な皮肉を浴びせるだろうか？　それとも、そんなことは気にならないと自分に言い聞かせ、もう一杯、あるいは六杯、ひっかけるか？　彼が不安に対処するためにどちらの方法をとっても――攻撃しても逃避しても――リンダの心は彼から遠ざかるだろう。夫とつながっているという感覚も夫を魅力的だと思う気持ちも減退するだろう。そうなると、ピーターの原初的パニックは高まるばかりだ。

鍵となる第二の瞬間は当座の脅威が過ぎたあとにおとずれる。このときに対処のしかたを間違えなければ夫婦のつながりは取り戻せる。その夜、宴もたけなわとなったころ、リンダがピーターのところへ来た。ここで、彼は彼女が別の男性と親しげに話しているのを見たときの不安を伝えるだろうか？　彼女から理解の言葉を引き出せるような言い方で自分の気持ちを表現するだろうか？　それとも「男といちゃついた」と責め立ててすぐ家に帰ってセックスするんだと命令するか、あるいは不機嫌に押し黙ったままでいるか？

鍵となる第三の瞬間は、自分の愛着欲求にどうにか気づいて相手につながりを求め、相手がそれに応えたときだ。たとえば、ピーターがリンダをわきへ連れ出して、深呼吸して「君がハンサムな男性と話すのを見ているのはつらいんだ」と言ったとしよう。あるいは彼女のそばに立って当惑の表情を浮かべ、彼女がそれに気づいたとする。はっきり言われなくても何かおかしいと感じた彼女が「大丈夫？」と小声で尋ねる。彼女は彼に心を開いている。だが、彼はそれを信じるだろうか？　それを受け入れ、安心し、自分の気持ちを打ち明けるだろうか？　それとも、自分の弱さを見せまいと彼女を押しやり、防衛的なままでいるだろうか？　彼女が本当に気にかけているかどうか試すために嫌味の一つも言ってみるだろうか？

最後に、二人が日常生活に戻ったとき、ピーターは何があってもリンダが心の支えになってくれると信じているだろうか？　それともまだ安心できないでいるだろうか？　彼女の愛を確かめるために支配的になって反応を見ようとするだろうか、それとも彼女を求める気持ちを抑えて仕事や遊びで気を紛らわせようとするだろうか？

このドラマはピーターに焦点を合わせたが、リンダに焦点を合わせれば彼女にも同様の愛着欲求や不安のあることがわかるだろう。実際、それは男女を問わず誰にでもあるのだ。ただ、その表れ方は少しちがう。関係が悪化してくると、男性は自分が駄目だからと思うことが多く、女性は見捨てられたと感じることが多い。また、女性にはもう一つ反応があって、研究者たちはそれを「味方を求める傾向」と呼ぶ。たぶん女性のほうが抱擁ホルモンといわれるオキシトシンが多いので、絆の不足を感じると、男性より強く他者を求めてつながろうとするのだろう。

テキサス大学のテッド・ハドソンによる画期的な研究によれば、夫婦関係が破綻するのは喧嘩が増えるからではなく、愛情や情緒的反応が減るからだ。実際、結婚五年目に夫婦の関係がどれだけ安定しているかを予測する因子として最も有効なのはその夫婦の情緒的応答性であって喧嘩の度合いではない。敏感に反応する親密なやりとりが減りはじめると夫婦関係がおかしくなる。喧嘩が始まるのはそのあとだ。

夫婦は綱渡りのように綱の上で微妙なバランスをとっている。疑惑や不安の風が吹いたとき、パニックになって相手にしがみついたり急に向きを変えたりしたら、綱はますます揺れてバランスがとりにくくなる。綱から落ちないようにするためには、相手の動きに合わせて自分の動きを変える、つまり互いの感情に反応する必要がある。夫婦が結びついているのは互いにバランスをとっているからだ。夫婦関係は情動的な釣り合いのうえに成り立っている。

情緒的応答性——生涯の愛への鍵

Emotional Responsiveness — The Key to a Lifetime of Love

「人の心はもうひとつの心に応答しなければ
枯れてしまう」

——パール・バック

ティムとサラが相談室に座っている。ティムはなぜ自分がここにいるのかわからない。わかっているのはサラと大喧嘩したことだけだ。サラはパーティで彼に無視されたといって怒り、赤ん坊を連れて出て行くと言う。彼には理解できない。夫婦関係は悪くない。サラは「未熟」で「多くを期待しすぎるのです」と彼は言う。仕事がどんなに大変かも、いつまでも妻にちやほやしているわけにはいかないのだということもわかっていない。ティムは身体の向きを変え、「手の施しようがない」という顔で窓の外を眺める。

ティムの不満を聞いたサラは茫然自失の状態から我に返る。そして、この人は自分で思っているほど賢くない、と辛辣な口調で言い切る。「それどころか、コミュニケーション能力ゼロの最低な人」と言う。それから、悲しみに打ちひしがれて、やっと聞き取れるくらいの声でつぶやく。「この人は私が死にそうになったって知らん顔をしている冷たい人なんです」。こんな人と結婚しなければよかった、とすすり泣く。

この夫婦はどうしてここまできてしまったのだろうか？　小柄で黒い髪のサラとしゃれた身づくろいのティムは結婚して三年になる。二人は職場の同僚で、気の合った遊び仲間でもあり、技能も活力もよくマッチしていた。新築の家に住み、一歳半の赤ん坊がいる。子どもが生まれてからはサラが仕事を休んで育児に専念してきた。そしていま、二人は喧嘩ばかりしている。

「帰りが遅いとか働きすぎるとか、文句ばかり言われるんです」とティムが腹立たしげに言う。「でも、僕は家族のために働いているんだ」。サラは「家族のためじゃなくて自分のためでしょ」とつぶやく。ティムは続ける。「君はもう僕のことがわからないと言うけど、大人の関係とはそういうものなんだよ。妥協して、友だちのようになるってことなんだ」。

サラは唇をかんで答える。「あなたは私が流産したときも休みを取ってくれなかった。あなたにとっては何もかも取引や妥協なのよね……」彼女は首を振る。「あなたと心が通わなくて、絶望的な気分になる。こんなに寂しいと思ったことはないわ。独りで暮らしていたときよりまだ寂しい」。

サラのメッセージは切迫しているが、ティムにはそれがわからない。感情的すぎる、と言う。しかし、そこがポイントなのだ。人は主要な愛情関係が脅かされたときほど感情的になるときはない。サラはティムとのつながりを必死で取り戻そうとしている。ティムもサラとのつながりをなくしてしまったのではないかと恐れている――つながりは彼にとっても大切なのだ。だが、つながりを求める彼の気持ちは妥協や成熟の話で覆い隠されている。彼は「すべてが丸くおさまっている」状態を保つためにサラの懸念を退けようとする。この夫婦は再び互いの心の声に耳を傾けられるようになるだろうか？　もう一度波長を合わせられるようになるだろうか？　私はどのように援助できるだろうか？

感情焦点化療法の始まり

サラとティムのような夫婦をどう助けたらよいか、すぐにはわからなかった。カウンセリングを受けにくる人たちに変化をもたらすためには、鍵となる感情に耳を傾けてそれを拡大してみなければならないことはわかっていた。そうして一九八〇年代の初めにカナダのバンクーバーで午後の夫婦カウンセリングを始めたとき、もめている夫婦には共通の感情があり、それが夫婦間のダンスの基調をなしているらしいことに気づいた。だが、セッションは混沌とした感情と沈黙のあいだを行ったり来たりするだけだった。まもなく、私は毎朝大学の図書館へ通って文献を渉猟し、相談室で繰り広げられるドラマの地図を探した。だが、そこで見つけた資料にはたいてい、愛は理解を超えるもので強力な感情は危険だからそっとしておいたほうがよいというようなことが書かれていた。両親の関係を配偶者との関係で繰り返してしまうという洞察を勧める本もあったが、そういう洞察を促しても夫婦関係はあまり変わらなかった。クライエントにコミュニケーション・スキルの練習をしてもらったこともあるが、そんな練習では問題の核心に到達しないと言われた。従来の療法はどれも的外れだった。

クライエントの言うとおりだと思った。私自身もどういうわけか的を外していたのだ。それでも、夫婦の問題に強い関心があったので、録画したセッションを延々と見続けた。狂いの生じた愛のドラマを本当に理解できるまで見ようと決心した。愛というものを理解できるまで見るのもいいと思った。すると、ついに視界が開けてきた。

まずは、共通の敵ほど人々を結びつけるものはないということを思い出した。夫婦を援助するためには、その悪しき交流パターン――すなわち「悪魔の対話」――を敵とみなせばよいのではないかと考えた。そこで、相談室での夫婦のやりとりを要約してみせ、二人が負の連鎖に陥っていることに気づいてもらうようにした。相手が最後に言った言葉に反応するのではなく、やりとり全体に目を向けてもらうのだ。テニスにたとえるなら、いま来た球の打ち返し方より試合全体を見てもらう。すると、二人の対話には独自性があって、それが双方を傷つけていることがクライエントたちにもわかるようになってきた。だが、否定的な交流パターンは非常に強固だった。夫婦の双方がその毒性に気づいても、同じパターンを繰り返してしまう。感情によってそのパターンに引き戻されてしまうのだ。そういう感情はなぜそんなにも強いのだろうか？

私はジェイミーとヒューのような夫婦をじっと観察した。ジェイミーが怒れば怒るほどヒューは黙り込む。私が穏やかにいろいろ質問すると、彼はやっと、沈黙の下にある「敗北感」や「悲しみ」を打ち明けてくれた。人は悲しくなると動きが鈍くなる。ヒューはジェイミーとの結婚を悔やみはじめていた。だが、もちろん、彼が心を閉ざせば閉ざすほど、彼女は彼の心のなかへ入りたがる。彼女の苛立った要求は彼を沈黙させ、彼の沈黙は彼女を苛立たせる。堂々巡りだ。二人とも行き詰っていた。

この「輪舞」の回転を遅くすると、悲しみや不安、当惑、恥ずかしさのようなソフトな感情がいつも出てきた。そして、もしかしたら初めてそういう感情を吐露し、悪しき交流パターンにはまっていたことを理解したジェイミーとヒューは、相手が以前より安全な存在に感じられるようになった。「寂しかったのよ」と言えたジェイミーはヒューにとって危険な相手には見えなかった。誰も悪くはないのだ。非難と沈黙という狭いやりとりは下火になり、新しいタイプの会話が始まった。ソフトな感情を伝え合うことで、お互いに対する見方が変わってきたのだ。「全体像が見えていませんでした。彼がよそよそしくて冷たいという点ばかり見ていました。彼は私の弾丸をかわして、私を落ち着かせようとしていたのですね。何の反応も得られないと、絶望的になって弾丸を発射してしまうのです」とジェイミーは認めた。

やっと私の仕事に目鼻がついてきた。来談する夫婦はお互いに対して以前より優しくなった。感情のドラマはそれほどひどいものではなくなった。否定的なパターンが始まるのは、一方がもう一方を求めても安全な情緒的つながりが得られないときだ。そういうときに「悪魔の対話」が始まる。二人ともその対話の犠牲者なのだということを理解し、思い切って深い感情を伝えることができれば、喧嘩はおさまり親近感が増す。それですべてが丸くおさまる。いや、本当にそうだろうか？

クライエントたちの答えは「ノー」だ。ジェイミーは言う。「たしかに、お互いに優しくなったし、喧嘩も減りました。でも、どういうわけか何も本当に変わってはいません。ここへ来るのをやめれば、また元に戻ってしまうでしょう。きっとそうです」。同様の意見は他の人たちからも聞かれた。では、何が問題なのだろう？　ビデオを再生しながら、私は悲しみや恐怖のような深い感情がまだきちんと処理されていないことに気づいた。クライエントたちはまだ警戒心を解いてはいなかったのだ。

「情動」という言葉は「動く」というラテン語から来ている。私たちは自分の感情に動かされるし、愛する人が深い情けを見せてくれれば心が動く。だから、もし夫婦が絆を取り戻したいのであれば、自分の感情が自分を動かして相手と新しいかかわり方をするのを許さなければならない。私のクライエントたちは「悪魔の対話」のなかに隠していた自分のソフトな面を思い切って見せることを学ばなければならなかった。黙り込んでいたほうのパートナーが喪失や孤立の不安を打ち明けると、優しさやつながりへの切望も語れるようになった。すると、非難していたほうのパートナーは心を動かされて優しく対応するようになり、自分の欲求や不安も打ち明ける。それはあたかも両者が突然しっかりと向き合い、お互いを求めて手を伸ばしているかのようだった。

このような瞬間は本当にドラマチックですばらしい。すべてが変わり、愛と絆の好循環が始まるのだ。この瞬間から人生が変わったとクライエントたちは言った。夫婦は「悪魔の対話」から抜け出せただけでなく、安全で親密な新しい関係に入れたのだ。そうすると、その新たな親密さを守るためにはどうすればよいかということも気軽に話し合えるようになる。しかし、なぜこの瞬間がそんなに力強いのか私はまだ正確には理解していなかった。

それでも、この一連の発見に強く魅せられた私は、論文アドバイザーのレス・グリーンバーグ博士にこのアプローチの検証とこれを「感情焦点化療法」と呼ぶことを提案した。私たちは特定の情動シグナルが夫婦間のつながりをどう変えるかに重点を置いた。最初の調査は私の期待通りだった。感情焦点化療法は夫婦が否定的なパターンから抜け出すのを助けるだけでなく新しい絆の感覚を生み出すことも確認できたのだ。

次の十五年間、私は同僚たちといっしょに感情焦点化療法についての調査研究を重ね、関係の改善を求めてやってくる夫婦の八五パーセント以上にこの療法が役立つことを確認した。しかもその変化は持続するようだった。重い慢性病の子どもがいるというような大きなストレス因子を抱えた夫婦の場合でも持続した。感情焦点化療法はトラックの運転手にも弁護士にも、同性愛者にも非同性愛者にも、国際結婚の夫婦にも、「ヒステリーを起こす妻と黙り込む夫」のようなカップルにも有効であることがわかった。夫婦カウンセリングで用いられる他の療法と違って、カウンセリング終了時の幸福度という点では初診時の苦悩のレベルはさほど問題ではなかった。なぜだろう？　その理由を知りたいとは思ったが、先に解かなければならない謎があった。

この感情のドラマはどういうしくみになっているのだろう？　なぜ「悪魔の対話」はそんなにも強力で普遍的なのだろう？　あのような結びつきの瞬間はなぜ夫婦関係を変化させるのだろう？　私はまるで、見知らぬ土地で道はどうにか見つけたけれどまだ地図がない、あるいは自分がどこにいるのかよくわからないという感じだった。離婚寸前の夫婦が再び恋に落ちるのを見たし、そのように導く方法さえ見いだしていた。それでも、右のような問いに対する答えはわからなかった。

ちょっとしたきっかけが夫婦にとっても私のような悩めるセラピストにとっても大きな転機になることがある。あるとき、同僚にこう尋ねられた。「もし夫婦関係が利害関係でないなら――それは一体何なの？」と。私は深く考えもせずに答えた。「ああ、それは心の絆だわ……愛は理屈ではないし、取引でもない。感情の反応だから」。そのとき、私のまえに突然新しい視界がひらけたのだ。

私は研究室に戻ると、クライエントたちが口にする不安や欲求に特別な注意を払いながらビデオを見た。そして、夫婦関係を変化させたあのドラマチックな瞬間を吟味した。すると、そこでは心の絆が形成されていることに気づいたのだ！　やっとわかった。私はジョン・ボウルビィが愛し愛されることの土台だと言った情緒的反応を見ていたのだ。どうしてそれを見逃していたのか？　それは、この種の絆は子ども時代のもので、大人になると終わると教えられていたからだ。だが、これは大人の愛の問題だ。私は急いで家に帰り、この洞察を書き留めて夫婦カウンセリングに取り入れることにした。

愛着理論は私を悩ませていた三つの問いに答えてくれた。簡単に言うと、次の三つのことを教えてくれたのだ。

一、夫婦カウンセリングで見られる強い感情は決して不条理なものではない。それどころか完全に理にかなっている。クライエントたちが命がけで戦っているように見えるのは、本当に命がけで戦っているからだ。人間は孤立したり他者とのつながりを失いそうになったりすると脳が原初的パニックを起こすようにできている。少数の他者との安全な結びつきに対する欲求は何百万年もの進化を通して脳に組み込まれてきたのだ。悩める夫婦たちは、言葉は違っても、基本的にはこう尋ねているのだ。「あなたは私の支えになってくれますか？　私はあなたにとって大切な存在ですか？　私が呼んだら来てくれますか？」と。愛は生存のための最高のメカニズムであり、パートナーから突然心理的に切り離されるのは恐ろしいことだ。そうなったら、相手に応えてもらえるように欲求を伝えて、つながりを取り戻さなくてはならない。大切な人とつながっていたいという気持ちは食欲や性欲にもまさる最優先事項だ。夫婦の繰り広げる愛のドラマはそういうつながりに対する飢餓にまつわるものにほかならない。私たちは他者との安全な結びつきがなければ生きていけない。愛に満ちた絆は自然が与えてくれる唯一の安全装置なのだ。

二、こうした感情や愛着欲求が「悪魔の対話」のようなネガティブなやりとりの背後にある。いま、私はこの種のやりとりがなぜ抑えがたく、いつまでも続くのかわかる。安全な結びつきがなくなったと思うと、夫婦は「戦うか逃げるか」のモードに入る。つまり、相手を責めてどんな反応でもいいから反応を得ようとするか、心を閉ざして無関心になろうとするかどちらかになる。両者は対処のしかたが違うだけで、おびえていることに変わりはない。問題は、いったんこの非難と逃避のループが始まると、それが両者の不安を強めて孤立感に拍車をかけることだ。このダンスを指揮するのは太古からの情動だから、理性によるスキルでは歯が立たない。相手への非難は死に物狂いの愛着の叫びであり、**分離に対する抗議**なのだ。それを鎮めるためには、愛する人が気持ちのうえで接近し、抱きしめて安心させてやるしかない。他に方法はないのだ。もしこの再結合が起こらなければ、諍いは続く。夫婦の一方は半狂乱になってもう一方から情緒的反応を得ようとする。もう一方は、愛に失敗したと言われて凍りつき、身動きできなくなる。危険に直面して身動きできなくなることも無力感への対処法として脳に組み込まれているのだ。

三、感情焦点化療法で変化が起こる瞬間は安全な結びつきの瞬間だ。このとき、夫婦は互いの愛着の叫びを聞き、それに応えて相手を慰め、試練に耐えられる絆を築く。この瞬間にすべてが変わる。「あなたは私の支えになってくれますか？」という問いに「イエス」の答えが返ってくる。自分の欲求の伝え方や相手との距離の縮め方がわかれば、たとえ試練に直面しても夫婦の愛は強くなるだけだ。この瞬間に信頼できる結びつきが生まれるのは当然だ。夫婦のそれぞれが人として強くなるのも当然だ。愛する人が支えになってくれて呼べば来てくれるということは自分に価値があるということだから、自信がもてるようになる。しかも、自分には頼りにできる人がいるからひとりぼっちではないと思うと、世界はそんなに怖い場所ではなくなる。

最初に調査を行った時点で感情焦点化療法の有効性は確かめられていた。私は悩める夫婦を幸せな絆へと導く道を見つけていた。だが、すべての問題が愛着欲求にまつわるものだとわかったとき、愛に関する広範な地図も発見した。そして、愛に満ちた特別な結びつきに至る段階を体系づけることができた。

私の夫婦カウンセリングはすぐに変化した。非難したり黙り込んだりする夫婦の態度にボウルビィの言う分離不安がはたらいているのが見てとれた。相手を自分のほうに向かせようとしてますます声を荒らげる人もいれば、ことを荒立てまいとしてますます黙り込む人もいた。「悪魔の対話」にはまり込んだ夫婦が話す言葉は愛着の言語だった。情緒的反応を求めるがゆえの非難と拒絶や喪失を恐れるがゆえの沈黙——これが果てしない諍いの下にある枠組みなのだ。この枠組みを理解すると、夫婦の気持ちに波長を合わせるのが容易になった。彼らの執拗さも理解できた。夫婦の感情や欲求に愛着理論を当てはめて結びつきの瞬間へと導くと、本人たちも満足の意を表してくれた。言葉にならない切望や一見不条理な不安が理解でき、まったく新しいかたちで相手とつながることができる、と言ってくれた。そういう切望や不安をもつことは悪いことでも「未熟な」ことでもないのだとわかって気が楽になったとも言った。欲求や不安を隠したり否定したりする必要はないのだ。こうして、夫婦カウンセリングの場で感情焦点化療法に磨きをかけることができた。正しい方向に進んできただけでなく、目的地への地図も手に入れたのだ。ようやく問題の核心に到達することができた。

ここ数年、成人の愛着に関する科学的研究が進み、私が何千もの夫婦カウンセリングのセッションで学んだことが確認されるにつれて、安全な結びつきを促進する鍵となる会話が明確になってきた。そういう会話ができると、夫婦は苦悩から回復して強い絆で結ばれることを私たちは調査研究を通して突き止めた。この本は読者がそれらの会話を自らの夫婦関係で使えるように編み出されたものである。いままでは感情焦点化療法の訓練を受けた専門家の指導が必要だった。しかし、非常に価値あるもので要望が多かったため、プロセスを簡略化して、読者が夫婦関係改善のために簡単に使えるようにした。

接近・応答・関与

感情焦点化療法は特別な情緒的反応を促す七つの会話が基盤となっている。情緒的反応は永続する夫婦愛の鍵であり、次の三つの要素から成る。

・接近——私はあなたの心に近づけますか？
これは、たとえ疑いや不安があってもパートナーに心を開き続けることを意味する。また、自分の感情を理解してそれに圧倒されないよう努めることでもある。そうすれば断絶から一歩さがって、相手からの愛着の信号に気づける。

・応答——あなたが情緒的に応答してくれると信じていいですか？
これは、相手と波長を合わせて、相手の愛着欲求や不安が自分にとって重大な意味があると伝えることである。つまり、相手の発する感情の信号をきちんと受け止めて、慰めや思いやりの信号を返すことだ。敏感な反応は必ず心に触れて、身体レベルでの落ち着きももたらす。

・関与――あなたは私を大切にし、ずっとそばにいてくれますか？

ここでいう関与とは、愛する人だけに向けられる特別な注目のことである。そういう相手は他の人たちより長く見つめ、身体に触れることも多い。心が相手と共にある状態を指す。

「接近・応答・関与」とは、平たく言えば、「私の心に寄り添っていてくれますか？」ということである。

感情焦点化療法の七つの会話

サラとティムの話に戻って感情焦点化療法がどのように機能するか見ることにしよう。まずは、この夫婦の関係を変化させた最初の四つの会話を吟味する。そうすれば、彼らの変化を理解でき、本書の第二部を使ってあなた自身の関係にも変化をもたらすことができるだろう。またサラとティムのように、あなたも夫婦関係が情緒的飢餓や無関心へと滑り落ちるのを止められる。だが、それ以上に、すばらしい愛のロジックとそれを築く会話を学ぶことができる。

第一の会話「悪魔の対話に気づく」では、夫婦がはまり込んでしまう有害なダンスに気づいてもらう。それはどういうときに始まるか、互いの動きはどんなふうに対立をエスカレートさせるか。自分たちの悪いステップに気づいたら、辛辣な発言を掘り下げて本当は何を言っているのか考えてもらう。サラの攻撃や要求はティムとの絆がすり減っていくことへの必死の抗議であり、ティムの防衛的態度や冷たい理屈づけはサラが自分に失望して離れていってしまうのではないかという不安の表れなのだ。彼がサラの懸念に無関心であればあるほど彼女は寂しくなって怒りをつのらせる。そして、しまいには非難と防衛しか残らない。

ティムとサラは新しいポジティブな会話を交わし、この「悪魔の対話」に勝つことができた。サラはこんなふうに言える。「たしかに私はきつく言いすぎると思う。すごく腹が立っているし、がっかりしているから。だからつっかかっていくのだけれど、それはあなたにわかってほしいからなの。こちらの気持ちを理解して、戻ってきてほしいのよ。でも、私がとがめると、あなたは自己弁護して遠ざかってしまう。私が危険な人間のように思えて、よけい離れていってしまうのよね。そうすると私はもっと取り乱す。悪循環ね。いままで気づかなかったけれど」。ティムのほうも、自分のよそよそしい態度のせいでサラが苛立っているのがわかる。二人はそのパターンに気づき、互いを責めるのをやめるようになる。これで第二の会話へ進む準備ができた。

第二の会話「むき出しの箇所を見つける」で、ティムとサラは自分たちの反応が愛着不安に関連していることを理解する。サラの怒りやティムの冷たさのような表面的な反応の下にあるものを見据える。すると、心の奥底に愛着欲求や不安につながるソフトな感情が流れていることがわかる。ティムは穏やかで素直になったサラのほうを向いて言う。「君の言うとおりだ。夕べ、あのとき、君の心の痛みに気づかなかった。ああいうときには君の怒りしか見えないんだ。またへまをした自分が責められていることしかわからない。またやっちまった。俺はどじばかり踏んでるってね」。彼は手で顔を覆う。それから、ため息をついて続ける。「だからすべてに蓋をしようとするのだと思う。喧嘩をやめるためと自分の失敗を隠すために。でも、君が離れていってしまいそうなことに僕が気づいていないと思うかい?」。彼は頭を垂れる。サラは前かがみになって彼の腕にそっと手を置く。彼がよそよそしい態度をとったのは彼女を愛していないからではなく、彼女を失う不安に対処できなかったからなのだ。

サラとティムは、相手のむき出しの箇所に触れずにはダンスできないことに気づきはじめる。夫婦は互いのむき出しの箇所を知って相手を自分のほうへ引き寄せるようなかたちでそのことを語れるようになならなくてはならない。いま、サラとティムは愛着不安に火をつける特定の出来事に対する敏感さに気づく。「あなたが遅れてくると本当にイライラするの」とサラは言う。「父のことを思い出すから。家を出て行ったあと、よく電話をくれて優しい言葉をかけてくれて、いつ迎えにくるとか言うのだけれど、決して来なかった。いつも期待を裏切られて――そのうち、私なんか父にとってどうでもいい存在なんだと思うようになった。勘違いしていた自分はバカだった、と。その感覚がよみがえってくるのよ」。自分に対する怒りよりも彼女自身の失望や切望の話を聞いたティムは彼女に対する見方が変わり、彼女にとって何が問題なのかが見えてくる。彼はもっと彼女の話に耳を傾け、二人は深い情緒的レベルでつながりはじめる。

第三の会話「不安定な瞬間に立ち戻る」では、非難と沈黙のループにはまり込んだときのことを振り返り、それぞれの踏んだステップとそれぞれの感じた気持ちを認める。すると、ダンスの勢いをコントロールできるようになる。こんなふうに――。

サラ●私たちはすっかりはまり込んでいました――あのポルカとかいうものに。私は衝動的に「出て行く」なんて言いました。でも、あのとき、頭のどこかで「何をやってるんだろう?」と考えていました。またやっている。彼に反応してもらいたいという気持ちが愛の一部だということはわかっていました。だから別に悪いことではないのだと。でも、しゃべり出すと熱くなってくるのです。不安だったのです。あの週末いっしょに出かけるという約束を彼がほごにしそうだったので、カッとなりました。でも、自分にこう言い聞かせました。「ちょっと待って。私たちまたやってるわ。落ち着かなくちゃ」と。そのときにはもう彼は部屋を出て行ってしまっていました。「サラはティムのほうを向く。」それから、あなたを探し出してこう言ったのよね、「ねぇ、私たちあのポルカとかにはまり込んでるわ。私は約束を守ってもらえないのではないかと思って、がっかりしているのよ」と。「サラは微笑む。」

ティム●そうだった。僕はすでに心を閉ざしていた。諦めていたんだ。でも、ここで話したことはなんとなく覚えていた。だから、君が探しにきてくれたときはホッとした。それで、僕も本当は週末に君と出かけたいんだと言えた。どうやらあのダンスから抜け出して、お互いを理解して落ち着かせることができたみたいだね。週末に出かけられなかったら寂しいと君が言ってくれたのがよかった。期待外れのダメな奴だとなじられていたら、こういう気持ちにはなれなかったと思う。

サラ●私が怒ることがあなたをそんな気持ちにさせていたとは知らなかった。それどころか、私の苛立ちなんてぜんぜん届いてないと思っていた。だから、そうよ、やけを起こして半狂乱になっていたわ。あなたが何の反応もしてくれないから。もっと成長して自立すべきだなんてあなたの親兄弟に言われても、つらくなるだけだった。

ティム●［サラのほうへ手を伸ばす。］そうだね。僕はわかっていなかった。君は傷ついて、僕は自分をバカな奴だと思っていた。何がまちがっているのかわからなくて、逃げれば逃げるほど事態が悪くなっていった。自分たちの欲求というか、お互いに求めているものについて、こんなにたくさん話し合ったことはないね。

サラ●私たちがはまり込んでしまうこのダンスが問題なのよね。心を寄せあうという点に関しては、あなたはまだときどき宇宙人みたいになることがあるけど。［彼女は微笑む。彼は彼女の指摘を認めるように頭を傾けて微笑み返す。］

ティムとサラは、安定した結びつきのある夫婦のすることができるようになった。つまり、互いの愛着の抗議を認めて受け入れられるようになった。絆を深める新しい会話を始めるための安全な場所ができたということだ。

これら最初の三つの会話で夫婦関係の緊張が緩み、次の会話に進む準備ができる。このあとの会話で真の絆を築き、強めていく。

第四の会話「私をギュッと抱きしめて」は夫婦関係を根底から変える。この会話を通して夫婦はもっと接近しやすくなり、情緒的反応が増し、互いに深くかかわるようになる。そのあとに「傷つけられたことを許す」「身体接触による絆」「愛を持続させる」という三つの会話が続くが、それらはすべてこの第四の会話で生み出された親密な結びつきのうえに成り立つ。第四の会話ができるようになれば、愛の浮き沈みに対する処方箋と分断の罠から抜け出す方法を手に入れたことになる。

「私をギュッと抱きしめて」は難しいけれど心躍る会話だ。ここで形成される情緒的結びつきはカップルが情熱のホルモンで満たされていた恋愛初期でさえ体験したことのないようなすばらしいものだ。それは親子のあいだの喜びに満ちた結びつきにも似ているが、もっと複雑で相互的で性的である。この会話が進むと、自分自身も相手も違って見えるようになる。自分が新たな感情で新たな反応のしかたをしていることに気づく。それまでよりも思い切って親密さを求められるようになるのだ。

それでは、この会話がティムとサラのような夫婦ではどのように展開するか見ることにしよう。

ティムはいま、サラを喜ばせることができないと思うと「バカみたいに固まってしまう」と彼女に言うことができる。つまり、黙り込んでしまうのだが、もうそれはしたくない。そこで、こう付け加える。「だけど、どうすれば親密になれるのかわからないんだ。親密ってどういうことかさえよくわからない。セックスしたいかどうか聞くことくらいしかできない」。

しかし、愛着の反応は脳に刻み込まれている。幼い娘にどんなふうに愛情を伝えるのかと私が尋ねると、彼はパッと顔を輝かせる。「ああ、娘には耳元でささやいたり抱きしめたりします、とくに夜寝るまえに」

と彼は言う。「それから、僕が帰宅したときに娘がにっこりしてくれたら、嬉しいと伝えます。ほっぺたにキスして『パパのかわいい子ちゃん』と言ってやると喜びます。娘と遊ぶときは、気が散らないように、その大切な時間に集中します」。そこまで言ってから彼は大きく目を見開く。私の言わんとすることがわかったのだ。「なるほど。安心感のあるときには上手に愛したり親密になったりできるんですね。どうすれば相手と波長を合わせられるか、優しく反応して結びつくことができるかわかるんだ」。ティムは自信はないけれど嬉しいという顔で微笑む。それから私たちは彼が配偶者に対してはこのように優しくなれないのはなぜかについて語り合う。彼はサラのほうを向いて「ついイライラして、遊び心をもったり、波長を合わせたりできなくなるんだ」と言う。

ここでティムとサラの関係に決定的な瞬間が訪れる。彼はちょっと言葉を切ってから続ける。「僕は君をほったらかしにしてきた」と彼は認める。「君を失望させたと思う。仕事で――それから君に対して――自分が有能だと証明することにとらわれていた。一生懸命がんばっているのに君の不満を聞くのは苦痛だった。それは耐えられない。だから黙り込んでしまうんだ。でも、僕は君といっしょにいたい。君が必要なんだ。だから、チャンスを与えてほしい。僕の不手際を探すのはやめて、君は僕にとってとても大切な人なんだということをわかってほしい。君といっしょにいたい。いつでもうまくやれるかどうかはわからないけれど」。サラは大きく目を開き、それから眉間にしわを寄せて涙ぐむ。

ティムは接近可能になった。自分の愛着欲求や弱い点を妻に伝えることができる。また、情緒的に深くかかわれるようになった。重要なのはこのことであって、彼がどんな言葉を使って何を言うかではない。だが、サラは初め、別人のようになったティムにどう応じればよいかわからなかった。この人を信じてよいのだろうか？　ほんの短い時間で彼は夫婦関係のダンスをポルカから情熱的なタンゴに変えたのだ。だから彼女はつい彼をテストするようなとげとげしい口調に戻ってしまう。「結局、うまくやれるかどうかわからないときは、うまくやれるとわかっている仕事へと舞い戻るわけね？」。

だが、ティムが自らの欲求を表明し続けていくと、やがてサラも「この人は私が大好きだった人だわ」と思えるようになる。そしてこんどはサラが怒りの態度を和らげる新しいダンスへと移行する。彼女は彼に「見捨てられた」という不安や安心させてほしいという気持ちを伝えられるようになる。セラピストの私は、安心感を得るために具体的にどうしてほしいのかティムに向かって言うように勧める。「それはとても勇気が要るわ。あなたが受け止めてくれることを願いながら、ものすごく高い所から飛び降りるみたい。ずいぶんと不信感をつのらせてきたから」とサラはためらいがちに言う。「言ってごらん。受け止めるから」と彼はささやく。彼女は答える。「私はあなたに認めてもらって自信を取り戻したい。私に注意を払ってほしい。たとえ少しのあいだでも、私のことをいちばんに考えてほしい。私が傷ついたり怖がったりしていたら、そのことをわかって、それに応えてほしい。抱きしめてもらえる？」。彼は立ち上がって彼女を引き寄せ抱擁する。

何千もの夫婦を見てきた私には、これがぐらついた夫婦関係をゆるぎないものに変える瞬間であることがわかる。このとき夫婦は生涯の愛を見つける。ティムとサラは、私たちの誰もが望む安定した絆をこのとき獲得した。

やってみよう

次の質問表とエクササイズはあなたの夫婦関係を愛着のレンズを通して見るのに役立つでしょう。

接近・応答・関与についての質問表

この質問表は本書の内容をあなた自身の夫婦関係に役立てるための第一歩です。それぞれの文を読んで「はい」か「いいえ」を丸で囲んでください。採点するときは一つの「はい」を1点として数えてください。質問に答え終わったら、それを基に自分の夫婦関係について考えてみましょう。また、パートナーにも答えてもらって、質問表のあとに述べるような話し合いをもちましょう。

あなたから見て、パートナーは接近しやすい人ですか？

一、相手はすぐこちらに注意を向けてくれる。　はい　いいえ
二、相手とは楽に心を通わせることができる。　はい　いいえ
三、相手は私のことをいちばん大切に思ってくれている。　はい　いいえ
四、相手との関係で寂しさや疎外感は感じていない。　はい　いいえ
五、自分の最も深い感情を相手に伝えられるし、相手はそれに耳を傾けてくれる。　はい　いいえ

あなたから見て、パートナーはよく反応してくれる人ですか？

一、私が慰めやつながりがほしいとき、私を支えてくれる。　はい　いいえ

二、そばに来てほしいという信号に応えてくれる。　はい　いいえ
三、不安なときは寄りかかることができる。　はい　いいえ
四、たとえ喧嘩したり意見が違ったりしても私は相手にとって大切な存在で、きっと和解できると思う。　はい　いいえ
五、自分が相手にとってどんなに大切か確認したければ、いつでも確認できる。　はい　いいえ

二人はお互いに深く関与していますか？

一、私は相手を信頼していて、そばにいるのがとても心地よい。　はい　いいえ
二、たいていのことは相手に打ち明けられる。　はい　いいえ
三、離れているときでも心はつながっていると信じている。　はい　いいえ
四、相手は私の喜びや悲しみ、不安に関心をもってくれる。　はい　いいえ
五、相手への安心感があるので、本当の自分を見せられる。　はい　いいえ

スコアが7点以上の人は安定した絆に向かって順調に進んでおり、その絆を強めるためにこの本を使ってください。もし7点未満なら、本書で説明する会話を使って夫婦の結びつきを強めてください。

二人の結びつきを理解してそれをどう見ているか伝え合うことは双方が望む絆を生み出すための第一歩です。接近可能性や応答性、関与についてのパートナーの評価はあなた自身の評価と一致していますか？パートナーは現在の状態について語っているのであって、あなたが完ぺきな配偶者であるかどうかを問題にしているのではないということは忘れないでください。まずはそれぞれがいちばんよいと思う項目について交互に話しましょう。ただし、それぞれ五分以内にとどめてください。

つぎに、もし余裕があれば、いちばん困難な感情をもたらしそうな問いや答えを取り上げてみましょう。このときは、相手がこちらの気持ちに波長を合わせやすいような話し方を心がけましょう。あなたが否定的な態度をとると相手は波長を合わせられなくなるので、非難や批判は避けましょう。これもそれぞれ五分以内にとどめてください。

情緒的結びつきについて考える

もしかしたらあなたは質問表を使うよりも全般的に考えるほうが楽かもしれません。その場合は次の問いについて考え、答えを書いてみてください。書くことによって考えを深めることができます。また、どこかの時点でその答えをパートナーに伝えて話し合いましょう。

- ティムとサラの話は納得できますか？　身に覚えはありますか？　どの部分があなたにとって重要で、あなたはそれをどのように理解しますか？
- 恋愛や結婚について親や地域社会からどのようなメッセージを受け取りましたか？　他者を求めたり信じたりできることは強みであるとみなされていましたか？
- 現在の関係より以前に、信頼できる人との安全な関係を体験しましたか？　その関係を現在の関係の見本にするために頭のなかでイメージできますか？　その関係を象徴するような出来事を一つ思い出してパートナーに話しましょう。
- あなたは過去の関係から、自分に注意を向けてもらうためには奮闘しなければならないことを学びましたか？　それとも他者に頼るのは危険だから距離をおいて親密さを避けたほうがよいことを学びましたか？　これらの戦略は愛する人の心が離れてしまったように思われるときにとられやすいものです。あなたは過去の関係（たとえば親との関係）がうまくいかないとき、どちらの戦略を用いましたか？

・愛する人に支えてほしいと心から願ったときのことを思い出せますか？　もしその人が支えてくれなかったなら、あなたはどう感じ、そこから何を学びましたか？　どのように対処しましたか？　それは現在のパートナーとの関係に影響していますか？

・もし他者を信用しにくいなら、つまり、たとえ必要でも誰かに接近を許すのが難しいなら、困ったことが起きたり孤独を感じたりするときあなたはどうしますか？

・安全で近づきやすく、共感的で深く関わってくれる相手がふだんの日にしてくれそうなことを具体的に二つ挙げてください。そういうことをしてくれたとき、あなたはどう感じますか？

・現在の関係で相手に支えてもらいたいとき、そのことを相手に伝えられますか？　それを伝えるのは容易ですか、それとも難しいですか？　もしかしたらそんなことをするのは弱さのしるしだとか、かえって危険だとか思っているかもしれませんね。どのくらい難しいかを1から10の尺度で答えてください。点が高いほど難しいことになります。このことをパートナーと話し合ってみましょう。

・現在の関係で相手とのつながりが希薄で寂しさを感じたら、あなたは感情的になったり不安になったりして無理矢理相手を自分のほうに向かせようとしますか？　それとも黙り込んで、つながりたいという欲求を感じないようにするほうですか？　そういうことが起きたときのことを思い出せますか？

・「あなたは私の支えになってくれていますか？」というような問いが返答のないまま宙に浮いて、結局ありふれた問題で喧嘩になってしまったときのことを思い出してください。これについてパートナーと話し合ってみましょう。

・一方が求めてもう一方が応じ、双方が心のつながりと安心を感じられた絆の瞬間を思い出せますか？　これについてパートナーと話し合ってみましょう。

愛や肯定的な依存についての理解が深まったところで、次章からは夫婦関係を変化させる会話について詳述し、夫婦の絆を生み出す方法を説明する。最初の四つの会話は夫婦を分断させたままにする悪循環を断ち、互いに波長を合わせて情緒的反応ができるようにする。次の二つの会話は心の傷を許すことや性的な接触を通して絆を強める。最後の会話は日常のレベルで夫婦関係を大切にする方法を教える。

第Ⅱ部

夫婦関係を変える七つの会話

Seven Transforming Conversations

第一の会話　「悪魔の対話」に気づく

「喧嘩は孤独よりましだ」
——アイルランドのことわざ

私たちを喜びで空まで舞い上がらせることのできる世界一好きな人は、私たちを地面にたたき落とすことのできる人でもある。ちょっと顔をそむけたり、軽率な一言を吐くだけでいい。だが、そういう感受性があるからこそ親密さが増すのだし、相手との結びつきがしっかりしていればそんな瞬間はどうにでもなる。それどころか、そのおかげでもっと親しくなれる。しかし、結びつきがしっかりしていない場合は、枯野に火を放ったかのように二人の関係全体が燃え上がってしまう。

これがジムとパムの波乱のセッションの最初の三分間に起きたことだ。二人は長年連れ添った夫婦だが、関係はかなり悪化していた。それでも、互いの魅力はまだ認めていて、ジムは前のセッションでパムの金髪と青い目に「うっとりする」と私に言った。パムのほうも、彼が夫としても父親としても合格で「ちょっぴり」ハンサムだとさえ言っていた。

そのセッションはふつうに始まり、パムがジムと気持ちよく一週間を過ごせたことや、彼が仕事でストレスを感じているときは慰めてあげることにした、などという話をした。また、彼が精神的に支えてほしいときには自分にそう言えるようになってほしいとも言った。ところが、これを聞いたジムは鼻を鳴らし、目をぐるりと回してあきれ顔をし、椅子を回転させて妻から離れた。その瞬間、私は相談室をサッと熱風が吹き抜けるのを感じた。

パムはいきり立つ。「何よ、その態度は？　私はあなたよりずっと一生懸命協力的になろうとしてきたのに、いい気なものね。いまだって支えてあげたいと申し出たのに偉そうに振る舞って。いつもそうなのよね」。「ほら、またわめき出した」とジムがやり返す。「おまえの支えなんて要らないよ。ガミガミ言われるだけだから。何年も、ずっとそうだった。そもそもこのゴタゴタはそのせいなんだ」。

私は二人を落ち着かせようとしたが、二人とも大声で叫んでいるので私の声など聞こえない。やっと怒鳴り合いがやんだとき、私は「パムが優しさのイメージを示したことでこのやりとりが始まったのはちょっと寂しいですね」と言った。パムはわっと泣き出し、ジムは目を閉じてため息をつく。「いつもこういうことが起きるんです」と彼は言うが、その言葉は正しい。なぜならそこから「いつも起きること」を変えられるからだ。変化はパターンを見ることから始まる。ボールではなくゲーム全体を見ることから。

夫婦が安全につながれないときにはまり込んでしまうやりとりを私は「悪魔の対話」と呼ぶ。「悪魔の対話」には三つの基本的なパターンがある。

第一のパターン「**悪者探し**」は飽くなき相互批判のパターンである。夫婦は遠く引き離されたまま再びつながることも安全な場所を作り出すこともできない。ダンスで言えば、二人が腕も届かない距離で踊っているようなものだ。ジムとパムが互いを責めていたのもこのパターンだ。このパターンには小休止もあるが、すぐにぶり返す。たいていの場合、「悪者探し」は夫婦が最も陥りやすい次の苦悩のダンスの前触れとなる。

次に始まるダンスは「非難－撤退のパターン」と言われることもあるが、私は**「抗議のポルカ」**と呼ぶ。なぜなら、それは夫婦関係で誰もが必要とする安定した愛着の喪失に対する抗議だからだ。

第三のダンス**「冷めて離れる」**は、感情焦点化療法では「撤退－撤退のパターン」とも呼ばれる。これはたいてい「抗議のポルカ」がしばらく続いたあとに起こる。ダンサーたちはすっかり絶望して諦めの境地に至り、感情や欲求を凍りつかせ、無感覚になって相手から離れる。双方ともこれ以上傷つかないように後ずさりするのだ。ダンスで言えば突然誰もフロアにいなくなるようなもので、これほど危険なダンスはない。

夫婦関係では必ずどこかの時点でこうした否定的な交流が起こるが、しっかりした結びつきが基底にあれば短期間で終わる。ところが、それほどしっかり結びついていない夫婦ではこれが習慣化してしまう。しばらくすると、どちらかがほんのちょっと否定的なことを言っただけでも「悪魔の対話」が始まる。しまいには、その有害なパターンがすっかり染みついて夫婦関係を蝕み、修復しようにもできなくなる。

パートナーとの関係で安全を感じられないとき、私たちは二つの対処法のうちのどちらかをとる。一つは相手とのかかわりを避けること、すなわち自分の愛着欲求を否認して何も感じないようにし、黙り込むことだ。もう一つは不安に駆られて相手の反応を得ようと躍起になることだ。

心を閉ざして逃避するか、反応を求めて相手を非難するか、どちらの態度をとるかは生まれつきの性格にもよるが、たいていはこれまでの主要な愛着関係から得た教訓によって決まる。ただし、愛着関係は多様なので対処のしかたが固定しているわけではない。ある関係では批判的で別の関係では黙り込むということもありうる。

もし私が介入しなかったら、ジムとパムはきっとそのセッションで三種類の「悪魔の対話」をすべて網羅していただろう。挫折し、疲れ、よそよそしくなり、絶望的になり、そしてまたいちばん得意なタイプの「対話」に戻る。そして、当然ながら自分たちの関係について否定的な判断をくだす。それは将来の交流に暗雲を投げかけ、互いの信頼を蝕むような判断だ。こういうことを繰り返してそのたびに安全な結びつきが得られなければ、夫婦関係はますます危うくなる。結局そのセッションでは争いが少し下火になっただけだった。ジムとパムは私に問題を解決してほしいと言ったが、それはもちろん、相手を変えてほしいという意味だ。小休止は三十秒しか続かず、二人はすぐに「悪者探し」を再開した。

悪魔の対話その一――悪者探し

「悪者探し」の目的は自己防衛だが、主な手段は相互非難や攻撃だ。相手に傷つけられたと感じて突然コントロールを失ったときにこの反応が起きる。安心感が失われるのだ。この警報が出ると、コントロールを取り戻すために何でもする。相手を悪者にすることも先制攻撃をかけることもいとわない。

相手を悪者にするということは「こっちのせいじゃない、そっちのせいだ」と言い換えることもできる。人は追い詰められて恐怖を感じると、はっきり目に見えるものだけに集中しやすい。いま相手に何をされたかは、はっきりわかっている。自分の反応が相手に与える影響を考えるほうがずっと難しい。「いま足を踏まれた」というようにお互いのステップにばかり気を取られてダンス全体が見えなくなる。しばらくすると、そのステップやパターンが無意識のうちに繰り返されるようになる。

いったん否定的なパターンにとらわれてしまうと、それを予期して待ちかまえるようになり、それが来たと思ったら前回より素早く反撃する。すると、もちろん、そのパターンはもっと強化される。パムは言う。「もう何がいちばん大事なのかわからなくなってきました。いつ嫌味を言われるかと身構えているんです。

銃をかまえて。もしかしたら、攻撃されるより先に引き金を引いているかもしれません」。傷つけられることを警戒して、この行き詰りのダンスから抜け出す道をすべて閉ざしてしまう。パートナーといっしょにくつろぐことも、相手を信頼して打ち明け話をすることもできない。相手に対する反応の幅はいっそう狭まり、二人の関係はゆっくりと崩壊していく。

ジムはそれをこんなふうに言い表す。「この関係で自分が何を感じているのかもうわかりません。何も感じていないか怒りで煮えくり返っているかどちらかです。あらゆる種類の感情と接触を絶ってしまったみたいで、感情の世界がすごく狭くなってしまった。自分を守ることで精一杯なんです」。こういう反応は男性によく見られる。初めて相談室に来たとき、「奥さんが泣くのを見てどんな気持ちですか?」と尋ねると「べつに」と答える男性が多い。攻撃や反撃をしているとき、人は感情を脇へのけておこうとする。すると、そのうち感情が見つからなくなってしまう。親密な関係という領域では、感情という方位磁石がないと道に迷ってしまう。

夫婦関係に対する不満がつのり、自分のパートナーは冷たい欠陥人間なのではないかとさえ思いはじめる。だからジムは言う。「パムは未熟でおまえには合わないと母が言っていたのをこのごろよく思い出します。こういう喧嘩をしたあとでは、母の言うとおりだったという気がします。こんなに攻撃的な人とはやっていけませんよ。もうどうしようもない。この関係は諦めたほうがいいのかもしれない。子どもたちにはかわいそうだけれど」。

夫婦が「悪者探し」のダンスをするのはほんのときたまで基本的には愛に満ちたつながりがまだあるのなら、落ち着いたあとで心を通わすことができる。相手を傷つけたことがわかって謝れる場合もある。双方がどんなに「ばかげたこと」を言ったか思い出して笑うことさえできる。しかし、「悪者探し」のパターンが根付いてしまうと、強力な悪循環が始まる。相手が攻撃してくればくるほど危険を覚えるので、警戒し、強くやり返す。そうするとますます関係が悪化する。夫婦が信頼と安全を打ち立てるためにはこの悪循環を停止させなければならない。実は、このダンスをやめる秘訣は誰も悪者などではないと気づくことなのだ。ここでは非難し合うパターンそのものが悪者なのであって、夫婦はその犠牲になっているのだ。

再びジムとパムの「悪者探し」に目を向けて、この夫婦が二、三の簡単な助言と新しい応答のしかたでどのようにこの悪循環から抜け出せたかを見ることにしよう。

パム●これ以上こき下ろされるのを黙って聞いているつもりはないわ。あなたのお説によれば、何もかも私のせいなのよね！

ジム●そんなことは言っていない。おまえは大げさなんだ。何でも悪いほうへと考える。このあいだだって、友だちが来て楽しく過ごしていたときにおまえは……

ジムは本題からそれて、私が「内容のすべり台」と呼ぶものに乗ってしまっている。これに乗ってしまうと、自分の正しさを証明するために次々と実例を挙げてその内容を詳しく述べ立てるようになる。夫婦はその内容が事実かどうかや誰のせいでそうなったのかを言い争う。

二人が「悪魔の対話」に気づけるよう、私は次のようなアドバイスをした。

- 過去のことではなく、いま現在二人のあいだで起きていることに目を向けましょう。
- 二人とも相手を非難するという悪循環（ループ）に陥っています。このループに「開始点」はありません。
- そのループを敵とみなし、それを破らないとどうなるかを考えてください。

すると、次のように会話が進んだ。

ジム●そのとおりかもしれない。たしかに二人ともそのループにはまり込みますね。いままで気がつきませんでした。ただイライラして、そのうち相手をやっつけるためならどんなことでも言ってしまうのです。

スー（筆者）●そうです。喧嘩に勝って相手こそ悪者だと証明したいという気持ちはとても強いのです。でも、実は、誰もこの喧嘩に勝つことはありません。両方とも負けるのです。

パム●私だってこんなふうに喧嘩したくはありません。すごくいやな気分です。スー先生のおっしゃるとおり、この喧嘩のせいで関係がどんどん悪くなっています。お互いに対する警戒心が増して。結局、どちらが「正しいか」なんてどうでもいいことですよね。二人とも不幸になるだけだから。私は、彼には私をこき下ろすことなんかできないと思い知らせてやりたくて、このループから抜け出せないんだと思います。彼をへこませてやりたくて。

スー●そうです。そして、ジム、あなたはご自分の反応を覚えていますか？［彼は首を振る。］ほんの数分まえ、あなたは「もう君には近づきたくない、信用できないし、危ないから」とおっしゃいました。それから、問題は奥さんのほうにあるのだと非難したと思いますが、ちがいますか？

ジム●そうです、「やられてたまるか」という気分です。それで、こき下ろすんです。

スー●そうやってさんざんやり合った結果、お互いを嫌いになって、二人とも敗北感を味わって、もっと孤独になりましたね？

ジム●はい。だから、このループだかダンスだかのせいでこうなってしまったのですね。それはわかりました。でも、どうやってそれをやめるかです。いま問題になっている件では、僕は何も言っていないのに、彼女がそのループを始めたんです！

スー●「私が眉を上げると彼ははっと口をつぐむ。」まず最初に、二人のやりとりが負の連鎖になっていることに気づき、相手の非を証明しても相手は離れていくだけだということをしっかり理解してください。「勝者」になりたい、相手に落ち度を認めさせたいという誘惑は罠の一部にすぎません。それから、このダンスを押さえつけるのです。依怙地になって証拠探しをするのではなく。もし望むなら、二人は協力してこの敵が二人の関係を乗っ取るのをやめさせることができるのです。

ジム●［妻を見ながら］たしかに、もうこんな争いは続けたくない。二人ともループにはまっている。「ろくでもないヤツはどいつだ？」のループだ。［ここで笑いが起きる。］どちらもひどくいやな気分になる。だからいますぐそれをやめることにしよう。君は僕の支えになりたいと言っていた。それなのに僕は君がわめき散らすと言って腹を立てていた。いや、君にはもっと支えてもらいたいよ！

パム●そうだわ、ちょっと立ち止まって「ほら、またあのループにはまってる。これ以上熱くなってお互いを傷つけるのはやめましょう」と言えばいいのよね。そうすればもっと良い友だちになれるでしょうし、もしかしたらそれ以上にだってなれるかもしれない。昔の私たちに近づけるかもしれないわ。［そう言って目に涙をためる。］

パムの言うとおりだ。「悪者探し」のダンスをやめれば友だちになれる。だが、夫婦は友情よりずっと多くを求める。この攻撃－攻撃のダンスを鎮めるのは始めの一歩にすぎない。私たちは夫婦関係が行き詰ってしまう別の場所にも目を向けていかなくてはならない。しかし、まずは次のエクササイズをやってみよう。

やってみよう

ここでは夫婦が「勝つための戦い」モードに陥ってしまったときにどのような動きをするか考えます。質問に対する答えを書き出したり、声に出して読んだり、パートナーと話し合ったりしてみましょう。

たいていの人は自分以外の人を責めるのが得意です。「エデンの園」のような昔でも、アダムはイブを、イブはアダムを責めます。二人とも「私のせいではありません。向こうが悪いのです」と神に言います。もっと最近では、フランク・マッカートが『教師たる者』のなかで、児童に宿題をやらなかった理由を書かせるのは簡単だと述べています。自分の非を棚に上げて他人のせいにする点ではすばらしく創造的であると。それでは、明らかに自分のせいでちょっとした問題が起きてしまったときのことを思い出してみましょう。

たとえば、友だちの家へ夕食に招かれたとき、手伝おうとして台所の床に料理を落としてしまったとします。このとき、人のせいにする言い訳を四つ考えてください（「お皿が重いってことを教えてくれなかったから！」とか）。自分がけっこう言い訳のうまいことに気づくでしょう。こんどは、その発言に対する相手のネガティブな答えを三つ想像してみましょう。するとどうなるでしょうか？　二人はループにはまるでしょうか？

次に、配偶者とのあいだで似たような出来事が起きたときのことを思い出してください。その喧嘩に「勝つ」ために、そして自分の潔白を証明するために、あなたはどんな手を使いましたか？　どんなふうに相手を責めましたか？　追い詰められたように感じると、どんなふうにやり返すことが多いですか？

あなたがたはどのような非難の応酬にはまってしまったでしょうか？　それぞれが相手をどのような人だと決めつけましたか？　そして相手をどんなふうに怒らせたり傷つけたりしましたか？　その喧嘩に「勝者」はいましたか？（たぶんいなかったでしょう！）

「悪者探し」の喧嘩のあとはどんなふうでしたか？　自分のこと、相手のこと、そして二人の関係のことをどう感じましたか？　あとで落ち着いて話し合ってお互いを慰めることはできましたか？　もしできなかったなら、二人のあいだの安心感の喪失にどう対処しましたか？　もしあなたがこう言っていたらどうなっていたと思いますか？「お互いに相手はこうだと決めつけて、相手を悪者にしようとしている。こういうことを続けていると二人とも傷つくだけだ。だから、お互いを責めるのはもうやめよう。起きてしまったことは誰のせいでもないという前提に立って話し合ってみませんか？」。

悪魔の対話その二――抗議のポルカ

これは夫婦関係で最もよく見られるダンスだ。ワシントン大学の心理学者ジョン・ゴットマンの研究では、結婚の初期にこのパターンに陥った夫婦の多くは五年ももたないという。別れなかった場合はいつまでもそのパターンが続く。それがいつまでも続くのは、一つの動きが次の動きを呼び起こして強化させ、負の連鎖を生むからだ。「抗議のポルカ」では一方のパートナーがネガティブなかたちで手を伸ばすともう一方が後ずさりするというパターンが繰り返される。このダンスが長く続くのはその裏にある感情や欲求が非常に強いからでもある。愛着関係ではどのような反応でも、ないよりはましなのだ。愛する人から何の情緒的反応も得られないとき、私たちは抗議するようにできている。「抗議のポルカ」は反応を得ようとする試みの産物なのだ。

しかし、夫婦はなかなかこのパターンに気づかない。「悪者探し」の攻撃－攻撃パターンとちがって、「抗議のポルカ」はもっと微妙だからだ。一方のパートナーが分断に抗議して相手を非難すると、もう一方は非難に抗議して黙り込む。夫婦はお互いのシグナルを見落として、「コミュニケーションの問題」とか「絶え間ない緊張」などというあいまいな言葉で不満を訴える。

それでは、夫婦がどのように「抗議のポルカ」をするのか具体例を見てみよう。

相談室に座っている若い夫婦、ミアとケンに私は尋ねる。「どのようなことでお困りですか？　お二人は愛情があって別れたくないとのことでしたね。結婚して六年になりますね。夫婦関係のどんなところを変えたいのですか？」。

小柄で皮膚が黒く、目の鋭いミアは夫のケンをじっと見る。背が高くてハンサムなケンは無言で身じろぎもせず、あたかも足元の絨毯に魅了されているかのようだ。彼女は口をギュッと結んでため息をつく。それから私を見て彼のほうを指し、怒りをあらわにする。「これが問題なんです、いまのこの状態。彼はぜんぜんしゃべらなくて、うんざりしてきます！　彼の沈黙に腹が立ってしかたがありません。私がこの関係の重荷をぜんぶ背負っているんです。私が何もかもやっているんです。もし私がやらなかったら……」。彼女は諦めのそぶりで両手を挙げる。ケンは深いため息をついて壁に目をやる。私はこのように状況がはっきりしていてポルカがわかりやすいと嬉しくなる。

このインスタント写真で夫婦関係におけるそれぞれの立ち位置がわかる。ミアは分離の感覚に抗議してドアをドンドンたたいており、ケンはしっかりドアを閉めて押さえている。ミアはケンのもとを去ったことが二回あるが、彼が電話してきて戻ってほしいと頼むので態度を和らげたという。ケンは何が起きているのかわからないと言うが、この状況にはかなり絶望しているようだ。「きっと僕のせいなんでしょう。結婚には向いていなかったのかもしれません。もしくはミアとは性格が合わないだけなのかもしれない」と私に言った。いずれにしても、私のところへ来る理由がよくわかっていない。二人は以前にもカウンセリングを受けたことがあった。

夫婦喧嘩をするかどうか尋ねると、本物の喧嘩はあまりしたことがないとケンは言う。この夫婦は「悪者探し」にはまり込んでいるわけではないのだ。それでも、ミアが「出て行く」と言い、ケンが「いいよ」と答えるようなときもある。こういうときはやはり気分が悪い。また、「彼女は僕を〝指導〟しようとするんです」と言いながら、しかめ面をして笑った。

ミアとケンはある出来事を話してくれた。頼めばたいていのカップルは二人の関係の本質を象徴するようなちょっとした出来事を話してくれる。もしそれが良い話なら、結婚記念日などほのぼのとした機会に話題になる。だが、悪い話の場合は、頭を悩ませてそれが二人の関係について何を物語るのか解き明かそうとする。

ケン●いつだって彼女を喜ばせたいと思っています。僕といっしょにいて幸せを感じてほしいから。でも、なかなかうまくいきません。彼女がダンスに行きたいと言うのでいっしょに行ったことがあるのですが、惨憺たるものでした。

ミア●それはあなたがダンスをしようとしなかったからよ！　まず、なかなかフロアに出てこなかったし、出てきても突っ立ったままだった。

スー（筆者）●それで、あなたはどうしたの、ミア？

ミア●彼をフロアに引っ張り出して動かそうとしたわ。踊り方を教えてあげようとしたんです！

ケン●［首を振りながら］君はしゃがみこんで僕の脚を動かそうとまでした。それで、頭にきてフロアを出たんだ。

ミア●だって私がしなければ何も始まらないんだもの。私たちの関係はいつもそう。私がことを起こさなければ何も起きない。［彼女は私のほうを向く。］彼は自分の役目を果たさないんです。

スー●つまり、ダンスのときだけでなく日常生活でもそうなのですね。あなたはケンの反応がほしいのに、ケンはじっと立ったままで話す言葉もよく聞き取れない。それで不安になってしまうのですね？

ミア●そうなんです。ぜんぜん聞きとれません。いつもモゴモゴ言うので、このあいだ、もっとはっきり話してほしいと言ったら、まったくしゃべらなくなってしまったんです！

ケン●たしかに口ごもることはあるけど、あのとき君は高速道路を走る車のなかでわめいていたんだ。運転している僕に向かって、言葉をはっきり発音しろと大声で叫んでいた。

スー●ミア、あなたはなんだかちょっとダンスの先生になったみたいね、ケンに踊り方や話し方を教えたりして。でも、それは、ケンが離れたままで二人のあいだにまったくダンスがなくなってしまうのではないかという不安からですね。［彼女は強くうなずく。］ケンとの結びつきが欲しいのに、反応が乏しくて寂しい。それで反応のしかたを教えようとする。でも、それがちょっと押しつけがましくなって非難めいてくる。するとケンは自分がしくじったからだと思う。話し方も踊り方もダメだと責められているような気がして、よけい何もしなくなるのではありませんか？

ケン●そのとおりです。固まってしまうんです。僕は何も正しくできない。彼女は僕の食べかたさえも気に入らないんです。

スー●なるほど。そしてあなたが固まれば固まるほどミアは指導しようとするのね。

ミア●すごくイライラしてくるんです。それで、なんとか反応を得ようとつつくんです。どんな反応でもいいから。

スー●そうですね。では、これまでのところをまとめてみましょう。あなたがつつくとケンは固まってますます反応しなくなる。黙り込んでしまいますか、ケン？［彼はうなずく。］そしてあなたが黙り込むと、ミアは締め出されたような気がしてもっとつつく。二人の関係はこの悪循環に乗っとられてしまったのです。ケン、「固まって」しまうときはあなたのなかでどんなことが起きていますか？

ケン●何をするのも怖くなります。身がすくんだように。何をやってもダメだから何もしなくなる。殻に閉じこもるようになります。

ミア●そうすると、こっちはすごく寂しくなります。それで、どんな手を使ってでも彼を奮起させようとするんです。

スー●そう。その悪循環——つまり負のスパイラル——がすごく強くなっていますね。一方が固まって、すくんで、殻に閉じこもると、もう一方が締め出されたと感じて、反応を得ようとして、ますます強くつつく。

ミア●それは悲しいことですね、どちらにとっても。どうしたらそのスパイラルをやめられるでしょうか?

スー●そうですね、こういうスパイラルは呼吸のようなもので、なかなか気づかないのです。ですから、それが夫婦関係の真ん中に地雷原をこしらえていることをはっきり理解する必要があります。そのせいで相手に安全を感じられなくなってしまっているのです。もし私がケンなら、自分の言ったことがまちがっているといけないから小声で控えめに話すでしょう。もし私がミアなら、そんな彼を叱咤激励するけれど、それは心のなかで「ダンスに連れていって。私のそばに来て」と叫んでいるからです。

ミア●たしかにそういう感じです。彼とつながりたいのです。でも、自分の言い方にトゲがあるのはわかっています。イライラしてしまうから。

ケン●それでは、うまくいかないのは僕たちが悪いからではないのですね? 性格が合わないというわけではないのですね?

スー●そのとおりです。相手とのつながり方がわからないとそうなってしまうことが多いのです。拝見したところ、あなたはミアにとってとても大切な人だから、彼女はあなたから働きかけてくるのを待てないのです。そして、あなたはまた「まちがった」ことをして関係を悪化させるのではないかと心配して固まってしまうのです。「疑わしいときは何もするな」ということわざは夫婦関係には当てはまりません。大事なことは、お互いがこの「スパイラル」をやめる力になれるかということです。そこにはまり込んでいることに気づいて、夫婦関係を取り戻すために協力できますか？

ケン●できると思います！

そのあとのセッションで、ケンとミアは二人のポルカを何度も検討する。そして、とくに愛着の信号が出ると「スパイラル」が発生することに気づく。抗議の瞬間はどのような夫婦関係でも起こるが、基本的な絆がしっかりしていれば、そのような動きは取り消され、かえって関係を強めることさえある。

たとえば、結婚生活が基本的に幸せなら、ミアはケンからの距離を感じたときでももっと控えめに抗議するだろう。二人のつながりについてそれほど心配していないので、もっと穏やかにはっきりと自分の気持ちを伝えるだろう。そうすればケンのほうもそれを受け入れてしっかり反応するだろう。彼女の抗議を夫としての自分に対する運命の宣告として聞いたりはせず、親密さを求める気持ちの表れとして受け止めるだろう。

しかし、不安定な夫婦関係では、「抗議のポルカ」はスピードを上げて激しくなる。しまいには大混乱になって、夫婦は問題を解決することも明確な意思疎通もできなくなる。もちろん、破壊的なパターンで埋め尽くされた夫婦関係などなく、親密な瞬間はまだある。ただ、そういう瞬間は「抗議のポルカ」が引き起こす害悪に対抗できるほど頻繁にはないし、強くもない。もしくは、親密さの種類が一方のパートナーの望むものではない。たとえば、対決から撤退する傾向のある男性は寝室で性的な接近を始めるが、たいていの女性は性的な関係くらいで愛着欲求が満たされることはない。

長年にわたって、セラピストたちはこのパターンを権力闘争の観点から見るという過ちをおかし、夫婦に問題解決法などを教えてきた。これは肺炎を治療するためにティッシュペーパーを差し出すようなものだ。そのパターンの下にある「ホットな」愛着の問題を無視している。愛着の観点から見れば、問題は争いとか支配よりもむしろ「情緒的距離」なのだ。ケンの沈黙が妻の怒りを引き起こすのは偶然ではない。霊長類は、愛し依存する対象に無視されると攻撃的になるようにできているのだ。ヒトやサルの子どもは沈黙する母親を攻撃して必死で自分の存在を認めさせようとする。それでも何の反応も得られなければ、致命的な孤独や喪失、無力感に陥る。

右に挙げたのは「抗議のポルカ」の一例にすぎない。相手から遠ざかる防衛的なパートナーが誰でもケンのように「固まる」という言葉を使うわけではない。だが、クライエントの話を聞いているうちに、追いかける側と遠ざかる側がそれぞれ特有の表現を使う傾向のあることに私は気づいた。ここにそのいくつかを挙げてみよう。あなた自身のパターンや動きに似たものがあるかもしれない。

ミアと同じステップを踏む人は次のような言い方をすることが多い。

- 「がっかりです。涙が止まりません。この関係のなかで死んでしまいそうな気がします」
- 「このごろ彼はいつも忙しく出歩いています。家にいればパソコンかテレビです。まるでちがう惑星に住んでいるみたい。私は締め出されている感じです」
- 「独りで暮らしていたときより結婚してからのほうが寂しいと思うことがあります。こんな暮らしなら、独りのほうがましです。いっしょにいるのに離れ離れなんです」
- 「あのとき、そばにいてほしかったのに、夫はすごく冷たくて、私のことなんかどうでもいいみたいでした。こちらの気持ちは完全に無視されました」
- 「私たち夫婦は単なる同居人です。もう親密にはなれません」

・「もちろん怒りますよ。でも、向こうは知らん顔をしているので、ひっぱたいてやります。ただ反応がほしいんです。どんな反応でもいいから」
・「私は彼にとってどうでもいい存在なのでしょう。私のことなんか眼中にないみたいです。どうすれば心を通わせられるのかわかりません」
・「こちらが積極的に出なければ夫との距離は縮まりません。私が動かなければ何も起こらないのです」

これらの発言をよく吟味してみると、愛着のテーマがいくらでも見えてくる。パートナーに大切に思われていない。相手からの分離が死活問題のように感じられる。切り捨てられて寂しい。頼りたいときに頼れず、見捨てられたような気がする。つながりを切望しているのに反応してくれないので怒りを感じる。配偶者が友人や同居人のようになっている。

いっぽう、この人たちに相手の間違いや欠点ではなく自分自身の動きだけを描写してもらうと、次のような言葉が使われることが多い――押しつける、引っ張る、ひっぱたく、責める、非難する、文句を言う、圧力をかける、わめく、挑発する、迫る、管理する、など。ダンスでも自分の足の動きはよく見えない。そういうとき、抗議のパターンにはまり込んでいる当人は単にイライラするとか憤慨するなどと言うが、パートナーの目に映るのはまさにそれだ。だが、それはポルカで起きていることのほんの表層にすぎない。

ケンと同じような態度をとる人は次のように語る。

・「妻とはどうしてもうまくいかないので諦めています。もうどうしようもありません」
・「感覚がなくなったみたいで、自分の気持ちがよくわかりません。だから何を言われてもうわの空です」

- 「自分が欠陥人間のように思えてきます。夫として失格なのでしょう。そう思うと、固まってしまいます」
- 「とにかく黙って、向こうが落ち着くのを待ちます。できるだけ事を荒立てないようにします。波風を立てないことが夫婦関係を維持する秘訣なのです」
- 「安全な殻に閉じこもります。壁の後ろに隠れます。扉を閉めて女房のガミガミ言う声が聞こえないようにします」
- 「家では価値を認めてもらえないので仕事や趣味に没頭します。仕事ではちゃんと評価されますから」
- 「女房にとって僕はどうでもいい存在なんです。子どもや彼女の親戚より下です。犬でさえ僕より大事にされている！　単なる給料運搬人ですよ。むなしくなりますね」
- 「女房みたいに人にべたべたしたくない。甘ったれたくない。ああいうふうに人に頼るのは弱いこと、子どもっぽいことだと言われて育ったからね。だからなんでもひとりで処理する。ゴタゴタにはかかわらない」
- 「彼女の言っている意味がわかりません。うちはうまくいっています。結婚なんてこんなものですよ。結局、友だちになるんです。彼女の言う親密さとやらは何のことかさっぱりわかりません」
- 「問題は具体的に解決すべきです。修正するんです。頭で考えて。でも、妻はそうじゃないと言う。何を望んでいるのかわかりません」

ここにも共通するテーマがある。希望と、行動する自信の喪失である。沈黙し無感覚になることで不快な感情に対処すること。自分はパートナーとして失格だと思っていること。相手に受け入れられていないと感じること。夫婦の問題や愛着欲求などないものとして切り抜けようとすること。相手の怒りや不満を避けるためなら何でもすること。情緒的な交流から抜け出すために理性的な問題解決法を使うこと。

ケンのようなパートナーは自分の動きを次のような言葉で表現する――逃げる、黙り込む、無感覚になる、感情を押しやる、隠れる、うわの空になる、頭で考えようとする、修正する、など。感情の点でよく口にするのは、憂うつ、無感覚、感情の欠如、絶望や挫折感、などという言葉だ。こういったことは相手の目には単に情緒的反応の欠如と映る。

社会習慣による差はあるものの、ここでは性別が一役買っている。私たちの社会では、女性のほうが夫婦関係に気を配る傾向がある。妻は夫より早く夫婦の距離に気づくし、自分の愛着欲求を自覚している場合が多い。だから追求したり責めたりする役割を担うことになる。いっぽう、男性は感情や欲求を抑えて問題を解決するようにしつけられているので、情緒的かかわりから逃げることになる。

気持ちのうえでの結びつきを求めているときに理性的な問題解決法で応じられたら、愛着のレベルでは「何も応えてもらっていない」ということになる。愛する相手に求めるのはアドバイスよりも安心感なのだと心理学者たちが一様に述べるのはそのためだ。男性はよく感情レベルでの反応のしかたがわからないと言う。だが、そんなことはない。安全を感じられるときには、とくに自分の子どもに対しては、ちゃんとできている。ここでの悲劇は、妻が情緒的なかかわりを求めているのに夫が具体的なアドバイスをして妻の不安に応えようとすることだ。夫が気持ちのうえでかかわることこそが解決策なのだ。

ポルカを引き起こす社会的通念は男性にも女性にも植えつけられている。最悪なのは、成熟した健康な大人は情緒的つながりなど必要としないからその種の優しさを受ける資格はないという考え方だ。「不安だから抱きしめてなんて夫に言えるわけありません。子どもではないのですから」とか「私のことを優先してほしいなんて頼めません。一度も頼んだことありません。そんなことを望んではいけないような気がします」などとクライエントたちは言う。だが、自分の愛着欲求を受け入れることができなければ、それが激しくなったときに明確なメッセージを送ることはできない。あいまいなメッセージこそがポルカを持続させるのだ。「どうしてもっとしゃべらないの？　言いたいことがあるんじゃないの？」などと責めるほうが、結びつきを求める気持ちを満たしてほしいと頼むよりずっと簡単だ。

「抗議のポルカ」は夫婦間だけでなく親しい間柄なら誰とでも起こりうる。相手が配偶者ではなくきょうだいや子どものほうがわかりやすい場合もある。配偶者のときほど傷つかないからかもしれない。卑近な例だが、うちの思春期の息子の帰りが遅かったとき、私が注意してもため息をついて非を認めないのでガミガミ怒ってしまったことがあるが、それはなぜだろうと自問した。答えは簡単だ。私の愛着不安が突然揺さぶられたからだ。彼が目をぐるりと回してこちらをばかにしたような顔をすると、「あんたの小言なんかどうでもいい、あんたなんか関係ない」と言われているような気がした。だからこちらは非難の音量を上げる。彼はまた知らん顔をする。ポルカの曲は続く。だが、突然、私はその曲に気づいた。そこで、脇へ出て、彼にもダンスを見てもらうことにした。「ちょっと待って。まずいことになってるよね。くだらない喧嘩にはまり込んで、二人とも傷ついているよね」。これがポルカをやめる第一歩だった。曲に気づくことだ。

夫婦がこのダンスから生還するのを見てきたこの二十年で私は何を学んだだろうか？　クライエントたちは実に多くのことを教えてくれた。

第一に、ダンス全体を見なければならないことを教えてくれた。口論の中身だけでなく、自分と相手がどんなふうにダンスを踊っていてそれが自分たちの関係について何を物語っているかに目を向けなければならない。特定のステップ、とくに相手のステップ、にのみ注目して「ちょっと、いま足を踏んだわね」などと言っていたら負けだ。一歩下がって全体像を見なくてはいけない。

第二に、自分の動きが相手をダンスに引き込むことを理解しなくてはならない。それぞれが罠にはまっていて、無意識のうちに相手も罠にはめてしまう。こちらが攻撃すれば相手は防衛するが、それはこちらの攻撃が相手の防衛を喚起するということだ。こちらはそれと気づかすに、相手が心を開いて反応するのを難しくしている。また、もしこちらが超然として距離を置けば、相手は寂しいので躍起になって結びつきを求めるが、相手がそうなるのはこちらのせいなのだ。

第三に、そのポルカは愛着の問題にかかわるものだということだ。論理的な問題解決法や型通りのコミュニケーション技法ではやめられない。絆を求める声に気づかなければならない。安全な結びつきへ戻るためにはそのダンスの本質を理解しなければならない。絆を求める声に気づかなければならない。絆を得られない悲しみが「彼に反応させようとしてつく」とか「自分がいかにダメな人間か聞きたくないから遠ざかる」という事態につながるのだ。これらのパターンが普遍的なのは、私たちの欲求や不安が、そして喪失や分離を感じたときの反応が普遍的だからだ。

第四に、夫婦は愛の本質に気づけるということだ。分断の瞬間もわかるし、抗議や苦悩がポルカの鍵となっていることも理解できる。すると、敵はパートナーではなくポルカなのだということがわかるようになる。

第五に、夫婦は団結して敵に立ち向かえるということ。曲のテンポをゆるめてダンスホールの端へ出て、安全な雰囲気のなかで愛着欲求について話すことができる。

これができたとき、ケンとミアも自分たちの関係に希望がもてるようになった。ケンは言う。「例の負のスパイラルが始まっても、そんなに深く引きずり込まれないようになりました。昨日もミアに言いました、『またやってるよ。僕が固まって君が苛立っている。こういうときに締め出されたと感じるんだね？　こんなことはもうやめよう。こっちへきて、抱き合おう』と。彼女がそうしてくれたので、すごく嬉しかった」。私はポルカを打ち負かすうえでいちばん役に立ったのは何だったかとケンに尋ねた。彼はミアが「敵」ではないことに気づいたのがよかったと答えた。彼女は「僕をやっつけよう」としているのではなく「二人の関係のために戦っているのだ」と思えるようになったのだ。

分断に対する抗議に気づいて「抗議のポルカ」から抜け出すことができなければ健全な夫婦関係は望めない。愛に満ちた絆を強め成長させたいなら、分断の瞬間に対するこれまでの対処法を変えなくてはならない。これまでの対処法では信頼や安心感が失われて分断が深まるだけだったのだ。

やってみよう

ケンとミアの話はあなたにも馴染みがあるような気がしますか？　自分の夫婦関係にも似たような面があると思いますか？　夫婦関係がこのポルカに乗っ取られたときのことを思い出せますか？　愛着のメガネをかけて、事実に関する口論の向こうにある夫婦の結びつきの問題を見ることができますか？　たとえば、夫婦の一方が絵を描くために別荘をアトリエに改築したいと言い出して口論になったのは、もう一方が取り残されて寂しいからで、改築そのものが問題だったのではないかもしれません。もしかしたら一方は夫婦の結びつきの希薄さを憂えて相手から安心感を引き出そうとしていたのに、会話は生活上の問題に焦点が当てられたままだったのかもしれません。

現在の夫婦関係で不安を感じると、あなたはどうしますか？　この章で紹介した夫婦の話のなかであなたはどの人に似ていると思いますか？　また、最近配偶者とのあいだで起きた口論や心の痛む出来事を思い出してみましょう。もしあなたが壁にとまったハエでその出来事を『ハエ新聞』に載せるとしたら、どんな記事を書くでしょう？　そのダンスはどんなふうで、あなたがた夫婦はどんな動きをしていますか？　あなたは抗議するほうですか、それとも逃避するほうですか？　あなたは相手を非難して変えようとしていますか？　それとも安心感を求めるなんて危険だと自分に言い聞かせて黙り込んでいますか？　もちろん、同時に両方の態度をとる場合もあります。

ここでは、自身の動きを見てそれが相手に与える影響に気づけるかどうかが重要です。ですから、勇気を出してしっかり見て、自分がよくする反応に気づいてください。それは無意識にパッと出てしまう反応です。その反応があなたを最愛の人との分断の悪循環に陥れるのです。こうした反応は相手によって異なりますが、いまはあなたにとっていちばん大切な人のことだけ考えてください。そして、愛着不安が湧きあがってきたときに自分がその人に対してどのような反応をするか考えてください。

相手から離れて黙り込むという姿勢は本人にとっても理解しにくい場合があります。これは自分の殻に閉じこもって、自分を落ち着かせようとする試みかもしれません。それは有益なことかもしれません。ただし、無意識にその反応が出るようになって相手に心を開けなくなると厄介です。そうすると「抗議のポルカ」の渦に巻き込まれることになります。相手が締め出されたとか見捨てられたとか感じるようになるからです。

あなたが配偶者から離れて黙り込むという姿勢をとって自分のためになった出来事を一つ思い出せますか？　あなたが黙り込んだあと何が起きましたか？　この戦略は喧嘩がエスカレートするのを防ぐためのものだとよく言われます。こんどは、そういう姿勢が役に立たなかったときのことを思い出せますか？　あなたの身に、そしてパートナーとの関係に、どんなことが起きましたか？

もしできそうなら、次の問いに対する答えをパートナーといっしょに考えてみましょう。あなたがたはポルカにはまり込んでしまうことがありますか？　そういうとき、お互いの動きが見えますか？　それが悪循環のループを作っていることがわかりますか？　次の文章の空白に一語ずつ入れて状況を簡単に描写しましょう。

私が［　　］すればするほどあなたは［　　］して私はもっと［　　］するということが繰り返される。

このダンスに名前をつけて、それが二人の安全な結びつきをどんなふうに蝕むか話してみましょう。それは二人のあいだに流れる音楽の曲調をどのように変えますか？

たとえば、トッドは感情の話をするのが苦手で、妻と親密になるにはセックスを通してしかないと思っています。彼はポルカでの自分の動きに気づき、妻にこう語ります。「僕がセックスを求めるのはオーガズムのためだけではないんだ。それしか君と親密になる方法を知らないからなんだ。だから、拒否されるとしつこく説明を求めて君を困らせてしまう。僕が追いかければ追いかけるほど君は遠ざかってガードを固くする」。妻のベラは答えます。「そう。しつこく求められて非難されていると思うとよけいいやになるのよ。だから、もっと背を向けてしまう。するとあなたはもっと強圧的になって悪循環が続いてしまう。そうよね？」。トッドはこれが自分たちのポルカのあらましであることに同意します。二人はそれを「ポルテックス」［▼訳注］と呼ぶことにします。トッドがセックスに固執し、ベラがガードに固執することからこの名前をつけたのです。こうしてトッドは自分が拒絶されたように感じて必死になるのだと話すことができ、ベラは「凍りついて」しまったような感じで寂しいと伝えることができました。あなたも「抗議のポルカ」でどんな動きをするかパートナーと話し合ってみましょう。

たとえ「抗議のポルカ」にはまり込んでも、そこから抜け出して別の交流のしかたができるときはありますか？　黙り込むのではなく、思い切って相手に親密さや慰めを求めたり、自分の気持ちを率直に伝えたりできるときはありますか？　そういうときは、どうしてそうできるのでしょう？　ポルカをやめておけるのはなぜでしょう？　二人で考えてみましょう。分断の感覚がすぐこのダンスにつながらないよう、お互いの安心感を少しでも高められる方法はありますか？　結局は、ポルカに隠された愛着信号に気づくことかもし

▼訳注――米、映画、一九八二。男性用強壮剤の名前でもある。

れません。たとえば、ホアンは妻のアンナに「君が苛立って僕に何かを求めているのはわかるのだけれど、僕は何をすればいいのかわからないんだ」と言うだけで十分だとわかりました。

悪魔の対話その三——冷めて離れる

ときには、相談室にやってくる夫婦から「悪者探し」の敵意も「抗議のポルカ」の激しいビートも聞かれないことがある。しんと静まり返っているのだ。もし夫婦関係をダンスにたとえるなら、ここではどちらのパートナーもフロアに出ていない！　どちらもダンスに興味がないらしい。一見、何も問題がないかのようだ。しかし、緊張した雰囲気があるのはすぐにわかるし、二人の顔には苦悩の色がはっきりと浮かんでいる。人は感情を抑えようとしてもうまくいかないのだ。フロイトが言うように、感情は毛穴の一つひとつからにじみ出てくる。私には夫婦双方が防衛と否認のために黙り込んでいるのが見てとれる。それぞれが何も求めていないようなふりをして自分を守っているのだ。

これが「冷めて離れる」のダンスで、「抗議のポルカ」から発展する場合が多い。相手を非難していたほうのパートナーが諦めて黙り込むとこの状態になる。もしこれが自然な経過をたどれば、そのパートナーは相手との関係を嘆き、やがてそこから離れていく。そうなると夫婦は互いに対して礼儀正しくなり、事務的な事柄については協力的にすらなるが、何も手を打たなければ愛情関係は終わる。ときには、逃げていたほうのパートナーが相手との情緒的結びつきがまったくないことにようやく気づく場合もある。そういう場合は夫婦カウンセリングを受けたりこのような本を読んだりすることに同意しやすい。

「冷めて離れる」のサイクルに見られる極端なよそよそしさは絆の喪失に対する反応であり、絆を修復できないという無力感の表れだ。たいてい一方のパートナーは、相手を追いかけてつながりの不足を抗議し、ひとりで悲しんだという話をする。そしていまはもう何も感じられなくなってしまったと言う。もう一方のパートナーは日常となってしまった撤退の罠にはまったままで、しだいに明らかになる分離を否認しようとする。ここではどちらも相手に向かって手を伸ばしていない。どちらもリスクを冒さない。もし夫婦が援助を求めずこの状態が続けば、信頼を取り戻し関係をよみがえらせる方法のなくなるときがくる。「冷めて離れる」のサイクルが夫婦関係を終わらせるのだ。

テリーとキャロルはいわゆる「仲良し夫婦」であったためしがないと言う。だが、知的で控えめなキャロルは夫の「抑うつ」について何度も彼と話し合おうとした。夫婦の情緒的疎遠はそのせいだと思ったからだ。物静かでちょうめんな感じのテリーは、ここ何年も、とくに育児に関することで妻に難癖をつけられてきたと言う。二人が私のところへ来たのは珍しく大喧嘩をしたからだった。それは、キャロルがパーティに着ていくことにした服をテリーが気に入らなかったことから始まった。テリーは、もしその服を着るなら僕を愛していないということだから離婚したほうがいいとまで言った！　それから、パーティへ行く途中、テリーは「会社の同僚と不倫しようかと思っているが、どうせうちはセックスレスだから問題ないだろう」と言った。キャロルのほうも、テリーが冷たいから昔の知り合いに夢中になっていると言い返した。

セッションでは、仕事と育児に忙殺されて夫婦のための時間をつくれないという話があった。あるとき、キャロルは自分たちが他人のようになってきていることに気づき、もっと会話を増やそうとテリーを「揺さぶった」と言う。だが、うまくいかず、苛立ちがつのった。テリーも、たしかにキャロルはとくに育児のことで何年間かとても「批判的」だったけれど、一年ほどまえからよそよそしくなった、と認めた。キャロルは、ついに怒りを「呑み込む」ことにし、結婚なんてこんなものだと諦めることにしたのだ。そして、自分はもう夫にとって魅力的ではないのだという結論に達した。これに対してテリーは、キャロルが子どもばかり大事にしてこちらを顧みてくれない、と悲しげに訴えた。彼女は母親だが妻ではない、と。自分は真面目で「頭で考えすぎる」ので女性の気持ちがわからないのかもしれない、とも言った。「冷めて離れる」の真の問題はそこにつきまとう希望のなさである。この夫婦はどちらも自分のせいで、自分の生まれつきの欠点のせいで、夫婦仲が悪くなったのだと結論づけている。もしそうなら、愛されるに値しない自分を隠そうとするのは当然だろう。人は愛着対象の目を通して自分を見るというボウルビィの愛着理論を思い出してほしい。自分がどういう人間かを日々思い知るうえでこれほど重要な情報はほかにない。自分の愛する人は自分の鏡なのだ。

キャロルとテリーは無力感や分断の感覚が増すほど相手から隠れるようになった。長く見つめ合うとか身体を愛撫するというような親子や恋人に見られる愛着のサインは弱まり、そのうちまったくなくなった。セッションのあいだも決して目を合わせないし、自然な身体のふれあいはとうの昔になくなっているとのことだった。非常に知的であるために、性的接触の不足に理由をつけることも、自分が配偶者に求められていない苦痛を否認することもできる。二人とも抑うつの症状を口にしたが、実際、愛する人との結びつきがなくなれば抑うつ的になるのは当然だ。時がたつにつれて二人の距離は遠くなり、相手に向かって手を伸ばすことはますます難しくなってきた。「抗議のポルカ」で黙り込む人たちと似たような動きや感情も見られるが、自分は愛されるに値しないのではないかという疑念はこの二人のほうが強い。その疑念のせいで二人とも固まってしまい、ふつうならこの種の距離に目を向けさせる抗議が起こらなくなっているのだ。

子ども時代のことを振り返ってもらうと、二人とも理性の勝った冷たい家庭で育ったと言う。家族の成員が互いから距離を感じると、親密さを求める気持ちを否認して自分の殻に閉じこもった。愛する人たちとの過去の関係は現在の人間関係のひな形となる。いまの相手とうまくかかわれないと、自然に子ども時代の対処法に頼ってしまう。この二人は、相手との結びつきが危うくなっていることを示す「ホットな」感情が出てくると、それを無意識に締め出して理屈づけしたり気を紛らす活動に逃げ込んだりする。このダンスでは、そういう感情を避けること自体が目的となる。「僕が冷静を保っていれば、感情のことを話さないですみます。パンドラの箱を開けたくないのです」とテリーは説明する。

感情に対するこういう対処法は通常の状態になっていて、あまりにも素早く「起こる」ため、自分がそれを選んだという感覚はない。しかし、そのせいで愛する人との自滅的なダンスから抜け出せないのだとわかれば、変えることができる。消せない人格の一部になっているわけではないし、それを修正するために何年にもわたるカウンセリングが必要なわけでもない。テリーの父親は高齢で怒りっぽく、母親は有名な政治家だった。「どんなときにお母さんの優しさを感じましたか？」と私が尋ねると、彼はぽかんとした顔をした。テレビに出ている母親を見たことしか覚えていないのだと言う。だから、母親との距離に耐えて優しさを求める気持ちを麻痺させるしかなかったのだ。そして、彼はそれを上手にやってのけた。だが、子ども時代のその戦略は結婚生活を悲惨なものにした。キャロルもまた、ふれあいや結びつきを求める気持ちを「締め出した」ときに「心がしぼみはじめた」ことを理解した。

ほかのダンスの場合と同じように、自分のステップのせいで相手から孤立していたことがわかると、テリーとキャロルは希望を感じはじめ、自分の気持ちを相手に伝えられるようになった。キャロルは、夫との関係を「諦めていた」ことや、拒絶されたと感じないように「壁を打ち立てた」ことを認めた。そして、ふれあいや結びつきを求める気持ちを子どもで満たそうとしたのだと言った。テリーはそれを聞いてとても驚き、いまでも妻を愛していると打ち明けた。二人はそれぞれが相手に対して影響力をもっていることや、相手にとってまだ重要な存在であることに気づいた。その後二、三回喧嘩したが、キャロルは私にこう言った。「以前より安全な感じがします。喧嘩はいやだけれど、冷たいむなしさはありません。注意深く押し黙っているよりずっといいです」。テリーも言う。「僕たちは悪循環にはまり込んでいたけれど、抜け出せると思います。二人とも傷ついておびえて、相手を締め出していました。でも、そんなことはしなくていいのです」。私たちは自分で自分を罠にはめていることに、つまり自分の求める愛を自分から奪っていることに気づくことで新たな一歩を踏み出す。分断のサイクルを、すなわち苦悩のダンスをやめようと決心することから強い絆が育つのだ。

やってみよう

「冷めて離れる」のパターンはあなたにも心当たりがありますか？　もしあるなら、情緒的つながりを求める気持ちを無視したり軽視したりすることをどこで覚えましたか？　誰に教わりましたか？　どういうときにいちばん孤独を感じますか？　これらの問いに対する答えをパートナーに伝えることができますか？　思い切ってこの種のことを伝えるのは勇気の要ることで、感情の麻痺を治す薬を飲むようなものです。このとき、なんらかのかたちでパートナーに手助けしてもらえるとよいですね。

よそよそしさのダンスが始まるきっかけとなる言動を一つパートナーに伝えられますか？　それは特定の瞬間にそっぽを向かれるというような単純なことかもしれません。また、自分がどんなふうに相手を遠ざけてしまうか考えてみましょう。相手があなたに近づきにくくなるのはなぜでしょう？

パートナーとの情緒的かかわりから一歩下がったとき、あなたはそれをどのように正当化しますか？　相手を求めて手を差し出さない理由は何だと自分に言い聞かせますか？　もしかしたら、そこには、愛情関係でどう振る舞うべきかについて親や社会から教えられたことが反映されているかもしれません。こうしたことをパートナーと話し合ってみましょう。

このダンスがあなたから奪ったものをすべて挙げてみましょう。最初に誰かに夢中になってその人のそばにいるためならどんな危険でも冒そうと思うとき、その先にはたいてい親密さが見えているものです。私たちは最初の出会いを覚えているのと同じように、そのときの希望も覚えています。このネガティブなダンスはそうした希望をどのように蝕んできましたか？

この章の最後のエクササイズとして、三つのパターン——「悪者探し」「抗議のポルカ」「冷めて離れる」——のどれが現在のあなたの夫婦関係を最も脅かしているか考えてみましょう。喧嘩の具体的な原因（子どものことであれ、性生活であれ、仕事のことであれ）が本当の問題でないことは覚えておいてください。本当の問題は常に夫婦間の絆の強さや安定性です。「接近・応答・関与」がどうなっているかなのです。次の文中の空白を埋めてあなたの夫婦関係のパターンを要約してみましょう。それから完成した太字の文をつなげてひとまとまりの文章にし、パートナーと共有しましょう。

＿＿＿＿とき、私はあなたとの安全なつながりを感じられません。分離の感覚が始まるきっかけを記入してください。たとえば「何週間もセックスをしていないのに疲れているからと拒まれたとき」「育児のことで喧嘩したとき」「何日もまともに話をしていないとき」など。ここでは抽象的な一般化は避けたいので「あなたがいつものように付き合いづらいとき」などとしてはいけません。はっきりと具体的に書いてください。

すると私は＿＿＿＿傾向があります。行為の言葉を記入してください。たとえば「文句を言う」「なじる」「ほかのことを考える」「あなたを無視する」「逃げる」「立ち去る」など。

私がそうするのは＿＿＿＿たいからです。あなたは何を望むから右のような行為をしてしまうのか書いてください。たとえば「さらなる諍いを避けたい」「あなたにもっと反応してもらいたい」など。

このパターンが続くと私は［　　　　］を感じます。心の動きを書いてください。この時点でたいてい感じるのは「苛立ち」「怒り」「無感覚」「むなしさ」「混乱」などです。

そして［　　　　］と思ってしまいます。あなたが自分の夫婦関係について想像する最悪の状況を書いてください。たとえば「夫婦の関係なんてあなたにとってはどうでもいいのだ」「私はあなたにとって重要ではないのだ」「私にはあなたを喜ばすことができないのだ」など。

私が右のような動きをするとあなたは［　　　　］ので私たちはよけい結びつきにくくなるのだということがわかりました。動作の言葉を記入してください。たとえば「黙り込む」「躍起になって私に反応させようとする」など。

私が［　　　　］すればするほどあなたは［　　　　］します。そして二人とも苦痛と孤独の罠にはまってしまいます。あなた自身とパートナーの動きを表す言葉を書いてください。

このダンスを［　　　　］と呼ぶことにして、それが始まったらお互いに警告しましょう。このダンスに気づくことが分断の悪循環から抜け出す第一歩なのです。

こういう悪循環に気づいてその罠にはまっていることがわかれば、そこから抜け出す方法を学べるようになる。次の章ではこうしたネガティブなダンスを継続させる強烈な感情——とくに愛着不安——についてさらに掘り下げて考察する。

Conversation 2: Finding the Raw Spots

第二の会話　むき出しの箇所を見つける

「愛着の遮断は危険だ……
関係の破綻は角膜をひっかくような痛みをもたらす」
――トーマス・ルイス、ファリ・アミニ、リチャード・ラノン共著
『愛についての概論』

人は愛情関係で傷つきやすい。愛する人に対しては無防備になっているため、不注意な言動で傷つけ合ってしまうのは避けられない。そういうときはたしかに心が痛むが、その痛みはたいてい一過性で表面的なものだ。しかし、ほとんど誰にでも、少なくとももう一つ敏感な箇所がある。それは「心の皮膚」がむき出しになっている箇所で、さわられると跳び上がるほど痛い。そこがこすられると夫婦関係は血まみれになる。夫婦は心のバランスを失って「悪魔の対話」に突入する。

むき出しの箇所とは、愛着欲求が繰り返しないがしろにされたために生じた過敏性のことである。ある人の愛着欲求が何度も無視されたり退けられたりすると、その人は「情緒的に剥奪された」とか「見捨てられた」と感じるようになる。この剥奪感や見捨てられ感こそが夫婦関係でよく見られる潜在的なむき出しの箇所なのである。

こういう敏感な箇所は過去の重要な他者との関係から生じることが多い。重要な他者とは、愛情関係の基本を教えた両親であり、きょうだいや親せき、過去の恋人などである。たとえば、最近、私が話している最中に夫のジョンのまぶたが垂れてきたのを見て、私は激怒してしまった。彼は疲れて眠かっただけなのだが、私はこちらが真面目な話をするとすぐ居眠りした最初の夫のことを思い出したのだ。居眠りというのは相手とのかかわりを避けるかなり明確な断絶のサインだ。その体験のせいで私は配偶者の居眠りに過敏になった。配偶者が突然居眠りを始めると見捨てられたように感じるのだ。

クライエントの一人であるフランソワは妻のニコルが別の男性に興味をもっているのではないかと気が気ではない。妻の浮気のサインに非常に敏感なのだ。それというのも、最初の苦痛な結婚で何度もおおっぴらに浮気されたからだ。いま、ニコルがパーティで彼の友だちに微笑みかけたり家にいるはずの時間にいなかったりすると、彼は完全なパニックに陥ってしまう。

リンダは夫のジョナサンが彼女のことを綺麗だとか良い仕事をしたとか褒めてくれないと傷つくのだと訴える。「すぐに痛みがあふれてきて、腹が立って、あなたを責めてしまう」と彼に言う。そして、その過敏性は母親のせいだと考えている。「私は母に褒められたことがなくて、いつも可愛くないと言われていた。褒めると努力しなくなるからですって。私は母に認めてもらいたくて、認めてくれない母を恨んでいた。だからいま、あなたにそれを求めてしまうのだと思う。一生懸命おめかししてもあなたが知らん顔をしていると傷つくわけ。褒めてほしいのに拒否されている。少なくともそう感じてしまう。私の見方が歪んでいるのかもしれないけれど、すごくつらい」。

むき出しの箇所は一つとはかぎらないが、ネガティブなサイクルを回転させはじめるという意味では一つが突出している場合が多い。スティーブは妻のメアリーからもっと頻繁にセックスしたいと言われるのが何よりもつらい。これは男性にとっては嬉しい要望かもしれないが、スティーブにとっては自信を粉砕する誘導ミサイルだ。彼の扁桃核は「来たぞ」と叫び、彼は床に伏せる。実際には黙り込んで妻の言葉を無視するのだ。「まるで突然、最初の結婚に戻ったみたいな気がするんです。前の妻を失望させて、ひどくなじられましたから。何をするのも不安になって、とくにベッドでは自信がなくなりました」。子ども時代の体験もこのむき出しの箇所を刺激する。スティーブは学年でいちばん背が低く、そのことでよく父親にからかわれた。そのせいで「自分は男らしくない」という感覚が残ってしまった。

しかし、むき出しの箇所は必ずしも過去の傷のなごりとはかぎらない。現在の関係でも、しかも概して幸福な関係でも、情緒的に剥奪されたとか見捨てられたと感じれば、不意に現れる可能性がある。病気や出産、失業のような大きな変化や危機に際してパートナーの支えが欲しいのに得られないとき、むき出しの箇所ができることがある。また、一方が慢性的に無関心でもう一方に不満がたまっていると、小さな問題でも起爆剤になるかもしれない。愛する人が反応してくれないと「心の皮膚」がむき出しのままこすられるのだ。

ジェフとミリーの関係は円満だったが、ジェフの親友が昇進してから一変した。ジェフはそのポストを得ようと一生懸命がんばっていただけに、すっかり落ち込んでしまった。それを見たミリーは不安になり、彼を慰めるかわりに「早く立ち直って」と激励した。二人はなんとかこの危機を乗り越えて以前の親しさを取り戻したが、ジェフの心にはしこりが残った。自分が少しでも悩んだ様子を見せると妻がどう反応するか気になってしかたがないのだ。それで、ミリーの態度が優しくないと感じると、突然不条理な怒りを爆発させてしまう。ミリーのほうは防衛的な沈黙へ逃げ込み、自分は妻として失格なのではないかと悩む。こうなると次に何が起きるか想像に難くない。「悪魔の対話」が始まるのだ。

ヘレンは思春期の息子の飲酒問題でセラピストに責められ、打ちのめされた気分だった。このとき、ふだんは優しい夫のサムがセラピストの考えに同調した。あとでヘレンが「傷ついた」と言うと、サムは自分の意見を正当化することにこだわり、不快な口論が続いた。それで、ヘレンは自分の「つまらない」傷のことなど忘れて夫婦関係の良い面を見ようと決心した。

しかし、重要な感情を抑圧するのは容易ではなく、結局は害になる場合が多い。ヘレンの痛みは漏れ出しはじめる。彼女は何をするにもサムの意見を求めるようになり、返事に窮したサムはだんだん無口になっていく。そのうち二人は寄ると触ると喧嘩するようになる。サムはヘレンが「被害妄想」の彼女の母親にそっくりだと責める。ヘレンはますます途方に暮れて孤独を感じる。

ジェフもヘレンもむき出しの箇所をこすられているが、それに気づいていない。たいていの人はそうだ。それどころか、むき出しの箇所があることにさえ気づかない。わかっているのは苛立ちに対する二次的な反応だけだ。自分が黙り込んだり怒って相手に突っかかったりするのはわかる。沈黙と怒りは「悪魔の対話」の顕著な特徴だが、それらは弱さの中心をなす感情――悲しみや恥ずかしさ、そして何よりも不安――を覆い隠す。

もしあなたがしょっちゅうパートナーと「悪魔の対話」にはまり込んでしまうなら、それはむき出しの箇所に触れているからにちがいない。おそらく両者のむき出しの箇所が「悪魔の対話」を引き起こしている。互いにこすり合っているのだ。こちらが相手のむき出しの箇所をこすれば、相手もこちらのむき出しの箇所を刺激する。

ジェシーとマイクの場合は、ジェシーの十二歳の娘が同居するようになってから喧嘩が絶えなくなった。ジェシーは言う。「夕べもそうでしたが、マイクは突然暴君に変わってしまうのです。娘にいろいろ命令して規則でがんじがらめにします。家にいるときはたいてい怒鳴っています。私が育った家の居丈高な男たちにそっくりです。誰かが怒鳴ったり命令したりするのは耐えられません。私は誰にも守ってもらえなかったけれど、自分の子どもは守ります」。

マイクはジェシーが何日も口をきいてくれなくても彼女を愛していると悲しそうに言ったかと思うと、あんな手に負えない子どもの親になんかなりたくなかったと大声でわめく。「あの子が来てから、こっちは完全に無視されているんです。僕が帯状疱疹にかかったときも娘のことで頭がいっぱいで慰めてもくれなかった」と怒る。二人はお互いのむき出しの箇所をひっかいて「抗議のポルカ」から抜け出せない。

トムとブレンダもむき出しの箇所のせいで「悪魔の対話」に陥ったが、この夫婦の場合は「冷めて離れる」だった。ブレンダは生まれたばかりの赤ん坊に夢中で、トムが気を引こうとすると苛立った。ある晩、彼の要求にうんざりした彼女は「あなたって性欲過剰で救いようのない人ね」と蔑んだ。トムはショックだった。彼はハンサムだが、内気で女性に対して臆病なのだ。だから、ブレンダから望まれることだけを求めていた。

彼は言い返した。「わかったよ。もう愛していないんだね。これまでの優しさはぜんぶ嘘だったんだね。こっちだって君といっしょにいる必要なんてないよ。僕はダンスに行くから、君は赤ん坊の世話をしていればいい」。彼は社交ダンスサークルの女性と浮気していることをほのめかすしるしを家のあちこちに残した。すると、不器量な娘のように感じながら育ったブレンダは、なぜ有能で魅力的なトムが自分を選んだのか不思議に思うようになった。不安になった彼女はもっと赤ん坊にのめりこんだ。トムとブレンダはもうめったに口をきかない。自分のむき出しの箇所を守ろうとするあまり、双方が切望する愛情反応がなくなってしまったのだ。

こういう破壊的な展開をストップするためには、「悪魔の対話」に気づいてそれをやめる（第一の会話）だけでなく、双方のむき出しの箇所を見つけてそれをなだめなくてはならない。それは愛に満ちた安全な場所で育った人なら簡単だろう。むき出しの箇所は少ないし、そう深くもない。しかも、ネガティブな交流の下にあるものがわかれば、すばやくそこから抜け出して痛みを和らげられる。

だが、愛や依存の対象からトラウマを負わされたりネグレクトされたりした人にとっては、その過程はもっと長くて骨が折れる。そういう人のむき出しの箇所は非常に大きくて敏感なため、自分の不安に気づいてパートナーの支えを信じるのは一苦労だ。退役軍人で虐待のサバイバーであるカルは言う。「僕は全身が一個の大きなむき出しの箇所です。痛みを和らげたいのはやまやまですが、彼女にさわられると、優しい愛撫なのかまた切りつけられているのかわからないのです」。

それでも、私たちは過去の囚人ではない。良いほうへと変わっていくことができる。ニューヨーク州立大学の心理学者ジョアン・ダヴィラをはじめとする研究者たちは私が相談室で見ていることを研究で追認している。それは、たとえ深い傷でも配偶者の愛があれば治せるということだ。思いやりのあるパートナーがつらい気持ちをしっかり受け止めてくれれば、安全な結びつきの感覚を「獲得」できるのだ。本当に、人は愛によって変わるのだ。

むき出しの箇所がこすられていることに気づく

自分のまたは相手のむき出しの箇所がこすられたことを知らせるサインは二通りある。一つは、会話のトーンが突然大きく変わることだ。二人はちょっと前まで冗談を言って笑っていたのに、いまは一方が動揺したり怒っていたり、逆にうわの空だったり冷淡になっていたりする。もう一方はバランスを失う。まるで知らないうちにゲームが変わってしまったかのようだ。傷ついたほうのパートナーは新しい信号を送っており、相手はその変化の意味を理解しようとする。テッドはこんなエピソードを語ってくれた。「僕たちはふつうにおしゃべりしながら車に乗っていたのですが、突然車内の空気が冷たくなりました。彼女は僕から目をそらして窓の外を見て、口を一文字にむすんで、まるで僕がいなければいいと思っているみたいにむっつりしているのです。いったいどうなってしまったんでしょう？」。

もう一つのサインは、一方の不作法なふるまいに対するもう一方の反応が度を越えて激しいことだ。マーラは言う。「うちはたいてい金曜の夜にセックスします。でも、姉から電話がかかってきて、姉がひどく狼狽していたので十五分くらい話していたと思います。そうしたらピエールが二階から降りてきてキレたんです。それで、いつもの喧嘩が始まりました。そういうとき、彼は本当にわからず屋なんです」。いや、それはマーラがまだ愛の論理を理解しておらず、ピエールが自分のむき出しの箇所を妻にも自分自身にもきちんと説明できないからだ。彼はマーラに言う。「頭の中では『何をそんなに怒ってるんだ。落ち着け』と言っているんだけど、もうかんしゃく玉が破裂しちゃってるんだ」。

これらのサインはすべて原初的な愛着欲求や不安が突然出現したものである。人間の最も深くて最も強い感情が急に優勢になったのだ。むき出しの箇所を理解するためには、その敏感さの鍵となる深い感情をよく見て、対処できるかたちに分解しなければならない。そうしなければ、それらの感情を通り越して怒りや無関心といった防衛反応が現れ、パートナーに間違ったメッセージを伝えてしまう。不安定な夫婦関係では本当の自分を相手に見られまいとして自分の弱さを偽装する。

むき出しの箇所がこすられるとどういうことが起こるか順に見ていこう。

一、愛着信号をキャッチすると愛着システムが起動し、欲求や不安が湧き起る。愛着信号は感情の揺れを引き起こす引き金だ。それはパートナーのちょっとした言葉や顔つき、しぐさかもしれない。ポジティブなものもネガティブなものもあって、良い気分も悪い気分ももたらしうる。むき出しの箇所を刺激する愛着信号は「え？」というアラームを点灯させる。「何かいやなものがくるぞ」と脳が警告する。たとえば、相手の声に「批判的な」響きがあったり、こちらが抱擁を求めているのにそっぽを向かれたりするとこの警告が出るかもしれない。マリーは夫のエリックに言う。「あなたが私のことを考えてくれているのはわかるの。よく話を聞いてくれるしね。それはいいんだけど、必ずどこかであの嫌な口調で『いいか』と、言いだすでしょ。まるで私が何もわかっていない子どもみたいに。それがすごくいやなの。私のことをバカだと思っているでしょ。とても傷つくわ」。これはエリックにとって初耳だった。彼はマリーが彼の意見の内容に同意できないから喧嘩になるのだと思っていたのだ。

二、次に身体が反応する。「胃がむかむかして自分の声が甲高くなるのがわかる」とか「身体が冷たくなって動かなくなる」などと言う人もいる。ときには、自分がどう感じているかを教えてくれるのは身体だけという場合もある。強烈な感情は体を関与させる。身体は稲妻のような速さでサバイバルモードになる。それぞれの感情は特定の生理現象につながっており、恐怖を感じると脚に、怒りを感じると手に血流が増える。

三、額の後ろの前部前頭葉にある知性は少し反応が遅い。感情をつかさどる扁桃核の動きに追いついてから、起きていることの意味を考える。最初の知覚をチェックして、愛着信号が相手との絆について何を物語っているのか判断する。キャリーの悲観的結論はこのときに出た。彼女は夫のデリックに言う。「セックスが始まりそうな雰囲気になったときに『疲れているから』と言われるとムカッとくる。それは私を欲しくないっていうことだから。単なる友だちみたいに。私はあなたにとってぜんぜん特別な存在ではないということだから」。デリックが「疲れてちゃいけないわけ？」と言うと、キャリーは答える。「夕食後からずっとじゃれ合っていろんな期待をもたせたあとではね。なんとかしてもらわないと。こっちも怒ったままでいるのはいやだし」。

四、前部前頭葉の判断に基づいて特定の方向へ動く準備が整う。どの方向へ動くかは感情の種類によって違う。怒りを感じると相手に近づいて戦う。恥を感じると引き下がって隠れる。恐怖を感じると逃げるか固まるが、極端な場合は向き直って反撃する。ハンナの場合は夫と喧嘩するとこうなる。「とにかく逃げます。そこにいたくないんです。彼の怒った顔を見たとたんに逃げ出しています。彼はちゃんと向き合ってほしいと言うけれど、足が勝手に動いてしまう。怒った声を聞いていることができないのです」。

このすべてが十億分の一秒で起きる。感情の力と役割に興味をもったチャールズ・ダーウィンは自分がどれだけ感情をコントロールできるか知ろうとした。彼は巨大な毒ヘビが入っているロンドンの動物園のガラスの檻の前に立って、毒ヘビが勢いよく跳びかかってきても後へ跳びのかないように努めた。だが、何度やっても失敗した。安全だとわかっていても身体が恐怖に反応してしまうのだった。

これは夫婦関係にも当てはまる。あるとき私は夫と二人でほのぼのとした時を過ごしていたが、突然彼の口から批判的な言葉を聞いた。すると、自分の身体が固くなるのを感じた。傷ついたと感じてさっと心を閉ざすのにたぶん百分の二秒もかからなかっただろう（これは相手の顔に現れた感情を認識するのにかかると科学者たちが推定するおよその時間だ）。ほのぼのとした時は終わった。感情は何が重要かを私たちに告げる。あたかも内的な方位磁石のように人を導き方向づける。

やってみよう

むき出しの箇所に気づく

現在のパートナーとの関係で突然感情のバランスを崩されたときのことを思い出してみましょう。相手のちょっとした反応のせいで急に安心感が揺らいだとか「悪魔の対話」に入ってしまいそうになったことはありませんか？　相手に対してひどく腹を立てたり無感覚になったりした自分に気づいたことは？　そういう表面的な反応の下にある感情まで降りていって、起きたことを分解してみましょう。

- 分断の感覚をあなたにもたらしたネガティブな愛着信号は何でしたか？　あなたが怒ったり無感覚になったりするまえの瞬間はどんな感じでしたか？　パートナーが具体的に何を言ったりしたりしたためにその反応が起きたのでしょう？

たとえば、弁護士のパトリックと同棲している医学生のアンはこんなふうに話してくれました。「先週の木曜の夜のことでした。学校の宿題のことをパトリックに話していたんです。すごく難しくて大変だと。そのうちイライラしてきました。ときどきそうなるんです。そうしたら、彼の声がだんだん大きくなって説教調になりました。そして、そんなおかしな態度をとるなら手伝ってやらないと言われました。私はその声に危険を感じました。単なる見解の相違が危機のようなものになってしまったのです」。

- むき出しの箇所がこすられると身体はどうなりますか？　熱くなる、息切れする、胸が締めつけられる、縮こまる、からっぽになる、震える、涙ぐむ、ボーッとなるなどさまざまな反応があるでしょう。この身体感覚からその体験に名前を付けることはできますか？

アンはこう言います。「イライラして身体が震えるような感じです。癇癪を起こした猫みたいです。パトリックは私が単に怒っていると言います。彼にはそう見えるのでしょう。でも、心の深いところでは、そのイライラ感はもっとグラグラしていて、恐怖に近いのです」。

・この状況について脳はどういう判断をくだしますか？　こういうことが起きるとあなたは自分に何と言いますか？

アンの答えはこうです。「『彼に非難されている』と考えます。だから私は腹を立てているんだ、と。でも、それはちょっと違います。どちらかというと『彼は私の味方ではない。ひとりでやらなければならない』というのに近いです。支えてもらえないわけですから。怖いです」。

・そうするとあなたは何をしますか？　どのような行動に出ますか？

アンは言います。「ええ、怒鳴ったり叫んだりしました。手伝ってくれないなんてひどい人ねってわめきました。でも、結局手伝ってもらう必要なんかなかったのです。それでも、何日間かムカついていました。そういうときって毒でも飲んだような気分です。自分の深い感情に触れないようにしているみたいですね。そして、どうせ誰も信じられないという結論に達します。誰も支えになってはくれないのです」。

・次の文の空白を埋めることで以上の要素をつなぎ合わせてみましょう。

この出来事では、私のむき出しの箇所の引き金は［　　　］でした。表面的には、私はたぶん［　　　］を見せたでしょう。でも、心の奥では［　　　］（「悲しみ」「怒り」「恥ずかしさ」「恐怖」のような否定的感情を一つ選んでください）を感じていたのです。私が欲しかったのは［　　　］でした。私たちの関係について私が受け取った主なメッセージは［　　　］でした。

「引き金はパトリックの口調でした」とアンは言います。「こちらを責めてはねつけるような口ぶりです。私はたぶん彼に対する怒りを見せたでしょう。でも、心の奥では恐怖と寂しさを感じていました。私が欲しかったのは安心感でした。学校のことで悩んでもいいし、不安だから支えてほしいと頼んでもいいんだと言ってもらいたかったのです。私たちの関係について私が受け取った主なメッセージは、彼に頼ったり思いやりを期待したりはできないということでした」。

・この状況で、自分のむき出しの箇所についてのあなたの理解はどのようなものですか？

アンは言います。「彼を必要としたり彼に手助けを頼んで拒否されたりすると、どうすればいいかわからなくなります。彼は私がそんなものを必要とすべきではないとさえ言います。内心とても怖くなります」。ほかにもこのむき出しの箇所がこすられた瞬間はありましたか？

・ここで述べたむき出しの箇所はこの関係で唯一のものですか、それともほかにもありますか？　むき出しの箇所は複数ある場合もありますが、たいていは一つの主要な愛着信号がさまざまな状況で引き金となります。

むき出しの箇所の発生源を見つける

• これまでの人生を振り返ってください。あなたのむき出しの箇所は親やきょうだい、昔の恋人、友人との関係で生じたのでしょうか？　それとも現在のパートナーとの関係で生じたのでしょうか？　これについて考えるもう一つの方法は、むき出しの箇所からの痛みを感じたら「この人の後ろに亡霊が立っていないか」と自問することです。いずれにしても、過去に誰かから受けた傷を突き止めてそれをもろさの始まりと考えることはできますか？

アンは言います。「どうせおまえはたいしたものにはならないといつも母に言われて育ちました。期待されていたのは姉だけでした。私はあの家族で孤立していました。私の夢なんてどうでもよかったのです。パトリックに出会って、やっと自分の価値を認めてもらえたような気がしました。生まれて初めて安心感がもてました。でも、いま、また支えを求めてもはねつけられていると思うと、ないがしろにされた昔の感情が戻ってくるのです。あのつらさが私のなかでよみがえるのです」。

• パートナーはあなたのむき出しの箇所を知っていると思いますか？　それともあなたの表面的な感情や行動しか見ていませんか？

アンは言います。「とんでもない！　私はその傷ついた箇所を彼に見せたりしません。そんなこと考えたこともありません。彼はただ私がおかしくなるのを見て不機嫌になるだけです」。

・あなたはパートナーのむき出しの箇所を一つ言い当てることができますか？　それを刺激するにはどうすればいいか知っていますか？

パートナーに伝える

私たちが自分の弱さに向き合いたくないと思うのは当然のことだ。強いことを良しとする社会では、自分の弱さや傷つきやすさを無視したり否認したりしやすい。クライエントのケアリーも悲しみに直面するより怒りにしがみついてしまうほうだ。「そうしないと、弱くてちっぽけでめそめそした物欲しげな人間になってしまうから」と彼女は言う。私たちはまた、苦しみから抜け出せなくなってしまうことも恐れる。相談室では「泣くことを自分に許したら止まらなくなってしまいそうで怖い。自制を失ってずっと泣き続けてしまいそうな気がする」などという声を聞く。あるいは「自分の弱さを認めてしまったらもっと傷つくだけです。つらくて耐えられません」と言う人もいる。

愛する人に自分の弱さを打ち明けるのはもっと気が進まない。そんなことをしたら自分の魅力が落ちるのではないかと思う。また、自分を最も傷つけることのできる相手に強力な武器を与えることにもなる。もしかしたら向こうはこちらの弱みにつけ込んでくるかもしれない。ここでは自分を守るという本能が働く。

逆の立場から見れば、たとえパートナーが苦悩のサインを出していてもそれを認めたくないということもあるかもしれない。安定した絆を実際に体験したことのない人なら、どのように対応すればよいかわからないということもある。また、パートナーの、ひいては自分自身の、弱さに巻き込まれたくないという気持ちもあるだろう。私たちは子どもが泣けばすぐに対応する。それは、子どもというのは傷つきやすくて大人を必要とするものだと容認しているからだ。私たちは子どもを愛着の枠組みでとらえる。だが、成人をそのようにとらえてはいけないと教わってきた。

しかし、実は、相手に自分を十分知ってもらわなければ、あるいは相手がこちらを知りたいと思わなければ、本当に安定した強い結びつきは生み出せないのだ。私のクライエントで大企業の幹部であるデービッドもそのことを理解した。彼は言う。「悲しみや恐怖のような大きな感情に近づかないようにしていると、物事がきちんと見られないような気がします。誰かが動揺のサインを出していてもまともに取り合わなかったり、ネガティブな話を聞くとすぐ逃げ出したりしていたら、人とのつながりは希薄になりますね」。

愛する相手には是非ともこちらの痛みに応えてもらいたい。そのためにはこちらがむき出しの箇所を見せなければならない。愛には勇気と信頼が必要なのだ。ただし、もし相手の善意が疑われるならば、たとえば暴力の不安などがあるなら、もちろん告白しないほうがよい（そういう場合は相手との関係を続けること自体を考え直したほうがよいだろう）。

相手に伝える準備ができたら、ゆっくりと始めよう。急いで魂を露出する必要はない。まずは「伝える」という行為について話すのがよいかもしれない。「こういう話をするのは難しいのだけれど……」などと切り出す。それから自分の敏感な部分を少しだけ伝えてみる。楽に話せるようなら、むき出しの箇所の発生源についても伝える。

そうすると、相手も自らのむき出しの箇所と発生源について語ってくれるようになる。こういう打ち明け話は聞く側をびっくりさせることが多い。私のセッションでは、いがみ合っていた夫婦の一方が初めて傷つきやすさを認めて声にすると、もう一方はたいてい信じられないというふうに驚く。それまでは相手の表面的な感情しか見てこなかったからだ。弱さや傷つきやすさは表層よりもずっと深いところに隠されているのだ。

もちろん、自分のむき出しの箇所を認めて暴露するだけでそれが消えるわけではない。むき出しの箇所とは大切な人との結びつきが危険な状態にあることを知らせる警報であり、脳内に組み込まれたその警報は簡単には止められない。このことは、愛着が私たちにとってどんなに大切かを物語っている。原初的な生存プログラムの情報は簡単に消去できないようになっているのだ。

ここで鍵となるのは不安という感情、すなわち結びつきを失う不安である。ニューヨーク大学神経科学センターのジョセフ・レドゥーが指摘するように、神経系は不安の警報と扁桃核のリンクを維持する傾向がある。扁桃核とは感情にまつわる出来事の記録を保持する脳の部位だ。神経系というシステムは情報を付け足していくように作られていて、情報の消去は簡単に許さない。危険を避けるためには、誤って赤信号を発する方が信号を発しないでいるよりも害が少ないからだ。だが、次章で見るように、このリンクは弱めることができる。

しかし、深いところにある不安や切望をパートナーに打ち明けるだけでもかなり重荷を下ろすことができる。私はデービッドに「こういう難しい感情を認めて口にするともっと傷つくような気がしますか？」と尋ねる。彼は笑い、驚いたような顔で「いいえ」と答える。「おかしいですね。でも、自分が悪いわけではなくて、そういう感情が組み込まれているだけなんだとわかると、そんなに難しくはなくなりました。それどころか、あの恐ろしい場所へ入っていってそういう感情をやっつけることさえできそうな気がします。理屈がわかればそんなに怖くはないのです」。そう言う彼は、奥さんの「怖い」メッセージをかわすのに必死だったときよりずっと自然体でバランスがとれているように見えた。そのとき、私はタンゴを教わっているフランシス先生の言葉を思い出した。「自分の足でしっかりバランスをとって自分自身に波長を合わせていると、自然とパートナーの波動が聞こえていっしょに動けるのです。そうすると本当に息の合ったダンスができるのです」。

同性愛のカップルであるヴィンセントとジェームズもそのことに気づいた。ヴィンセントはジェームズとのあいだで何かあるとすぐ黙り込んでしまう。「僕に何が言えるでしょう?」とヴィンセントは私に言う。「自分がどう感じているのかわからないのです。彼は僕たちの関係があまり幸せではないと言い出して、徹底的に話し合いたいと言う。でも、こっちはわからないことについて話すことはできない。だから黙って彼にしゃべらせる。すると彼はもっと腹を立てるのです」。愛する人との安全なつながりが脅かされると、自分は無力だという悲しみや自分はダメな人間だという恥ずかしさ、自分は見捨てられるのではないかという恐怖などが押し寄せる。ここでの基調はパニックだ。

先に述べたように、愛着警報システムは剥奪感によってスイッチが入る。愛する人の心にアクセスできないということは必要な注目や優しさをうばわれているということだ。もう一つのスイッチは見捨てられ感だ。この感覚は見捨てられた(「呼んでも応えてくれない。ひとりぼっちだ」)とか拒否された(「非難されている。大切にされていない」)という気持ちから生じる。剥奪や見捨てられに対して脳には無力感が喚起される。

ヴィンセントはこうした感情を把握して声にすることができないでいたために、それがむき出しの箇所となって彼の防衛的なよそよそしさを引き起こしていた。

もし彼がそのむき出しの箇所をゆっくり吟味して分解したらどうなるだろう? まず、いつもの沈黙の直前に起きたことを考える。あの沈黙のきっかけとなった具体的な信号は何か? 少し考えてからヴィンセントは私に言う。「ジェームズの顔だと思います。眉根が寄るんです。僕はそこに苛立ちを見て、自分がダメな奴だからだと思うのです。次に、身体がどうなっているかというと、神経過敏な感じがします。胸さわぎがするみたいな、学校の試験に落ちたみたいな。それはどういう意味をもつのか考えると、僕たちの関係は絶望的だという答えが出ます。もうどうしようもない。彼の望むものが何であれ、僕はそれをもっていないのですから」。

「そして、結局そのすべてではどういう感情になるのかな?」とジェームズが尋ねると、ヴィンセントは穏やかに答える。「不安という言葉がぴったりだと思う」。ここで私は彼の顔がリラックスするのに気づく。たとえ出てきた答えが嬉しいものではなくとも、自分の内的世界を整理できたのは気分がいい。彼は続ける。「それで、こんどはこの感情が僕をどう動かすか、どういう行動をさせるかですが、それは簡単です。僕は何もしません。どうせ何をしてもダメだから。ジェームズの苛立ちがおさまるのをじっと待つだけです」。

こうしてヴィンセントは自分のなかのむき出しの箇所とそれがいかにパートナーへの反応不能を引き起こすかを語ることができた。感情は彼にとって「未知の領域」なのでそこに焦点を合わせるのは新しい経験だったと言う。私は彼の勇気と率直さを褒め、沈黙の戦略は状況次第では有効だけれど、愛情関係ではパートナーを不安にさせるだけで事態は悪いほうへ進みやすいという話をする。それから、私たちはこのむき出しの箇所の出所について話す。彼は、初めのうちはジェームズに対して自信があり、ときには自分の感情を出すこともできたことを思い出す。だが、歳月とともに二人の気持ちは離れていった。そして、ジェームズが背中に怪我をしてさわられるのも耐えられないほどの痛みが残ったとき、二人の距離が増した。ヴィンセントは自信を失い、ジェームズから出てくる否定的なサインをとても気にするようになった。

ジェームズはヴィンセントに言う。「いままで君の不安なんて見たことがなかった。僕が見るのは黙り込んでしまう君だけで、そうすると僕たちは悪魔の対話に入ってしまう。話しかけても黙っていられると苛立つからね」。だが、彼も、自分が急に怒るからヴィンセントが混乱するのだということを理解しはじめる。それから、自分自身のむき出しの箇所についても話すことができ、演劇の仕事に夢中になっているヴィンセントに「見捨てられた」ような気がしたのだと言った。ヴィンセントが「僕は舞台では大物かもしれないけれど、君の怒りのメッセージで気が変になってしまうんだ」と言ったとき、彼はまったく新しいやり方で自分の傷つきやすさに対処していた。彼はもっと相手に心を開き、もっと近づきやすい人になっていた。

概して愛においては、たとえネガティブな感情でも、手に負えないものでないかぎり、それを分かち合うことは情緒的欠落より有益だ。反応しないと相手の原初的パニックに火をつける。ジェームズもヴィンセントに「僕を追い払うことなどできないと思い知らせてやりたくて、殴りかかりたくなったことがある」と認めた。二人はいま、互いの感情の世界へと降りていくエレベーターに乗っている。会話のレベルを変えることで自分の情緒的反応が明らかになり、愛着欲求のメッセージをきちんと送れるようになる。そうすると相手も愛のこもったメッセージを返してくれる可能性が高くなる。

やってみよう

自分の傷つきやすい面を伝えたのをパートナーが優しく受け止めてくれたときのことを思い出してみましょう。相手のしてくれたことでいちばん嬉しかったのは何でしたか？

こんどは、二人の結びつきが途切れてしばらく「悪魔の対話」にはまり込んでしまったときのことを思い出しましょう。できるだけ最近の典型的なやりとりを選んでください。このとき、感情的に熱くなったのはどちらで、強い感情を避けようとしたのはどちらでしたか？　相手とのやりとりがぎくしゃくしてくると、自分の傷つきやすい部分を守るためにあなたはどのような態度をとりますか？　それを簡潔な言葉にしてパートナーに伝えましょう。たとえば、黙り込む、冷淡になる、戦闘モードに入る、逃げる、など。

もしそれがあなたの常習的な対処のしかたなら、たぶんそれが過去の愛情関係で唯一の実行可能な選択肢のように思えたからでしょう。それは大切な人との関係を維持するうえでどのように役立ちましたか？　たとえば、その人があなたに注意を向けてくれたり、あからさまな拒絶や無関心がなくなったりしましたか？

パートナーとの最近のやりとりで、あなたは自分の表面的な感情にしか気づきませんでしたか？　それともっと深い感情まで掘り下げて打ち明けることができましたか？　傷つきやすい感情について話すのがどれくらい難しかったかを1から10の尺度でパートナーに伝えましょう。いまの時点ではどれくらい難しいですか？　あなたがこうした感情をもっと話せるようになるためにパートナーにできることはありますか？　私たちは皆、感情の世界を理解しようと努めますが、間違えることもあるのだということは忘れないでください。

二人のあいだがぎくしゃくしてしまったときにそれぞれが心のバランスを失うきっかけとなった相手からのサインを思い出しましょう。そして、それを単なる事実として相手に伝えましょう。決して相手を責めてはいけません。アンは言います。「それは私が泣いているのにあなたが黙ったままでいたときだった」。パトリックはこう答えます。「君は傷ついた顔をしていた。僕は心のなかで申し訳ないと思った。でも、そういうときどうすればいいかわからないんだ」。

むき出しの箇所から生じる痛みには一定数の色合いしかありません。最近のやりとりで生じたソフトな感情をパートナーに伝えるために左記の言葉が使えるかもしれません。もし声に出して言いにくければ、自分に当てはまる言葉をいくつか選んで丸で囲み、パートナーに見せましょう。

あのときの自分の最も傷つきやすい感情は何だったか。私はこう感じていた――寂しい、軽んじられている、無力だ、警戒している、怖い、傷つけられた、絶望的だ、脅されている、パニックになっている、拒否された、どうでもいい者と思われている、無視されている、無能だ、締め出されている、戸惑っている、きまり悪い、恥ずかしい、何も感じない、ショックだ、悲しい、見捨てられた、がっかりしている、孤立している、裏切られた、麻痺している、卑しめられた、打ちのめさ

れている、卑小だ、望まれていない、弱い、心配だ。

あなたはその感情をパートナーに伝えることができますか？　もしいま伝えられないなら、それを伝えるとどんなひどいことが起きるか考えてみましょう。パートナーに次のように言えますか？

私の最も柔らかい感情をあなたに伝えた場合、起こりうる最悪の事態は［　　　　］だと思います。

あなたのこの言葉を聞いたパートナーはどう感じるか尋ねてみましょう。あなたが安心して打ち明けられるようになるには、パートナーはどうすればよいでしょう？　あなたがたはこの種の分かち合いが二人の関係にどのような影響を及ぼすと思いますか？

このエクササイズを始めたときに取り上げたぎくしゃくした状況をもう一度思い起こしてください。そして、そのダンスでの自分の基本的な動き（「私は黙り込んだ」など）と、双方にとって明確だった表面的な感情（「苛立った」「逃げ出したかった」「叱られた気分だった」など）を順番に相手に伝えましょう。

あのときの私の行動は［　　　　］することで、私の感情は［　　　　］でした。

次にもう少し深いところまでいきます。先ほど丸で囲んだ強力な感情の火付け役となった愛着のサインを考えてみましょう。もしかしたらそれは相手の口調からあなたが感じ取ったものだったかもしれません。あなたが見たり聞いたりしたサインに右のリストから選んだ感情を付け加えてください。

私は［　　　　］を見た・聞いたとき、［　　　　］と感じました。

ここではできるだけシンプルで具体的な言葉を使ってください。あいまいな言葉や難解な言い回しはこの種の会話を混乱させます。もし行き詰ったら、そのことを話し合い、明確だったところまで戻ってそこからやり直しましょう。

最後に、すべての要素をつなぎ合わせます。

私たちが悪循環にはまって私が［　　　　］する（動作の言葉、たとえば「突っかかる」）**と、私は［　　　　］**（表面的な感情）**を感じます。あなたとの結びつきが途切れたと感じるきっかけは［　　　　］**（愛着のサイン）**を見た・聞いた・感じたときです。もっと深いレベルでは、［　　　　］と感じています。**

相手のむき出しの箇所についてそれぞれ何がわかりましたか？　むき出しの箇所をこすってしまうのは相手を愛していればこそなのです。

どのようなやりとりにおいても、たとえ双方が気をつけていても、いつも互いに波長を合わせられるとはかぎらない。シグナルを見落としてしまうこともあるし、愛着不安が前面に出てしまうときもある。大事なことは、むき出しの箇所に気づいて、悪いパターンに陥らないようにそれを扱うことなのだ。次の章では、夫婦が陥る破壊的なパターンを抑えるために愛着不安にどう対処すればよいかをさらに考えていく。

Conversation 3: Revisiting a Rocky Moment

第三の会話　不安定な瞬間に立ち戻る

「大事なのは間違いを正すことだ
——やり直してみようという気持ちだけでもいい」
——デボラ・ブラム著『グーンパークでの愛』

巨体のドリスおばさんは髪を脱色してあごひげをはやしていた。大きなクリスマスプディングにラム酒を注ぎながら、酔っぱらったシドおじさんと言い争っている。「またすごいことになるね。いつもの、あの行き止まりのケンカだね。あんたは酔いがまわってるし、あたしはどう考えてもピカピカのサンタの気分じゃないよ。とことんやるかい？　あたしがとびかかってあんたがよける。それで二人ともいやな気分になる。そんな必要があるのかね？　それとも初めからやり直せるかね？」。シドおじさんはおごそかにうなずき、静かにつぶやいた。「すごいことにはならない。よけもしない」。それから「すてきなプディングだよ、ドリス」と、おばさんのお尻を軽くたたいてよろめきながら部屋を出ていった。

私がこの小さなドラマを鮮明に覚えているのは、その夜はシドおじさんがサンタクロースになるはずだったのに「すごいこと」のせいでプレゼントがもらえなくなると思ったからだ。だが、私のクリスマスはおじさんの褒め言葉と軽くお尻をたたくという行為によって救われた。そして、長い年月がたったいま、私は二人のやりとりをもっと自分中心ではない目で見ることができる。争いの最中に、シド伯父とドリス伯母はネガティブなパターンに気づき、停戦を宣言し、温かい結びつきを取り戻したのだ。

基本的には仲の良かったドリスとシドにとって喧嘩をやめて方向転換するのはたぶんそう難しいことではなかっただろう。安定した関係にある夫婦とはそういうものだ。一歩下がって二人のあいだのプロセスを見ることができ、そのプロセスにおける自分の役割を認めることもできる。だが、うまくいっていない夫婦はそうはいかない。表面の情緒的混乱に巻き込まれて互いを敵視してしまう。

そういう夫婦がつながりを取り戻すためには、争いをエスカレートさせず、安心感を作り出すことができなければならない。ネガティブな対話を抑えて不安を取り除くために協力できなければならない。お互いが望むほど親密ではないかもしれないが、相手の足を踏んでもターンして収拾できるようになりたい。意見の相違があってもすぐに「悪魔の対話」へ突入しない。むき出しの箇所をこすられても相手に突っかかったり黙り込んだりしない。不安を解消してくれるはずの相手が不安の原因でもあるという難しい状況にうまく対処できるようになりたい。要するに、以前より容易に頻繁に心のバランスがとれるようになりたいのだ。そうすれば、夫婦関係の亀裂を修復して愛ある絆をつくるための基盤ができる。

この会話では、情緒的分断の瞬間をうまく扱いそれを悪いほうへエスカレートさせず、安全な方向へ傾ける方法を学ぶ。そのために、私はカップルに不安定な瞬間に立ち返ってもらい、第一と第二の会話で学んだことを応用しながら、どうすれば事態を鎮められるか考えてもらう。私の相談室では、激しい口論もよそよそしい沈黙もビデオに録画して再生する。一時停止して「ここでは何が起きましたか？」などと質問したり、不安が急上昇した瞬間を示したり、どうすれば争いをやめてポジティブな方向へ進めたか教えたりする。

クレアとピーターは喧嘩になるのが早い。すぐ大喧嘩が始まる。今回はクレアが肝炎の発作を起こしたときにピーターが協力的でなかったということから始まった。「あなたは何も変わったことなどないかのように出かけてしまった」と彼女は言う。「ちょっと家事を頼んでもイライラしていやな感じだった。私はどうしてそういうことに我慢しなければならないのかわからないわ」。

「我慢する！」とピーターが叫ぶ。「ああ、君は僕の知るかぎりどんなことにだって我慢しない。ほんのちょっとした間違いでも僕が確実に苦しむようにするんだ。もちろん、僕が大きなプロジェクトを抱えて必死で働いていたことなんてどうでもいい。僕がいかに期待外れなヤツかってことを証明したいんだ。正しい風呂掃除のしかたについて説教じみた話をしていたときはそんなに具合悪そうじゃなかった」。彼はもう部屋を出ていこうとするかのように椅子を動かす。

クレアは顔をのけぞらせて苛立った声を上げる。「ちょっとした間違いですって！　私を無視して二日間も口をきかなかった。それがちょっとした間違いだっていうわけ？　あなたほど嫌味な人っていないわ」。ピーターは壁のほうを向いたままそっけなく言う。「ああ、そうだね、その『嫌味な奴』は偉そうな現場監督さまと話す気になんてならないんだよ」。愛情関係の巧みな取り壊しが進行中である。

分断をエスカレートさせない

それでは、このちょっとしたドラマを再生してこの夫婦がどのようにダンスの基調を変えられるか見ることにしよう。二人が調和に至る道筋を順を追って説明する。

一、**戦いをやめる。** この口論でクレアとピーターは完全に攻撃と防御の態勢に入っている——どちらが正しくてどちらが間違っているか、どちらが加害者でどちらが被害者か。二人は敵対しており、もっぱら「私（僕）」と「あなた（君）」という代名詞を使っている。「私には看病してもらう権利がある」とクレアは宣言する。「もしあなたがそこまで進歩できないなら、私はあなたなしで生きていく」と。だが、この勝利宣言は少しうつろだ。なぜならそれは彼女が本当に望むことではないからだ。ピーターは静かに言う。「僕たちはこれをやめられないか？　二人ともこの悪循環《スパイラル》に打ち負かされていないか？」彼は代名詞を「僕たち」に変えた。クレアはため息をつく。そして視点と口調を変える。「そうね」と考え深げに言う。「私たちはいつもこうなってしまうのよね。この罠にはまってしまう。二人とも自分の主張が正しいことを証明したくて、へとへとになるまでやってしまうのよね」。

二、**自分たちの動きを振り返る。** 夫婦間の状況が緊迫してくるとピーターは話に耳を貸さなくなるとクレアは訴える。そこで、二人は自分たちの動きをいっしょに振り返ることにした。クレアは考えながら言う。「最初に私が文句を言って、怒って、それからあなたは……あなたはどうしたっけ？」「僕は防衛的になって黙り込んだ」。クレアは続ける。「それで私はカッとなってもっと責めた。でも、本当はあなたの気持ちが離れていくのがいやだったの」。いまはもっと落ち着いているピーターはあえて冗談めかして言う。「それはちょっと変だね。君は僕なしで生きていくと脅したけど。覚えてる？」。

クレアは微笑む。それから二人は自分たちの動きを次のようにまとめる。クレアが怒り、ピーターは黙り込んで無感覚のふりをする→クレアはさらにいきり立って脅し文句を言う→ピーターは手に負えない相手だと思って逃げ出そうとする。ピーターは笑う。「無感覚な男といきり立つ女か。なんて会話だ。たしかに、無感覚な相手に向かってしゃべるのは腹が立つね」。彼がそう言ってくれたので、クレアも、たぶん自分の批判的な口調のせいで彼が防衛的になったのだろうと認めた。そして二人は自分の非を認めるのは難しいという点で合意した。

三、**自分たちの気持ちを振り返る。**クレアは自分の気持ちを語れるようになる。「ピーターを非難することで自分の気持ちをごまかしていたかもしれない」と認める。「ここに怒りがあるの。『いいわよ、私がそんなに暮らしにくい相手なら、思い知らせてやる。負けないわ』と言いたがっている部分が私のなかにあるの。でも、本当はけっこう不安なのよ。私の言ってること、わかる？」。「うん、そういう気持ちわかるよ」とピーターはつぶやく。怒りや混乱のような表層の感情をこのようにはっきり認めることは相手への接近の始まりだ。そして、こういうときには「部分」という言葉が役に立つ。この言葉を使うと、あまり認めたくない自分自身の側面を認めやすくなるし、あいまいな感情も表現しやすくなる。ピーターもこんなふうに言う。「そうだね、僕には無感覚になってしまう部分がある。君とあんなふうに行き詰ると無意識のうちにそうなってしまうんだ。でも、僕のなかにも不安な部分はあると思う」。

四、**自分がいかに相手の気持ちを左右するか気づく。**自分の感情にとらわれて相手の愛着不安を刺激してしまうことに気づく必要がある。二人のあいだにつながりがあれば、一方の感情がもう一方の感情に影響を与えるのは当然だ。だが、自分の気持ちしか頭になく、しかも不安のせいで視野が狭くなっていると、自分が相手に与える衝撃にはなかなか気づけない。喧嘩では間髪を入れずやりとりがなされるし、クレアはあまりにも取り乱していたため、自分の批判的な口調や「我慢する」という言葉がどんなにピーターのむき出しの箇所を打ちすえ、彼を自己防衛に走らせたかわからなかった。実際、「嫌味な人間」という人格否定までしてしまったのだ。

ピーターのほうも「現場監督さま」とは話したくないという発言が「あなたなしで生きていく」という脅しへとクレアをエスカレートさせたことにその時点では気づかなかった。「悪魔の対話」を鎮めるためには、自分が相手を負のスパイラルに引き込んでしまうことを双方が認めなくてはならない。いまピーターはそれをすることができる。彼は言う。「こういう喧嘩では、僕は防衛的になって口をきかなくなる。僕が黙り込むから君はよけい苛立つんだよね？　無視されているような気がして。でも、黙り込む以外にどうすればいいかわからないんだ。君が僕にどんなに腹を立てているか聞きたくないから」。

五、相手の深い感情について尋ねる。

喧嘩の最中には、相手の気持ちに波長を合わせたり自分が相手のむき出しの箇所に触れていることに気づいたりはできない。だが、少し落ち着いて全体像が見られるようになると、自分自身の痛みや相手との最悪の事態を考えるよりもむしろ、相手の深い感情に関心がもてるようになる。

ピーターは妻のほうを向いて言う。「君は僕をけなしたいだけなんだと思っていた。でも、ああいうとき、君はただ怒っているだけではないんだよね？　あの騒々しい怒りの下で、君は傷ついているんだよね？　いまはそれがわかる。君が見捨てられることに敏感なのは知っている。君には傷ついてほしくない。いままでは、僕がいかにダメな伴侶か証明したいだけなんだと思っていたんだ」。この喧嘩で浮上した敏感な部分についてクレアが尋ねると、彼は自分の心のなかをのぞき込んで、「我慢する」という言葉が失敗に対する不安に火をつけたことを認めた。

それから、クレアはむき出しの箇所の会話を思い出しながらこう付け加えた。「つまり、あなたが何をやっても私は失望するという感じなのね。それはつらいわね。諦めて逃げ出したくもなるわね」。ピーターは同意する。もちろん、むき出しの箇所について先にしっかり語り合っておけば、ここで非常に役立つ。だが、自分が相手に対して大きな影響力をもっていることを認識し、相手の傷つきやすい部分に積極的に興味をもつことも大事だ。

六、自分の深い感情を伝える。 自分の深い感情を声に出して言うことは最も難しいが最も報われるステップだ。それは悲しみや恥である場合もあるが、愛着不安である場合が多い。それを相手に伝えると、口論の際の真の問題は何だったのかわかってもらえる。些細なことで繰り返される喧嘩に愛着不安が隠れていることは見過ごされやすい。分断の瞬間を分解することで、クレアは自分の感情を掘り下げ、それを思い切ってピーターに伝えることができる。彼女は深呼吸してから言う。「自分が傷ついていることを伝えるのは難しい。私には恐怖の感覚があるの。喉のなかのこぶみたいに、それがあるのがわかるの。もし私があなたに向かっていくのをやめたら、つまり、あなたの注意を引こうとするのをやめたら、私たちはどんどん離れていってしまいそうな気がするのよ。関係がだんだん薄くなって、ついには消えてしまうかもしれない。それが怖いのよ」。ピーターはじっと耳を傾け、うなずく。それから彼女に言う。「思い切って伝えてくれてよかった。それを聞いて、君の違う面を見たような気がする。すると、君はある意味で僕と似ていることになる。いままでより親しみを感じるよ。そして、約束したくなる——僕はときどき感情が麻痺したようになるかもしれないけれど、決して君を離したりはしないと」。

七、団結する。以上の段階を経ることで、二人のあいだに新たな真のパートナーシップが生まれる。いま、夫婦は意見が一致し、共通の目的をもつ。相手はもう敵ではなく、味方なのだ。夫婦関係を不安定にするネガティブな会話を抑え、そういう不安定さに共に立ち向かうことができる。ピーターは妻に言う。「喧嘩をやめて、カッカとしないですむのは嬉しい。とげとげしい会話はつらすぎるし、手に負えなくて怖いということをお互いが了解できてよかった。もういままでのように行き詰ったりしないとわかって、とても心強い。次はどこへいくのか確信はないけれど、状況はずっと良くなった。あの行き詰りの状態から抜け出せたのだから」。

これでピーターとクレアが本当に波長の合う安定した絆で結ばれたというわけではない。だが、ひび割れが深い溝になるまえに修復する方法がわかったのはたしかだ。二人は分断をエスカレートさせない二つの重要な要素に気づいた。一つは、いがみ合っているときのパートナーの反応のしかたは相手にとって非常に苦痛だということ。もう一つは、そのネガティブな反応は愛着不安をなんとかしようとするための必死の試みかもしれないということだ。

夫婦は喧嘩のたびに右のような段階を踏んでそこで得た知識を応用できるとはかぎらない。それができるようになるには練習が必要だ。過去の衝突を取り上げて、納得がいくまで、そして当時とは違う支持的な反応を相手から引き出せるまで、何度も繰り返し見直さなければならない。そうすれば、分断をエスカレートさせないステップを日々の夫婦関係に組み込めるようになる。口論が始まったりお互いのあいだに距離を感じたりしたとき、一歩下がって「ここで何が起きているのか？」と考えられるようになる。

しかし、たとえ練習をしても、熱くなりすぎてしまってうまくいかないときもあるかもしれない。私自身、普段は、結びつきを求めるこちらのシグナルを夫が見逃しても一歩下がってやりとりを反芻する。まだバランスを失っていないので反応のしかたを選べるのだ。だが、ときには、非常に敏感で傷つきやすく、視野が狭まって宇宙が一瞬にして生きるか死ぬかの戦場のように感じられてしまうことがある。そういうとき、自分の無力感に歯止めをかけようとして荒々しい反応をしてしまう。夫の目に映るのは私の敵意だけだ。そこで、気持ちが落ち着いてから彼を探し出して「ねえ、もう一回おさらいしてみない?」ともちかける。それから私たちは心のなかの巻き戻しボタンを押してその出来事を再生する。

このようなことを繰り返していくうちに、夫婦は誤った領域に踏み込みそうになるときがわかるようになる。地面の揺れを察知して、そこからすばやく逃げ出せるようになるのだ。そうすると、分断の瞬間をうまく扱い、大切な関係を望ましい形にしておけるという自信が生まれる。ドリス伯母とシド伯父のような短いやりとりで緊張をほぐせるようになるにはもう少し時間がかかるだろうけれど。

自分が相手に与える衝撃に気づく

ケリーとサムのケースは緊張緩和のプロセスを詳しく説明するのにふさわしい例だ。結婚して二十年になるこの夫婦は上昇志向で見た目もすてきなカップルだが、最近の四年は「地獄」だったという。ずっと専業主婦だったケリーが仕事をもって忙しくなり、床に就くのがサムより遅くなったことでしょっちゅうもめていた。話し合って取り決めをしてもなかなか守られない。

二人は相談室で十分ほど言い争っていた。私は「いつもこんなふうにやり合うのですか」と尋ねた。革のイタリア製バッグも含めてすべて赤で統一したエレガントな装いのケリーはきっぱりと答えた。「いいえ。私はたいてい静かにしています。礼儀正しいのが好きですから。彼が突っかかってきても冷静です。でも、最近は心配になってきたので、少し控えてもらうためにやり返すのです」。「それでは、サムのほうが積極的にかかわりを求めてケリーは防衛的になるというのが基本的なパターンなのですね」と私が言うと、二人は同意した。

　サムはこめかみに白いものが混じる企業弁護士で、物言いがはっきりしている。自分がこの結婚でいかに権利を剥奪されているかをとうとうと述べたてる。愛情も注目もセックスも提供されていない。話も聴いてもらえない。自分は腹を立てているが、腹を立てるのは当然だ、と。ケリーはあきれ顔で目を天井のほうへ向け、赤いハイヒールを履いた足を上下に揺らしはじめる。私はここで二人のいつものパターンが出ていることを指摘する。彼は躍起になって注目を求め、彼女は「負けるもんですか」というシグナルを出している。

　自分のしていることに気づいたケリーは緊張を解いて素直に笑う。するとサムは、ケリーが生い立ちのせいで共感能力を欠いているのではないかと言い、それをどう修正すべきかアドバイスする。ケリーはもちろん、問題を自分のせいにされて欠点を直せと言われているとしか思わない。緊張が戻る。

　私たちは愛着のことを少し話す。ケリーとのつながりを求めるサムが攻撃的になるのも、彼の怒りしか見えないケリーが防衛的になるのも、もともと脳がそのようにプログラムされているからだという話をする。「あなたがたのせいではない、私たちはそのように作られているのだ」というメッセージは大いに役立ったようだ。

「俺の言うことをきけ・命令しないでちょうだい」というこの夫婦のパターンは結婚当初からあった。だが、ケリーが不動産仲介の仕事で成功すると、そのパターンはもっと強く有害になった。それぞれが日々の不満をそのパターンにはめ込むようになったのだ。頭では、自分たちの関係がそのパターンに乗っ取られていることを理解していて、結局二人とも「感情の悪循環《スパイラル》の犠牲者だ」とサムも言う。

　しかし、ケリーが不信という狭いプリズムを通してサムを見ているのは明らかだ。彼女は自分のよそよそしさが彼に与える影響やそれが彼を悪循環に引き込むことを理解していない。つまり、自分が無意識のうちに彼の反応を形作っていることに気づいていないのだ。

あるとき、彼女は彼のほうを向いて鋭く尋ねた。「だから、どうしてあなたはそう自分勝手なの？　接触の欲求というのが刷り込まれていても、私は冷静でいられる。それが私のスタイルだから。でも、私はあなたにとってけっこう良い妻だったわ。そうでしょ？」。サムは床を見つめながらおごそかにうなずく。「それなのに、今朝もそうだったけど、あなたはまた文句を言いはじめた。私が忙しくしすぎるとか、夕べベッドに来るのが遅かったとか。いつもそれよね。あなたといっしょに床に就かなかったりあなたが望むより遅く行ったりすると怒るのよね。私には理解できないわ。その瞬間に自分が望むこと以外はどうでもいいみたいね。昼間いっしょに過ごす時間があった日でもそうなんだから」。

サムは自分がそんなに要求がましくないことを細かく説明しはじめる。ケリーはそんな理屈を聞く耳はもたず、うわの空だ。

ここでは対話のレベルを変えてもう少し情緒的なかかわり方をする必要がある。私は「ケリーがベッドに来るのを待つときどんな気持ちだったか覚えていますか」とサムに尋ねる。彼は少し間をおいてから鋭く言い返す。「ああ、自分の女房をいつも待っているのは素晴らしい気分ですよ。いつになったらお出ましになるのか、そもそもお出ましいただけるのかと思いながらね！」。一見したところ、彼は見たとおりの人に見える。つまり、高い地位にあって周囲から気をつかわれるのに慣れている男性だ。だが、その敏感な怒りの下に、彼女が彼のところへ「お出ましになる」かどうか疑う気持ちがあることを私は感じ取った。

私は尋ねる。「いまそうおっしゃりながら、あなたのなかではどんなことが起きていますか？　怒っているように聞こえますが、皮肉のうしろには苦々しさがありますね。彼女は自分をいくら待たせても気にしないのではないかとか、まったく来ないかもしれないとか思いながら待っているのはどんな気持ちですか？」

私はエレベーターの下りボタンを押したのだ。長い沈黙のあと、彼は答える。

「つらいです」と彼は認める。「その言葉がふさわしい。だからそれがストレートな怒りになるんです。でも、待っているのはどんな気持ちかって?」。そのとき突然彼の顔がゆがむ。「すごく苦しい。そうなんです」。彼は両目を手で覆う。「でも、そういう気持ちをどう扱えばいいかわからないんです」。

ケリーは驚いてのけぞる。信じられないというように眉間にしわを寄せる。私は「苦しい」という意味をもう少し説明していただけませんか、と静かな声でお願いする。話しはじめる彼からは、法廷で恐れられる辣腕弁護士の影が消えていく。「自分はいつもケリーの人生の端のほうにいるような気がするんです」と彼は言う。「自分は彼女にとってまったく重要でないような気がする。忙しいスケジュールの隙間に入れてもらうだけなんです。以前は眠るまえにいつも触れ合っていました。でもいま、彼女がいつまでたってもベッドに来ないと、のけ者にされたような気がするんです。そのことを話そうとしても取り合ってもらえない。ひとりで横になっていると、自分が取るに足らない者のように思われてきます。どうしたんだろう。いつもはこんなふうではないのですが。すごく寂しい感じがします」。

私は「のけ者にされた、寂しい」という言葉と彼の喪失感に着目した。最初のセッションで寂しい子ども時代の話を聞いたのを思い出したからだ。外交官の親が世界を飛び回っているあいだ学費の高い全寮制の学校に入れられていたとのことだった。また、ケリーは彼が親しみを感じて信頼した唯一の人で、彼女と出会ったことで新しい世界が開けたとも言っていた。私はこうした考えと彼自身の言葉を返すことで彼の心の痛みを認証した。それから、のけ者にされるというような難しい感情について話すのはどんな気持ちかと尋ねた。彼は「悲しくて、なんだか絶望的な感じです」と答えた。

私は言う。「それは彼女のなかであなたの存在が小さくなってきたような気がするということでしょうか。自分がケリーにとってどのくらい重要なのかもうわからないというような?」。「そうです」と答えるサムの声はとても静かだ。「どうすればよいかわからないので、怒って騒ぐのです。夕べもそうでした」。私は考えを述べる。「あなたはケリーの注意を引こうとしているのです。でも、うまくいかないような気がする。愛する人に反応してもらえなくてその人との絆に確信がもてないと、誰でも怖くなるものです」。「自分としてはそんなふうに感じたくはないのですが」とサム。「でも、おっしゃるとおりです。それは怖い。そして悲しい。夕べも、暗闇のなかで横になって『彼女は忙しいんだ。ゆっくり時間をとらせてあげよう』と頭では考えていたのです。それがどうです、自分が哀れな馬鹿者になったような気がしますよ」。そう言いながら彼は目に涙を溜める。

そして、ケリーを見ると、彼女は大きく目を見開いて、夫のほうへ身を乗り出していた。私は彼女のなかでどんな反応が起きているか尋ねる。「わけがわかりません」と彼女は答え、サムのほうを向いて言う。「本当なの？ そうなのね。あなたが怒るのは、自分が私にとって重要でないような気がするからだなんて！ 寂しいですって？ そんなふうに見えたことは一度もなかったわ。想像したこともなかった……」。彼女の声はだんだん小さくなっていく。「この喧嘩早い人が私をやっつけようとしているとしか思えなかった」。

彼女が以前より近づきにくくなったことが彼にそんなに大きな衝撃を与えるというのは彼女には不思議だった。彼女がいないと寂しくて、見捨てられるのが怖いというのも信じがたい。「君が僕のことをそういうふうに見るのはわかるよ」とサムは言う。「僕はそういう感情には近づかないようにしているから。単に怒ったり嫌味を言ったりするほうが楽だから。そういう面しか君には見えないんだよ」。

ここでケリーは葛藤しているように見える。彼女の夫は彼女が考えていた人とは違うのだ。私は、サムの怒りがケリーを遠ざけ、ケリーが遠ざかるにつれて二人とも不安と孤独の悪循環に陥るのだと指摘せずにはいられない。

「あなたがそんなふうに感じていたとは知らなかった」とケリーは言う。「私は喧嘩をしたくないからあなたから距離をとっていたのに……。そんなに傷ついて私を待っていたなんて知らなかった。それがあなたにとってどんなにつらいことかわからなかった。私がベッドに来ることがあなたにとってそんなに大事なことだったとは。もっとセックスしたいだけだと思っていた」。彼女はいま、顔も声も優しくなっている。そして、驚きの気持ちをささやき声で伝える。「自分があなたにとってそんなに重要だとは知らなかった。あなたは支配したいだけなのだと思っていた」。

サムの怒りを避けようとして距離をおくと、彼の愛着不安にスイッチが入り、むき出しの箇所に触れられた彼はもっと怒る、という負の連鎖を理解できたかどうか私は彼女に尋ねる。

「はい、わかります」と彼女は答える。「いくら話し合っても彼が怒るのをやめられないのはそのせいなのでしょうね。私が忙しくてかまってあげないから不機嫌になるのでしょう。でも、彼の嫌味には耐えられないのでもっと遠ざかります。それで、私たちは行き詰ってしまうのです」。それからサムのほうを向く。「でも、私は……私はあなたが暗闇のなかで寂しく待っていたとは知らなかった。自分にそれほどの影響力があるとは思わなかった。本当にわからなかった。あなたが暗闇のなかで孤独を感じていたとは」。

ケリーとサムはそれぞれが愛着の次元で相手に対してもっている力を理解できるようになった。それぞれが相手の不安をかき立てて「抗議のポルカ」を持続させてしまうのだ。彼は距離をおく彼女に抗議する。彼女は彼が攻撃的なやり方でつながろうとすることに抗議する。そうやって否定的なパターンにはまってしまうのだということがわかってきた。

不安が相手を駆り立てることに気づく

別のセッションで、ケリーとサムはもう一つの不安定な瞬間に立ち戻る。今回はケリーが親戚の結婚式に着ていくドレスについてサムに意見を求めたときのことだ。彼女はその親戚の輪になかなか入れないので、心の支えをそれとなく夫に求めたのだが、彼はそのサインに気づかなかった。それどころか彼は少し批判的になり、「僕がそのドレスを嫌いなことは知っているじゃないか」とか「僕の意見なんてどうでもいいだろ」などと言った。すると、あっという間に二人の性生活の質についての口論へとエスカレートしてしまった。ケリーが黙り込んでサムが腹を立てるという以前のダンスが始まったのだ。だが今回、自分たちの悪循環《スパイラル》について学んだ二人はその口論を再生してみることができた。そして、それぞれが愛着不安のせいで捨て鉢になったりよそよそしくなったりすることに気づいた。

「ああ、たしかにドレスのことは聞かれた」とサムは言う。「『これでいいかしら？』と聞かれたから、僕は意見を言った。それだけだ」。ケリーは窓のほうへ顔を向けて、必死で涙をこらえている。心のなかで何が起きているのかと私が尋ねると、彼女は向き直ってサムに突進する。「そうよ、私はあなたに尋ねたわ。あの人たちのなかで自分がどう見えるかは私にとって大問題だということはあなただって知っているじゃない。私はあそこで安全を感じないの。だから何か心の支えになるようなことを言ってほしかったのよ。それなのに不機嫌になって、僕を喜ばせる気がないんだろう、とか言われた。私は支えが欲しかったのよ、山ほどの非難じゃなくて。非難されたってどうすることもできない。こういうときって本当に逃げ出したくなるわ。そして、しまいにはいつもセックスが足りないという話になるのよね」。彼女は彼に背を向けてわざと反対側の壁を見つめる。

「そのとおりだ」と、彼は鋭い声で答える。「たしかに君は尋ねた。でも、いつから僕の意見が重要になったんだい？　君はいつだって自分の着たいものを着るじゃないか。僕の希望なんてどうだっていいんだ。それに、そうだ、君がベッドのなかで冷たいのは嬉しくない。だが、それは全体のほんの一部にすぎない。僕がもっとセックスしたいというだけのことじゃないんだ」。

私はサムとケリーにここで一度、一時停止してもらってから再生ボタンを押す。ビデオカメラが最後の数分に見たものは何だったか？　私はこの夫婦にはそれがわかるにちがいないと思った。ほんの一週間前にも二人は同じやり方でスパイラルから抜け出せたのだ。サムは微笑んで椅子の背にもたれる。それから自分たちがどうして行き詰ったのか語ってみせる。「ああ、そうですね。押しつけたり逃げたりというやつをまたやってますね。本当の問題はドレスのことではないですね。セックスのことでもない」。

私はこの言葉を聞いて嬉しくなる。彼は肝心な点をはずしていることに気づいたのだ――それは自分たちが愛着欲求に駆られて行動しているという点だ。彼は負の連鎖が起きていることに気づき、批判的な姿勢から抜け出さなければならないと考える。そしてケリーのほうを向く。「僕はここでちょっと攻撃的になっているような気がする。たぶん、夕べのことでまだ傷ついているからだと思う。君は覚えているかどうかわからないけど、僕は書斎でちょっとじゃれ合いたいって言ったんだ。でも、疲れているからと断られた」。彼は言葉を切って下を向く。「そういうことがしょっちゅうある」。

サムは勇気を出して会話のレベルを変えた。自分自身の現実へ目を向けて、それを彼女にも見てもらおうとする。私はケリーがどのように反応するか待つ。彼女はよそよそしいままでいるだろうか？　この機を利用して「あら、傷ついているのはあなたなのね。じゃあ、よく聞きなさいよ……」などとやり返すだろうか？　それとも不安な攻撃と逃避といういつものループから脱出しようとする彼の試みに応えるだろうか？

ケリーは大きく深呼吸する。そして静かに話す。「そうね。これはあなたが私を求めていて私が疲れているという話に尽きるわね。だからあなたは傷ついてつらくなる。私があなたの提案を尊重しないで、すり寄っていかなかったという話に尽きるわね」。

彼女は諍いの根底にある情緒的な問題を認めて愛着の筋書きを組み立てる。「私がドレスについての意見を聞きたかったのはたしかだけれど、あなたはそういう怒りにとらわれていたわけね。ねえ、私たち、いつもこうなってしまうわよね。よく話し合ったのに。どうしてやめられないのかしら?」。

二人はいままさにそれをやめようとしている、と私は指摘せずにいられない。視野を狭めて相手のネガティブな動きに反応するのではなく、もっと大きなパターンを見ている。ケリーはいま、もっと多くの安心感を生み出す方向へ一歩進む。彼女はサムのほうへ身を乗り出す。「私はあなたのむき出しの箇所のことがまだよくわかっていないような気がする。夕べの私は冷たかったかもしれないけれど、本当に疲れ切っていたのよ。でも、なんだか怖くてうまく説明できなかった。あなたがスキンシップを望んでいるのはわかっていたわ。もしかしたらまたああいう話になるのが怖かったのかもしれない。だから知らん顔をしてしまったのかも」。

「それって君がプレッシャーを感じたときのこと?」とサムが尋ねる。「あのとき、『二時間熱いセックスに付き合わなければあなたは満足しないでしょう』って君は言った。でも、応じられないからプレッシャーを感じるって。夕べもそういう気持ちだったの?」。

この応答に私は驚き、感心した。「悪魔の対話」の速度を落とすと、相手の事情を知りたいという好奇心のための余裕ができる。サムは自分の感情を整理しようとしているだけではなく、彼女の立場に立って彼女の気持ちを抱きしめている。

この言葉でケリーが心を動かされたのは明らかだ。彼女は身をかがめて赤いハイヒールを脱ぐ。彼女はそれを「強い女の靴」と呼んでいた。その靴は彼女が強い人間であることを世間に告げていた。彼女は自分の椅子を彼のほうへ動かす。「そうよ、そのプレッシャーを感じていたの。だから知らん顔をしたんだと思う。でも、私たちはいま、そういう瞬間はあなたにとって本当につらいものだということを知っている。そうよね？　だからあなたは私をとがめ、私はもっと逃げることになる。いつもそうだったのよね」。

部屋のなかで新しい音楽が始まった。夫婦は自分たちのダンスを俯瞰し、それぞれのステップを客観視する。また、自分が相手をどのようにそのダンスに引き込むかを見る。だが、このスパイラルのために双方が孤独と不安の罠にはまってしまうことを本当に理解しているだろうか？　私は「それは二人にとってとてもつらいことですね。結局は二人とも寂しくなりますから」とコメントする。

「そうです」とサムは言う。「そうすると僕はあの悲しくて怖い場所へ入っていくのだと思います。毒舌のなかで言おうとしていたのはそのことかもしれません。でも、『なぜ僕の意見なんか聞くんだ。僕の言うことなんかどうでもいいと思っているくせに』という気持ちが湧いてくると……」。彼はそれ以上言えずに黙ってしまう。

「あなたは自分がケリーにとって重要な存在なのかどうかわからなくて不安になるのです」と私は指摘する。「誰でもそうです。愛に不安は付きものなのです。でも、不安を意識して不安と付き合うのは難しい。怒りへ転嫁するほうが楽なのです」。ケリーはもう全面的に夫に目を向けていて、事務的な声で静かに話す。「つまり、その不安があなたをその暗い場所へと追いやるわけね……」「うん」とサムは答える。「だから僕はパッと身をひるがえして状況を修復しようとする。それで怒るわけだ」。

「そうすると、サム、あなたの怒りでこんどはケリーの不安に火がつきます」と私は言う。「そうです」とケリーが同意する。「私にはこの人を喜ばせることができないと思うと悲しくなるのです。自分はダメな女だと。でも、本当は、ソファでじゃれ合うのは好きなんです。セックスもいやではありません。二人ともこのばかばかしいダンスのせいでくたくたになってしまっているのです」。

「二人はいま、対話のなかの悪魔を捕まえて地面にねじ伏せたところです」と私は言う。二人はこれまでとは違うやり方で不安に対処したのだ。不安を爆発させるのではなくそれをなだめるというやり方だ。だが、サムはもう一つ大事なことを言う。彼は一回り大きくなったように見える。「もし僕たちがどこで行き詰るのかわかれば、そしてむき出しの箇所を何とかすることができれば、僕たちはもしかしたら……」。彼は一瞬沈黙して言葉を探す。「そうだな……もっと寄り添えるかもしれない」と結んで微笑む。ケリーは笑って彼の手をとる。

ここまでの会話でサムとケリーのしたことをまとめてみよう。

・否定的なダンスが生み出すパターンに気づき、二人の関係がそのパターンにはまっていることを理解した。
・そのダンスにおける自分自身のステップを認めた。
・そのステップが原初的な愛着不安のプログラムへと相手を引き込むことに気づいた。そして、自分が相手に対して計り知れない影響力をもっていることを理解した。
・そのダンスの原動力である拒絶の痛みや見捨てられ不安を理解し、声に出して伝え合えるようになった。

こうして二人は諍いを縮小できるようになった。だが、もっと大事なことは、諍いを縮小するたびに安全の基盤を作り出していることだ。安全の基盤があってこそ、愛の一部である深い感情に対処することができるのだ。

縮小のプロセスを理解したところで、こんどはそれをあなたの夫婦関係に役立ててみよう。

やってみよう

一、この二、三週間に夫婦のあいだで起きた未解決の（しかしそれほど難しくない）出来事を二人で選び、それを第三者の目で見た簡単な文章にしてください。二人がその文章に同意できることが望ましい。次に、その出来事で自分のした動きを順序立てて簡単に書き出しましょう。あなたの動きは相手の動きとどのようにつながりましたか？　あるいはそれをどのように誘発しましたか？　二人のメモを比べて、二人が同意できる共同バージョンを作りましょう。できるだけシンプルで写実的なものにするよう心がけてください。

二、そのときの気持ちを思い出し、それぞれが相手の気持ちをどう助長したか付け加えましょう。お互いの気持ちを伝え合って共同バージョンを作りましょう。次に、そのとき相手の心の奥底にあったかもしれないソフトな感情について尋ねましょう。好奇心をもって尋ねてください。好奇心があるほど貴重な情報が得られます。もし相手がソフトな感情にアクセスするのが難しそうなら、相手のむき出しの箇所を感じ取って推測してみましょう。それから相手に確認または修正してもらいましょう。

三、もし右の情報を使って協力できていたら、その出来事の終わりに相手に何と言えたでしょうか。口にしてあるいは書き出してみましょう。もしそうだったら、どんな感じだったでしょうか？　お互いについて、また二人の関係について、どう感じたでしょうか？

四、こんどはもっと難しい未解決の問題を取り上げて、右の三つのステップをやってみましょう。もし行き詰ってしまっても、エクササイズの一部は自分にとって難しいのだと認めればよいだけのことです。もし相手がこのエクササイズは難しいと言うなら、現時点であなたにできることがあるかどうか聞いてみましょう。少しリラックスするだけで続けられる場合もあります。

五、もし夫婦の諍いや分断をこのようなかたちで緩和したり見直したりできると知っていたら、それはあなたがたの関係全般にどのような影響を与えるでしょうか？　二人で話し合ってみましょう。

最初の三つの会話で夫婦の諍いは縮小できるようになった。それは大変な進歩だ。だが、本当に強い、愛に満ちた、健康な関係を築くためには、愛着不安を引き起こす否定的パターンを抑えたり愛着の抗議を理解したりするだけでなく、相互の接近・応答・関与を育むポジティブな会話を生み出せることも必要だ。次章からはそこに焦点を合わせる。

Conversation 4: Hold Me Tight — Engaging and Connecting

第四の会話　私をギュッと抱きしめて――かかわり結びつくこと

「ぼくのことを好きな人は
ぼくのなまえの呼び方がちがうんだ。
ぼくのなまえは
その人のお口のなかで安全なんだよ」
――ビリー（四歳）、母親のブログより

ハリウッドの描く恋愛には正しいイメージが一つある。それは、二人がじっと見つめ合い、ゆっくりと抱き合い、完ぺきに息の合ったダンスを始める瞬間だ。二人は互いにとってこのうえもなく大切で、心がしっかり結びついていることがすぐにわかる。

銀幕上のこうした瞬間は必ずといっていいほど二人の恋愛が始まったばかりであることを告げている。ハリウッドはもっと成熟した段階の愛を描くのに慣れていないのだ。だが、彼らは勘違いしている。なぜなら熱心な反応やかかわりは二人の関係を通してずっと続くものだからだ。それどころか、それこそが幸せな夫婦の特徴なのだ。

恋愛が始まったばかりのときは誰でも自然に相手と波長を合わせる。相手のことを非常に気にかけ、相手のあらゆる言動や感情表現に非常に敏感だ。だが、時が経つにつれて、相手にそれほど注意を払わなくなり、だんだん無頓着になり、飽きてさえくる。心のアンテナの性能が悪くなるのだ。あるいは相手の信号が弱くなるのかもしれない。

安定した絆を築き維持するためには、以前と同じくらい強く相手と波長を合わせられなければならない。どうやって？　意識的にかかわりや結びつきの瞬間を作ることによって。この会話はそのための第一歩であり、この後の会話は親密さをさらに深めるためのものだ。これらの会話であなた自身の「ハリウッドの瞬間」が意のままに作り出せるようになる。

「私をギュッと抱きしめて」の会話は第一、第二、第三の会話で形成した安全の感覚の上に成り立つ。第一～第三の会話では分断の瞬間に現れる深い感情に気づき、否定的《ネガティブ》なパターンをいかに抑えるかを学んだ。安全という基盤がなければ効果的に結びつきを求めることも支持的に反応することもむずかしいからだ。そしてこんどはこの会話で、愛する人と積極的にかかわる肯定的《ポジティブ》なパターンをどう生み出すかを学ぶ。それは愛着の言語を学ぶということでもある。

こう考えてほしい。もし第一～第三の会話がいっしょに公園へ散歩に行くようなものだとしたら、第四の会話はタンゴを踊るようなものだ。情緒的関与のレベルが変わるのだ。先行する三つの会話はこの会話のための準備であり、後続の会話は二人がこの会話をできるかどうかにかかっている。「私をギュッと抱きしめて」の会話は二人を結ぶ究極の橋なのだ。

自分を守るいつものやり方から外れて心の奥にある欲求を認めるのは容易ではないし、つらいことかもしれない。それでも思い切ってやってみる理由は単純だ。自分の愛着欲求をパートナーに伝えなければそれを満たしてもらえないからだ。だから、相手がきちんと受け取れるように声高にはっきりとメッセージを送らなければならない。

基本的に他者を信頼していてパートナーとの結びつきがしっかりしている人なら、何かあっても心のバランスを保ちやすいし、愛着欲求も比較的楽に伝えられる。だが、そうでない人はなかなか無防備にはなれない。何としても自分の感情をコントロールしようとしたり隠そうとしたりする。感情や欲求があることすら否定する人もいる。しかし、それは厳然として存在する。映画『イン・ザ・カット』の残忍だが洞察力のある悪人が他人と親しくなるのを避けるヒロインのメグ・ライアンに「君はそれが欲しくてたまらないから心が痛むのだ」とささやくように。

第四の会話は二つの部分から成る。前半の「私は何が怖いのか？」では、先行する会話でふれた比較的深い感情をさらに掘り下げて明確にする。前の会話では感情の領域へと降りていくエレベーターに乗った。ここでは愛着の優先順位を見極めるために一番下の階まで降りなくてはならない。

後半の「あなたにどうしてほしいのか？」は感情焦点化療法の醍醐味であり、極めて重要な部分だ。ここでは自分の欲求をきちんと伝えて、パートナーを「接近・応答・関与の対話」へと招き入れる。

ある夫婦の問題

チャーリーとキョウコはアジアの文化圏から来た若い移民の夫婦で、その文化圏では夫が一家の長であり、感情を表に出すことは好まれない。キョウコは大学院入試に落ちて「ヒステリック」になったとき、病院で抗うつ薬を処方されたことがある。チャーリーはいろいろとアドバイスをするが、その多くは彼女の選ぶ職業がどれも彼女に適していないというものだった。言うまでもなく、彼のアドバイスは役に立たない。これが二人が相談室に来たときの状況である。

チャーリーとキョウコは自分たちの「悪魔の対話」にすぐ気づいた。彼は感情を排除して論理的な説教に終始し、彼女のほうは怒りをぶちまけたり絶望して涙に暮れたりする。数セッションののち、むき出しの箇所について少し話せるようになったが、本当に敏感な部分まで掘り下げるのはまだ難しい。小柄でエキゾチックなキョウコは軽快なリズムのある英語で子ども時代のことを話す。しつけの厳しい家庭で育ち、決まりに従わないと冷たくされたという。

キョウコはいま、自分がどうあるべきかを人に指示されるとアレルギー反応が起き、チャーリーに冷たくされると罰せられているように感じる、というのが私の見立てだ。彼女はチャーリーに説明しようとする。「とっくに打ち負かされてダメな人間だと思っているのに、あなたは追い打ちをかけてくる。『そうだ、おまえダメな人間だ。だから、ああしろ、こうしろ』と。それで喧嘩になる。あなたのアドバイスは私をへこませるだけ。私は傷ついて腹を立てる。するとあなたは腹を立ててはいけないと言う。私は寂しくてしかたがないのに慰めてもらえない」。それでも夫には「すごい」面がたくさんあると言う。責任感が強くて真面目な彼をとても尊敬しているのだ。だが、喧嘩して精神的にも物理的にも距離をおかれると「気が変になる。ばかげていると思われるかもしれないけれど、どんどん憂鬱になっていく」のである。

物理学の専門家であるチャーリーは初めこれを理解するのに苦労した。彼は妻を「動揺」から守り、この北米という新天地で「彼女を導く」ことが愛だと考えていた。自分自身の感情については、キョウコが怒って「爆発」したときに心が「粉々になった」とあるとき認めた。だが、たいていは自分の心の痛みよりも妻の「問題」に焦点を合わせていた。

それでも、キョウコの反応ばかり批判していた（「キョウコには心の問題がある。お天気屋だ」）チャーリーも徐々に自分自身の反応を語れるようになった（「たしかに僕は自己防衛しています。彼女の理不尽な爆発に対処できないのです」）。そして、ついには自分の感情や動機を掘り下げられるようになった（「とても困っているのです。だから、そんなに怒らないようにとアドバイスするのです」）。

キョウコのほうは、自分の気持ちを理解してもらいたいから、そして彼が遠ざかるのを止めたいから攻撃的になるのだということがわかってくる。彼に非難されて傷つき、身体接触もなくなって「見捨てられた」ように感じるのだと打ち明ける。「困っている」と「見捨てられた」という言葉が相談室にこだました。そのセッションの終わりに、チャーリーは「僕がアドバイスするとキョウコは傷ついて劣等感を抱いてしまうみたいですね。感情を脇に置かせようとしても事態は悪くなるだけです」という結論に達した。キョウコは、チャーリーが理屈をこねたり距離をおいたりするのは彼女の「苛立ち」に対する不安を隠すためだということがわかった、と述べた。

次いで、二人は「不安定な瞬間に立ち戻る」会話へと進む。それは、チャーリーが友人に会いに行ってしまい寂しくなったキョウコが彼に電話したときのことだった。チャーリーは彼女の声を聞いて気持ちを察したが、忙しいからと電話を切ってしまった。そのときのことをいま振り返ると、その出来事についてきちんと話し合うことができる。キョウコは、自分たち夫婦の問題をずっと考えていたら急に何か確証が欲しくなって電話せずにいられなくなったのだと打ち明ける。チャーリーは、彼女の声に気持ちの高ぶりを感じ、また爆発されるのではないかと不安になって逃げたのだと説明する。それからキョウコは、チャーリーがよそよそしくなると「バカみたいに動揺してしまう」けれど、そのために彼が困惑するのもわかる、と認める。二人はときどき「道に迷い」相手に対する不満をつのらせてしまうけれど、それを話し合えるようになってよかったと言う。

こうしてチャーリーとキョウコはもっと深い欲求を思い切って認めるための第四の会話へと進む準備ができた。

私は何が怖いのか？

第四の会話の前半は感情をもっと明確にすることが目的である。私はチャーリーに、以前のような安心感を得るためにはどうしたらよいだろうかと尋ねる。「そうですね、彼女が爆発するのをやめてくれれば、僕も説教したりしないでしょう」と彼は答える。そこで私は彼自身の気持ちについて語るよう勧める。彼はどこから始めればよいのかわからないと言う。感情の世界というのは「馴染みがない」のだ。だが、いま感情に目を向けてそれを伝え合うことは「理にかなっていると思います」と言って微笑む。それからキョウコに向かって「僕がアドバイスすると君が罰せられるように感じることがわかったので、君は以前より安全な人だと思えるようになった」と言う。だが、どうすれば自分自身の深い感情へと入っていけるのかはわからない。

私は、前の会話ではどのようにして自分の感情に気づいたのか尋ねる。そのときはどこから始めたのか？彼はとても賢い人で、私たちセラピストが何年もかけて学ぶようなことをさらりと言ってのける。「ああ、まずはそれを妨げるもの、つまり感情に焦点を合わせるのを難しくするものは何かと考えます。感情から離れて頭のなかへ入っていった瞬間に目をつけるのです」。私が同意すると、キョウコが言い添える。「それは私が英語を学ぶようなものね。感情があなたにとって外国語なら、容易ではないわよね。誰でも不慣れなものからは遠ざかろうとする。不慣れなものは怖いから」。チャーリーは笑って妻に答える。「そうだ。僕は感情に慣れていないから近寄らないんだ。掌握している感じがしないから。君のための改善プログラムを作るほうが楽なんだ」。

彼は私のほうを見て第二のポイントを述べる。「前の会話では、いわゆる『きっかけ』を取り上げてじっくり考えることが役に立ちました」。「きっかけ」とは心の奥にある感情への扉を開けるイメージや言葉のことだ。キョウコと私は彼がキョウコへの反応を言い表すのに使った「きっかけ」をいくつか挙げてみる。粉々になる、困っている、不安だ、イライラする、逃げる、など。チャーリーはうなずくが、納得しているふうではない。「そういうきっかけとじっくり付き合うのはむずかしい」とつぶやく。「感情の火付け役となるものを探すことさえできない。それがどこへつながるのかわからないから。頭で考えることならできる。でも、それではだめなんですよね」。私はうなずいて、いまはどの「きっかけ」に注意を引かれるか尋ねる。彼は静かに言う。「ああ、それははっきりしています。『不穏な状態』に耐えられなくなると論理思考へ逃避します」。

キョウコと私は少し身をのけぞらせる。「その『不穏な状態』という抽象的な言葉はどういう意味でしょう?」と私は言う。するとキョウコが口を挟む。彼女はこういう大げさな抽象語に会話が乗っ取られてしまわないようにそれを解きほぐすことを前の会話で学んでいた。彼女は身を乗り出して尋ねる。「チャーリー、それはすごく不安だから自分の感情からも私の感情からも遠ざかっているというようなこと?」チャーリーは床をじっと見つめてゆっくりとうなずく。

彼はため息をつく。「すべてを掌握していたいと思うから不安になるのかもしれない。キョウコに腹を立てられると、困り果てて途方に暮れる。どうすればいいかわからない」。この時点で、私は彼の不安の根源までたどりつきたいと思い、尋ねる。「では、起こりうる最大の悲劇は何でしょう、チャーリー？　あなたがいちばん怖いのは何ですか？」しかし、私が尋ねるまでもなく、彼は自らそれにふれる。「粉々になるという言葉が繰り返し頭に浮かんできます。もしキョウコの不満を聴き続けていたら、僕は粉々になってしまう。冷静を失ってしまう。爆発は耐えがたい」。彼はここでたくさんのことを言っている。この瞬間は少し掘り下げる必要がある。そこで、私はひとつずつ取り上げて彼がさらに詳しく述べるのを助けようとする。

まずは感情を見定めることから始めるのがよい。

「すると、チャーリー、そこにある基本的な感情は不安ですね？　ちがいますか？」。彼はおごそかにうなずく。「たしかに、それをここで感じています」と言って胸を軽くたたく。そこで私は続ける。「では、その不安は何を伝えようとしているのでしょう？　もし起きたら怖いと思うことは何ですか？　あなたが冷静を保たないと、彼女がもっと冷静を失うことでしょうか？　あなたがどうやって与えればよいかわからない何かを彼女が欲しがるかもしれないということですか？　妻が傷ついていると聞いてしまったら、あなたは完ぺきな夫ではなかったことになるということでしょうか？　そうしたら、彼女を失ってしまうかもしれないということでしょうか？」チャーリーは力強くうなずく。「はい、そのすべてです。全部当たっています。僕は一生懸命がんばってきました。でも、うまくいかないのです。彼女を理性的にしようとすればするほど事態が悪くなる。それで、自分にはどうすることもできないという無力感を感じます。本当に情けない。僕はたいていのことに優れています。ルールも守るし。でも、いまは……」彼は敗北のしぐさで両手を広げる。

愛し方や愛され方についての正しいルールがあったらどんなによいかわからない。だが、愛は即興なのだ。そしてチャーリーはそこでいちばん大切なものを、つまり自分と妻の感情を切り落としている。

「いまその不安や無力感から出てくるいちばん恐ろしいメッセージは何ですか？　キョウコに伝えましょう」と私は言う。彼はサッと背筋を伸ばして「どうすればいいかわからないんだ」と叫ぶ。それから、もっとキョウコのほうへ身体を向けて続ける。「君が僕といっしょにいて幸せでないとき、僕はどうすればいいかわからない。しかも、君はいつ爆発するかわからない。君に対する自分に自信がもてなくなる。でも、自信をもちたい。とても悲しい。僕たちはいっしょに世界を渡ってきた。もし君がいなかったら……」。彼はすすり泣く。キョウコも泣いている。

ここで何が起きたのだろう？　チャーリーは妻との安全な結びつきを求める深い感情へと入っていき、それをさらけ出して見せたのだ。情緒的混乱から整合性のある愛着のメッセージを形作った。彼のほうに目をやると、彼は私に微笑んで見せた。もう無力のようでも困っているようでもない。「すべてを言ってしまったいま、いかがですか？」と私は尋ねる。「不思議です」と彼は答える。「言えてよかったと思います。粉々になったりしなかったし。キョウコはまだここにいるし。それに、なんだか強くなったような気がします」。自分のしたことを反芻してその意味を理解すると、その過程がいかにつらくとも、最後には安堵と自信がもたらされるのだ。

チャーリーは以前より近づきやすい人になった。この時点でキョウコがどのように応じるかは非常に重要だ。不幸な夫婦関係では、一方が思い切って心を開いても、もう一方は信用しないということがよくある。「ばかばかしい」と一笑に付したり、「じゃあ証拠を見せてよ」と開き直ったりする。そうして「悪魔の対話」へ逆戻りしてしまう。

実際には、相手が本当に大切な人でなければ、チャーリーのように思い切って心の底を打ち明けたりはしない。はねつけられる危険があるからだ。だが、打ち明けるほうのパートナーが諦めずにふんばらなければならない場合もある。相手にわかってもらえるまでメッセージを繰り返すのだ。「悪魔の対話」に戻ってしまった夫婦も第一、第二、第三の会話をやり直すことで再び前に進める。

幸いなことに、キョウコはチャーリーの告白に支持的に反応した。「どうしてあなたがあの冷たい理性の場所へ入っていって私に指図ばかりすることになったのか、いまではよくわかる」と彼女は言う。「自分があなたをそんなに傷つけられるほど重要な存在だとは思わなかった。あんなふうに気持ちを伝えてくれたあなたを尊敬します。おかげであなたがずっと近く感じられる」。チャーリーは彼女に向かって無邪気に微笑み、椅子をくるりと回転させる。

相手の深い感情の開示を積極的に受け止められるということは相手への応答や関与の始まりである。それは相手を求めて手を差し出すことを意味し、キョウコはチャーリーに手を差し出したのだ。

さて、こんどはキョウコが心を開いてチャーリーが手を差し出せるかどうかみる番だ。彼女は「不安な瞬間」へ立ち戻り、チャーリーに言う。「あなたが家に帰ってきたとき、私が憤慨していると言うと、あなたは『馬鹿みたいに突っかかるのはやめてくれ』と言ったわ。そして、もし私の爆発がおさまらなければ出ていくと言った。あれが私にとってのどん底だった。いつも落ち着いて論理的でいられるわけではないわ」。チャーリーは居心地悪そうに「ごめん」とつぶやく。そして、あのころは彼女の心の痛みを理解していなかったのだと認める。

キョウコは情動のエレベーターのボタンを押してあと二、三階下へ降りる。「すごく悲しい。もう良い方へ進むことなんかできないような気がする」。チャーリーはうなずいて答える。「でも、そんなふうに思っちゃだめだよ。現にこうやって関係の改善に取り組んでいるのだから」。そう言ってから急に言葉を切り、首を振り、続ける。「君の痛みがわかるようになりたいと思う。最悪の瞬間は、最悪の気分だったのはいつだったの？」これはとても良い質問だ。この質問をすることで、彼はキョウコが問題の核心にたどり着くのを助ける。

しかし、キョウコは答えることができない。黙って座ったまま、大粒の涙をこぼす。チャーリーは彼女の膝を軽くたたいて、「僕が君のことを馬鹿みたいだと言ったのは、僕たちのあいだの悪い感情が怖かったからだよ」とささやく。キョウコは言う。「最悪の瞬間は、あなたが電話を切ったときよ。それから、そのあとで、出ていくと言ったとき。『おまえは理屈に合わないことばかり言う』と言われたわ」。

チャーリーはひどく当惑して「僕にはこの事態を収拾できません。どうしたらよいでしょうか？」と私に聞く。「キョウコはあなたの心が寄り添っていると感じる必要があります」と私は答える。「あなたが彼女の痛みを気づかっていることをわかってもらうのです」。彼は信じられないというように目を見開く。彼女は続ける、「私が悲しんだり、怖がったり、怒ったりしても、あなたは知らん顔をしている。慰めてくれない。抱きしめてもくれない。そばにいてほしいときに、不満げに立ち去る。そっぽを向いて私を見捨てる。私はあなたの望む妻ではないのよね」。

拒否されること、見捨てられることに対するキョウコの嘆きを聴くのはつらかった。彼女がときどきバランスを失って爆発したり憂うつになったりするのも無理はない。だが、いまは自分の気持ちをはっきりと伝える。「あなたが私を無視して自分のルールに頼ろうとするときほどいやなときはない。それほど寂しく感じるときはないわ」。それから目を上げてまっすぐ彼を見る。「チャーリー、あなたは私の心の支えになってくれていない。寄り添ってくれていない。だから私はパニックになるの。私の言っていることとわかる？」。

彼は手を伸ばして彼女の手を包み込む。そして、何度もうなずく。「そうか、そうか、そうか」。それから、しんみりと言う。「悲しいよ。それを聞いて、すごく悲しい」。彼は本当に悲しんでいる。彼の感情は彼が座っている椅子と同じくらい明白にそこに存在している。キョウコは自分の深い感情をしっかり捕えて、それを明確な愛着信号に変え、愛する人に送った。それは愛する人がそばにいてくれないときに上げる原初的な喪失とパニックの叫びであり、彼はその叫びを聞き取ったのだ。

こうして二人は自分自身の情緒的現実を理解し、相手に対して心の扉を開いた。

やってみよう

チャーリーは自分の深い感情を認めてそれを言葉にするうえで重要なことをいくつもしています。次のことをした場面を思い出しましょう。もしくはページを繰ってその場面を見つけましょう。

- チャーリーは自分の感情を認めるのがいかにむずかしいかを考えはじめます。感情を語るのを妨害しているのは何ですか?
- チャーリーは前の会話からいくつかの「きっかけ」を見つけて、イメージや言葉を明るみに出します。よく考えると、それらは不安や恥ずかしさ、悲しみ、喪失などを表していることがわかります。
- チャーリーは、もし妻の感情を認めたら起こるかもしれない最悪の事態を考えます。恐ろしい結末を羅列していくと、中核的な不安があらわになります。それは、彼が無力でひとりぼっちになるということです。ここが第四の会話の鍵となる部分です。
- チャーリーは自分の不安を妻に打ち明け、こういう深い感情を伝えるのはどんな感じか考えます。

次に、キョウコの告白について、次の問いに答えましょう。

- キョウコにとって最悪の瞬間はいつでしたか?
- 彼女にとっての最悪の結末は何ですか?
- キョウコが悲しくておびえているときにチャーリーのすることで彼女の愛着不安を高めることを四つ挙げてください。単純な動作の言葉で述べています。

・キョウコの中核的な二つの感情は何ですか？

あなたの夫婦関係の「不安定な瞬間」に立ち戻ってあなた自身の「きっかけ」を見つけ、それを書き出しましょう。パートナーにも同じことをしてもらってください。それから二人で話し合いの席を設けましょう。あなたがたのうちどちらが回避するタイプですか？　そのパートナーから会話を始めてください。なぜかというと、自分の痛みや不安をはっきり認めているほうのパートナーは、そうでない相手に関与のサインが見えなければ手を差し出しにくいからです。もしあなたが回避するほうのパートナーなら、チャーリーの例にならって中核的な不安に波長を合わせ、それを相手に伝え、そういう告白をするのはどんな気持ちか話しましょう。

あなたが聴く側のときは、その告白はどんな感じだったか伝えましょう。メッセージは理解しやすかったですか、理解しにくかったですか？　もし理解しにくかったなら、どの時点でわかりにくくなりましたか？　そのときどんな感情が湧いてきましたか？　その感情について話し合いましょう。

次に、聴いていたほうのパートナーが同様のプロセスで告白してください。

この会話はうまくいっていないカップルにとって非常に有益ですが、安定した関係にあるカップルにとっても価値があります。いまはそれほど激しくなくても、愛着不安は誰にでもあるものだからです。

何よりも、この会話はデリケートなものだということを心に留めておいてください。双方が最も深い無防備な部分をさらけ出すのですから。相手の冒しているリスクに敬意を払わなければなりません。リスクを冒すのは相手が大切な人であり、その人と特別な絆を築きたいからだということを忘れないでください。

あなたにどうしてほしいのか？

中核にある愛着不安を明言できるということは当然原初的な愛着欲求の気づきへとつながる。不安と渇望は表裏一体なのだ。

第四の会話の後半では、いまはパートナーにしか満たせない愛着欲求を率直に伝えることを主眼とする。この会話は簡単にできる場合もあるが、なかなかうまくいかない場合もある。自分の情緒的現実を認めて受け入れることとそれをパートナーに開いて見せることは別物だからだ。他者とのあいだで真の安心感を体験したことのない人にとっては大きな飛躍だ。それでもあえてこの会話をするのはなぜか？　人は結びつきを切望するからだ。自己防衛して孤立したままでいるのは悲しくむなしい生き方だからだ。作家のアナイス・ニンはそのことを美しく表現している。「蕾の中で固まったままでいるのは開花するリスクより耐えがたい」。

クライエントのローズマリーは別の言い方をする。ホッケーが盛んなカナダでは、人生はよくホッケーの試合にたとえられる。熱心なプレーヤーであるローズマリーは夫のアンドレにこう言う。「私はフェースマスクを着けているけれど、自分の欲しいものをあなたからもらうためにはマスクを外さなくてはならない。でも、マスクを外したら、先月の試合でやられたみたいに顔を強打されてしまうかもしれない。マスクを外さないのはあなたを愛していないからではなくて、私の持ち場がディフェンスだからなの。守りの姿勢をやめて自分の欲しいものを求めるというのは初めての経験だから怖い。でも、正直に言うと、マスクの下の私は空っぽなの。それでは試合に勝てないわね」。

チャーリーとキョウコの話に戻って、二人が第四の会話のこの難しい部分をどのように進んだかみることにしよう。私はチャーリーに問いかける。「あなたはもっと『安全や安定』を感じたいと言いましたが、そのためにはキョウコにどうしてほしいですか？　何を望みますか？　あなたがキョウコに望むことをはっきりと伝えてみませんか？」。彼は少し考えてから彼女のほうを向いて話しはじめる。「僕が完ぺきな夫でなくても、どうすればいいかわからなくて混乱しているときでも、僕のそばにいてほしい。僕に腹を立てているときでも。僕が間違ったことをして君の気持ちを傷つけしまったときでも。僕から離れていかないでほしい。君が落ち込んだり怒ったりしているとき、君は僕のそばにいなくなってしまったような気がするんだ。そうだ、これでいい。ちゃんと言えた」。それから、自分の冒したリスクに突然気づいたかのように、向きを変えてそわそわと膝をさする。そして、「これはきつかった。こんなことを人に頼んだのは初めてだ」と静かに言う。

　キョウコはチャーリーの顔にはっきりと表れた感情を見て心を動かされる。そして、優しくきっぱりと答える。「チャーリー、私はあなたのそばにいる。あなたのそばにいることだけが私の望みなの。完ぺきな夫でなくてもいい。こんなふうに話せるなら、またつながることができる。それが私の何よりの望みなの」。チャーリーは安堵して少し放心したように見える。それから、クスッと笑って言う。「ああ、それはよかった。たいへん理にかなっている」。彼女もいっしょにクスッと笑う。

　次に、キョウコが欲求を言う番になる。まずは安心や慰めを求めるのは自然なことだとわかったという話から始める。これは彼女がチャーリーに望むことを考えるのに役立つ。だが、ここで彼女は脇道にそれる。天井を見ながら三人称で話す。「私が彼にしてほしいことは……」。私はストップをかけ、チャーリーのほうへ椅子を向けて彼を見て直接話しかけるよう頼む。

　キョウコはチャーリーと向き合って深く息を吸う。「私はあなたより感情的だけれど、それでもいいと受け入れてほしい。それは私の欠点ではないし、理屈や『ルール』に馴染まないのは間違ったことではないから。あなたにそばにいてほしいし、私が自信をなくしているときに知らん顔をしないでほしい。私を抱きしめて、大切な存在なのだと言ってほしい。とにかくそばにいてほしい。私が望むのはそれだけです」。

チャーリーは唖然として「ただそばにいてほしいだけだって？」と言う。キョウコは「私がこういうことを言うのを聞いてどう思う？」と尋ねる。彼は首を振る。「僕は君との関係を一つの軌道に乗せておくために一生懸命になりすぎて、すぐそばにある単純な簡単な道に気づかなかったみたいだ」。それから優しく微笑む。「嬉しいね。前よりずっといい。大丈夫だ。君といっしょにやっていける」。

チャーリーとキョウコは自分の中核にある欲求を把握して、それを整合性のあるシグナルにして互いに送り合えるようになった。それは安定した愛着で結ばれた夫婦がしていることだ。自分の感情を信頼して不安を乗り越えると、個人としても夫婦としても強くなる。そうすると、諍いや不和があってもすぐに修復でき、愛に満ちた絆を作ることができる。

チャーリーとキョウコは互いに接近しやすくなり、応答性が増し、関与が深まっただけでなく、個人としての自己感も拡大した。キョウコは以前より自己主張できるようになり、チャーリーは以前より柔軟になった。相手を接近・応答・関与の会話へと招き入れる方法がわかったので、個人としての成長も助けられるようになったのだ。

「私をギュッと抱きしめて」の会話で鍵となる瞬間をもう二組のケースで見ることにしよう。これらの夫婦にはチャーリーとキョウコの場合より困難な個人史があり、情緒的安全の感覚が乏しい。それでも、やはり心の底から相手に呼びかけることができる。

ダイアンとデービッドは子ども時代に受けた虐待に起因する不安や抑うつに翻弄されながら、三十五年間夫婦として生きてきた。私との最初のセッションでダイアンはデービッドに言った。「もう別れるしかないわ。あなたが癇癪を起すたびに苦しむのはいやだから。何日も自室にこもって、隠れて暮らすのはもういやだから」。その彼女がいま「私をギュッと抱きしめて」の会話で彼に言う。「あなたを愛しているわ。そばにいたい。でも、無理やりそばにいさせられるのはいや。そばにいて安全を感じたいの。自由に動けるようにしておいてほしいし、こちらが困っているときには耳を傾けてほしい。長い年月が経ったけれど、これからもずっといっしょにいたいという気持ちは信じてほしい。いっしょにダンスするのは素敵。いっしょにいて安心できるようにしてほしい。そして、こちらに手を差し出して。そうすればあなたと向き合っていっしょに踊れるから」。

愛着不安が妻への暴言となっていたデービッドもいまは喪失の恐怖とその裏返しである結びつきへの切望を語る。彼のメッセージは筋が通っていて、妻への気配りと自分自身の深い感情や欲求を明確に映し出している。怒りにとらわれることも理屈に逃げ込むこともない。彼はいま妻に向かって手を差し出している。「どう言えばよいかわからないが」と彼は始める。「軍隊で、飛行機から飛び降りたときみたいな気分だよ。しかも、ここにはパラシュートがない！　私は臆病な人間なんだよ、ダイアン。危険がないかといつも警戒している。だから主導権を握らずにはいられないのだと思う。だが、そのために君につらい思いをさせたのだといまはわかる」。少し間をおいてから続ける。「君に愛されていないのではないかと恐れていた。それで、自分が君にとって重要な人間なのだと認めさせようとした。大丈夫だと請け合ってほしくて。癇癪を起こしたり、いろいろ問題があるけれど、それでも愛されているのだと知りたい。だが、それはなかなか聞けない。ああ、飛行機からまっさかさまだ！　確かめたい。だが、聞けない。君は、いろいろな問題を抱えた私を愛してくれるか？」。

ダイアンの顔からは、彼の苦痛や不安を理解していることがうかがえる。彼女は彼のほうへ身体を傾けてゆっくりと慎重に言う。「愛しているわ、デービッド。十六歳のときから、ずっと。もうどうやって止めればいいかわからないわ。あなたがこんなふうに話すと、ずっと抱きしめていたくなる」。

彼の顔に特大の微笑みが浮かんだ。

もう一組のカップル、フィリップとタビーサはこの夫婦とはまったく違う。二人とも華やかな職業で成功しているが、最初の結婚に失敗している。付き合いはじめて五年になるが、いっしょに暮らそうとするたびにフィリップが心変わりする。二人とも緊張が生じると逃避する傾向がある。フィリップは宗教に没頭したり、他の女友だちとのプラトニックな付き合いに逃げ込んだりする。タビーサは高価な服や工芸品を買いあさり、狂ったように仕事をする。それでも別れられないことに少し驚いたタビーサは、ついにフィリップに最後通牒を渡した。引っ越していらっしゃい、さもなければきっぱり別れましょう、と。

当初のフィリップの姿勢は彼のこの言葉に代表される。「僕は人を必要とすることの価値を認めない。そんなのはばかげたことだと、とうの昔にわかったんだ。友だちはたくさんいるし、何でもひとりでできる。恋だ愛だと夢中になる人の気が知れないね」。その彼がいまはタビーサにこう言う。「君と本当に親しくなって将来のことを考えると、そのたびにパニックになって心を閉ざしてしまうようなところが僕にはあるのだということがわかった。遠い昔に、一人の人にすべてを託さないと決めたんだ。僕を傷つけたり押しつぶしたりする力をまた誰かに与えるのはいやだから。だから、君の愛が欲しいとはなかなか言えないし、自分を君の手にゆだねることもできない。いま、こうやって話しただけでも、大泣きしてしまいそうだ。君が僕に背を向けて僕を閉め出すのではないかと不安になるんだ。小さいころ、母が病気になるたびにあっちへ行けと言われた。君といっしょになりたいと思うたびに『逃げろ』と言うのはあのころの僕なのかもしれない。君にはそばに来てほしい。人を信じられるようになりたい。その手助けをしてくれるかい？　何があろうと僕に背を向けないと言ってくれるかい？」」。

タビーサは彼の気持ちに応えることができ、二人の結びつきは強まっていく。そして、彼女が接近・応答・関与の会話をする番になると、こんなふうに言う。「あなたが不安のせいで私から遠ざかってしまうというのはわかる。でも、あなたがその不安と戦うだけの価値を私に感じるのかどうか知りたい。それが不確かではつらい。私たちのために、私たちの結びつきのために、力を注いでほしい。私があなたを愛していることは信じてくれていい。でも、私には安定した場所が必要なの。こんなことを言っていいのかという気持ちはある。私はそんな要求ができるほど完ぺきな人間ではないから。あなたがまだ怖がっているのは私のせいではないかとか、私は多くを望みすぎているのではないかとか思うこともある。以前けじめをつけられなかったのもそのせいだと思う。本当にそれを要求する資格が私にあるのかしら？　でも、資格があろうとなかろうと、私をあなたの重要な存在と認めると約束してほしい！　そういう安全な場所がなければこれ以上リスクを冒すことはできないから。それがなければ怖くて、つらすぎるから。あなたにとってもリスクだけれど、思い切って私に心を開いてほしい。失望はさせないから」。

この言葉に心を動かされたフィリップは優しい声で答える。「わかった。君は僕のそばにいたいと思ってくれている。君は僕にとってリスクを冒す価値のある人だよ。僕は不安にとらわれて、心を開くのが怖かった。でも、君を失うわけにはいかない。だから力を注ぐよ。怖いけれど逃げないよ」。

フィリップがこのように保証し、積極的に関与する姿勢を示すと、二人の関係は安定し、しっかりした基盤ができた。

調和の神経科学

私の研究では、カップルが「私をギュッと抱きしめて」の会話をするたびに深い情緒的結合の瞬間が起こることがわかった。物理学で言う「共鳴」という現象は、二つの個体のあいだで信号が同期して新たな調和が生まれることである。バッハのソナタのクライマックスでは、百もの音が重なり合って、私の細胞の一つひとつがそれに反応し、私と音楽が一体になる。それと似た瞬間を母と子、恋人同士、あるいは深い結びつきを見つけた人たちのあいだに見ると、私はとても嬉しくなる。

その結びつきの感覚は気持ちのうえだけでなく細胞のなかでも表現される。パートナー同士が共感すると、脳の前前頭皮質にあるミラーニューロンという神経細胞が活性化することが最近の研究で突き止められた。この神経細胞は他の人が体験していることを実際に感じさせてくれるメカニズムの一つらしい。それは知性を通しての理解とは違うレベルの理解だ。相手が行動するのを見て、自分も同じ行動をしているかのように脳が働く。ミラーニューロンは生まれたときから絆を求めるようにできている人類の遺産の一部であり、愛の土台なのである。

ミラーニューロンは一九九二年に偶然発見された。そのときアイスクリームを食べながらサルの脳のマッピングをしていた研究者が、あたかもそのサルがアイスクリームを食べているかのように脳が光ることに気づいたのだ！　ミラーニューロンのおかげで私たちは相手の意図や感情を読むことが、つまり他者を自分のなかに取り込むことができる。神経科学者は物理学の用語を借りて、これを共感的共鳴現象の反響状態などと言う。これはひどく抽象的な言葉だが、平たく言えば、恋人同士が見つめ合うまなざしには確かな力が実在するということだ。それは相手に心を寄り添わせ、相手の非言語的サインに気づかせてくれる。すると、ふつうの会話では失われてしまうレベルの関与や共感が生まれる。ミラーニューロンのおかげで相手の気持ちがわかり、その気持ちを自分自身の身体のなかで感じられるのだ。すなわち、真の結びつきとは「相手の気持ちを感じる」ことだという愛着理論の科学的検証なのである。

セッションが始まったばかりのころ、チャーリーとキョウコは共鳴していなかった。ほとんどお互いを見ないし、まるで違う言語を話しているかのようだった。だが、「私をギュッと抱きしめて」の会話になると、チャーリーが伏し目になるとキョウコも伏し目になり、彼が笑うと彼女も微笑んだ。彼の心の歌はデュエットになった。この種の反応は共感的感情の中核を成し、そこでは文字通り相手のために相手といっしょに感じ、当然ながら愛に満ちた行動をする。

これはたしかに、幸せな恋人が愛し合ったり、母親と赤ん坊が見つめ合ったり触れ合ったりするときに感じるのと同種のかかわりだ。意識的な思考や話し言葉などはなく、情緒的な同時性のなかで動いている。そこには安らぎと喜びがある。

ミラーニューロンだけですべてが説明できるわけではない。最近では神経化学の面から愛着の理解を深める研究がほかにもある。その研究は、応答性の高い情緒的関与の瞬間に脳はオキシトシンで満ちていることを示している。別名「抱擁ホルモン」とも呼ばれるオキシトシンは動物によってしか作られず、満ちたりた至福の状態と関連している。それはあふれんばかりの喜びや快感、心の落ち着きを生み出す。

研究者たちは二種類の野ネズミの交尾の習性を比べることでオキシトシンの効力を発見した。一つの種は一夫一婦婚で雌雄はいっしょに子どもを育て、終生連れ添うが、もう一つの種は交尾が終わるとすぐ別れてしまい、子どもは自力で生きる。前者の体内ではオキシトシンが産出されるが、後者では産出されないことが判明した。しかし、一夫一婦婚のネズミにオキシトシンを無効にする化学物質を与えると、交尾してもパートナーと親密な絆を結ばなかった。いっぽう、同種のネズミに余分なオキシトシンを投与すると、交尾してもしなくても絆を形成した。

ヒトの場合は、愛着対象に接近あるいは接触しているとき、とくにオーガズムや授乳のように感情が高揚しているときにオキシトシンが放出される。スウェーデンの神経内分泌学者シャスティン・ウブナス＝モーベリは愛する人のことを考えるだけでもオキシトシンがあふれてくることを発見した。また、オキシトシンはコルチゾールのようなストレスホルモンを減少させる。

ヒトにオキシトシンを投与すると他者を信頼して交わる傾向が増すという予備的研究もある。こうした知見は、いがみ合っていた夫婦が互いをしっかり抱きしめられるようになると、そのあとも互いを求めて満足の瞬間を繰り返そうとするという私の所見を裏づける。何百万年もの進化によって磨きをかけられたこの愛の妙薬が接近・応答・関与の交流で有効になるのだろう。オキシトシンは自然が生み出した愛着促進剤なのだ。

やってみよう

チャーリーとキョウコが安定した結びつきに戻った場面を読み返してください。

まずは自分ひとりで、過去に安定した関係にあった恋人や親、親友のことを思い出し、その人がいま目のまえにいると想像してください。あなたはその人に何が自分のいちばん深い愛着欲求だと言いますか？　その人はどう答えるでしょうか？

次に、安定した結びつきを感じなかった過去の関係を思い出しましょう。あなたがその人から本当に欲しかったのは何でしたか？　二つの簡単な文でそれを表現してみましょう。その人はどう答えるでしょうか？

こんどは、現在のパートナーとの関係に進みましょう。安心して愛されていると感じるためにあなたがいちばん欲しいのは何か考えて、それを書いてください。それからパートナーとの会話を始めます。

その会話で使えそうなフレーズをいくつか挙げますので、もし自分に合うものがあったら印をつけてパートナーに見せてください。

私が感じたいのは――

- 自分があなたにとって特別な存在であなたが私たちの関係を大切に思っているということ。私のことを何よりも大事だと思ってくれていること。

・自分が伴侶として恋人としてあなたに望まれているということ。そして私を幸せにすることがあなたにとって重要だということ。
・自分には欠点も不完全な面もあるけれど、あなたに愛され受け入れられているということ。私はあなたに対して完ぺきに振る舞うことはできない。
・自分は必要とされているということ。あなたは私がそばにいることを望んでいるのだということ。
・あなたが私の気持ちや欲求を気にかけてくれるから私は安心なのだということ。
・あなたがいつでも心の支えになってくれて私を見捨てたりしないということ。
・自分の話を聞いて尊重してもらえるということ。きちんと話を聞かずにこちらが悪いと決めつけないでほしい。
・抱きしめてほしいとあなたに頼めること。そう頼むだけでも容易ではないことを理解してほしい。

もしこの作業が難しすぎるなら、まずは、自分の欲求を明言するのはどんなに難しいか話すことから始めましょう。パートナーに手助けできることがあれば伝えましょう。この会話には人生の鍵となる情緒的ドラマが含まれるので、ゆっくりと進めなければならない場合もあるのです。

もしあなたが聴く側で答え方がわからなかったり不安で答えられなかったりしたら、単にそう言ってください。型通りの答え方をするよりも気持ちがそこにあるほうが大事なのです。相手のメッセージをしっかり聴いたことや、相手が打ち明けてくれて嬉しいこと、そして自分も応答したいと思っていることなどをきちんと伝えられれば上出来です。そうすれば、相手の欲求をどのように満たせるか考えられるようになります。

デービッドとダイアンの話とフィリップとタビーサの話ではどちらが共感しやすいかパートナーと話し合いましょう。

「私をギュッと抱きしめて」の会話が終わったら、それぞれがした鍵となる発言を書き出しましょう。異性愛のカップルでは、女性のほうがおそらくこの作業を楽にできるでしょう。女性は男性よりも情緒的な出来事を強く生き生きと記憶することが、多くの研究で示されているからです。これは脳の生理学的な違いのせいであって、二人の関係への関与のレベルを示すものではありません。もし必要なら、ここでは女性が男性を少し手伝ってあげるとよいでしょう。

鍵となる発言は二人の内的および外的ドラマをさらに明確にし、今後の「私をギュッと抱きしめて」の会話の指針となるでしょう。

「私をギュッと抱きしめて」の会話はポジティブな絆を生み出す。この会話をすることで不和や悪循環が解消され、二人は協力していっしょに世界に向き合えるようになる。そのうえ、こうした情緒的共鳴の瞬間が生まれるたびに二人の絆は強くなる。夫婦関係を変化させ結びつきを強めるこの会話の威力は明白だ。次章で見るように、それは夫婦関係の他の側面にも影響を及ぼす。

第五の会話 傷つけられたことを許す

「許すというのはすばらしいことだと誰もが言う、許すべきことがないうちは」

——C・S・ルイス

コンラッドと妻のヘレンのあいだでは「私をギュッと抱きしめて」の会話が深まり、相談室は情緒的共鳴の空気で満ちている。「抱きしめさせてくれ」とコンラッドが求める。「君が望むことを言ってほしい」。ヘレンは彼と視線を合わせ、返事をしようとして微笑む。しかし、急に表情が消える。彼女は床を見つめる。それから突き放すような声で言う。「あのとき、私は階段に座っていた。そして、あなたにこう言った。『お医者さんが、たぶんそうだろうって。乳癌だろうって。ずっと前から、くると思ってた。母がそれで死んだから。祖母もそうだった。こんどは私の番だわ』って」。

彼女の声には非難めいた響きがある。「それなのに、あなたは座っている私の脇をかすめて通り抜けていった」。彼女はそのときの感触がよみがえってきたかのように自分の肩に手をやる。「あなたは『しっかりしろ。まだそうと決まったわけではないのにジタバタしても意味がない。とにかく落ち着け。どうするかはあとで話し合えばいい』と言った。それから、二階の書斎へ入ってドアを閉めて、長いこと降りてこなかった。私はひとりで階段に座っていた。あなたは死の恐怖におびえている私を放っておいた」。

それから、彼女の声が変わる。こんどは明るい事務的な口調で私に言う。「おかげさまで夫婦関係がとても良くなりました。ここへ来る原因となったひどい喧嘩はもうありません」。実際、事態は好転していて、話し合うべきことはもうほとんどなさそうだ。だが、コンラッドはたったいま起きたことに戸惑い、困惑している。階段での会話は三年以上もまえのことなのだ。しかも医者の見立ては間違っていた。ヘレンは乳癌ではなかったのだ。ことを荒立てたくない彼は、セラピーがうまくいって話し合うことはもうないという妻の言葉に急いで同意する。

小さな出来事、大きな衝撃

このような突然の分断には以前にも遭遇したことがある。関係が着実に改善して優しい雰囲気があふれているときに、突然バーンとくるのだ。一方のパートナーがある出来事を持ち出すと、それが一見小さなことでも、部屋から急に酸素がなくなってしまったかのようになる。あっというまに温かい希望が冷たい絶望になるのだ。

なぜたった一つの小さな出来事にそんなに大きな力があるのだろうか？　実は、それは決して小さな出来事ではないからだ。少なくとも一方のパートナーにとっては非常に嘆かわしい出来事なのだ。

研究と臨床を何十年も行ってきて、私はむき出しの箇所に触れるどころではない出来事があることに気づいた。そういう出来事は世界をひっくり返すほど深く心を傷つける。それは夫婦関係のトラウマである。辞書によると、トラウマとは人を恐怖や無力感に突き落とし、予測可能性やコントロールの前提を無効にする心の傷とされている。

トラウマ性の傷は「人とのつながりを侵害するとき」特に深刻になるとハーバード・メディカル・スクール精神医学部教授のジュディス・ハーマンは述べている。実際、自分を支え守ってくれると信じている相手に傷つけられることほどひどいトラウマはない。

ヘレンとコンラッドは夫婦関係のトラウマに直面していた。階段での出来事は三年まえのことであってもまったく消滅しておらず、そのためにヘレンは夫とのつながりを求めて手を差し出すことができないでいる。実際、その出来事以来、コンラッドに対して苛立ったり警戒したり、それを思い出して彼を避けたり、と揺れ動いてきた。過覚醒やフラッシュバック、回避はトラウマ性ストレスの特徴として立証されている。ヘレンはその出来事について話し合おうとしたことがあるが、コンラッドが軽視したため、もっと動揺して、それが尾を引いていた。だからいま、思い切って心を開いてほしいと言われても、そのときのことを思い出してしまう。もう二度と、彼に対して無防備にはなりたくないと思ってしまうのだ。「私をギュッと抱きしめて」の会話が行き詰ってしまうのも無理はない。

愛着の研究家として知られるミネソタ大学のジェフ・シンプソンとテキサスA&M大学のスティーブン・ロールズは、本当に心細いときに愛する人から心の支えが得られないと、その人との関係全体が変化してしまう、と述べている。支えの欠如は、それほど大きくない何百ものポジティブな出来事を覆い隠し、その人に対する安心感を一挙に打ち砕いてしまう。その破壊力は「私が苦しんでいるときに支えになってくれますか？　私の苦しみを心配してくれていますか？」という永遠の問いに対する焼けつくような否定の答えのなかにある。

せっぱ詰って愛する人の支えを求めるとき、そこに妥協やあいまいさの余地はない。イエスかノーかどちらかなのだ。こういう瞬間は相手への信頼や愛情そのものについての前提が試されるときであり、すでに危うい絆ならボロボロになる可能性がある。トラウマとなった出来事にしっかり向き合ってそれを解消するまでは、真の接近や関与は望めない。

同僚たちと「私をギュッと抱きしめて」の会話のビデオを見はじめたばかりのころ、配偶者の不倫は必ず夫婦関係をズタズタにすると考えていた。だが、傷ついたパートナーたちが心の痛みを語るのを聴くうちに、不倫そのものが原因ではないような気がしてきた。「私たちの関係には苦しいことや大変なことがたくさんあったわ」とフランシーヌはジョセフに言う。ジョセフは同僚の女性と不倫したことがある。「双子が生まれて、あなたがないがしろにされているように感じたことも、その女性に出会ったとき欲求不満だったことも理解できる。彼女との関係がなんとなく始まったのだということさえも。だから、私が問題にしているのは不倫そのものではないの。私がどうしても乗り越えられないのはあなたの言い方だった。それがいつも頭に浮かんでくるのよ。あのとき私がどんなに打ちのめされていたかあなたは知っていた。文字通り床に倒れていたわ。私がそんなに落ち込んでいたとき、あなたは何をした？　あなたは自分の不倫を私のせいにしたわ。私の欠点を並べ立てて、私がいなければ自分の人生はもっと格好がついたのに、と延々としゃべり続けた。まるで私がそこに居さえしないかのように。私のことなんてまったくおかまいなしだった。そのことが繰り返し思い出されるのよ。もし私のことを少しでも愛していたなら、どうしてあんなことができたのかしら？」。

明らかに、フランシーヌはジョセフの不貞以上のものによって苦しめられている。傷ついたパートナーはたしかに裏切られたと感じるが、それよりも**見捨てられた**という感覚が強いのだということがわかってきた。基底にあるのは「あの死ぬか生きるかの瞬間にどうして私を見捨てたのか」という叫びだ。出産や流産、親の死、突然の失業、重い病気の診断や治療など、強烈なストレスがかかって愛着欲求が必然的に高まるときに夫婦関係のトラウマが生じやすい。

傷を負わせてしまう側の伴侶に悪意があるわけではない。それどころか、自分なりに最善を尽くしている場合もある。ただ、相手の愛着欲求にどう波長を合わせて安心させればよいのかわからないのだ。自分自身の不安を抑えるだけで精一杯という場合もある。トムは悲しそうに妻に言う。「大量の血を見て、びびってしまって、赤ん坊のことは頭に浮かばなかった。君が死んでしまうのではないかと思った。君を救わなければと思って、問題解決モードに入った。それで、君をタクシーの後部座席にひとり残して、自分は運転手の隣に座って病院への道順を教えていた。君が僕にどうしてほしいのかわからなかったんだ」。

しかし、夫婦関係のトラウマを無視したり忘れようとしたりするのは間違いだ。日々のちょっとした傷なら簡単に解消されるし、むき出しの箇所も（「悪魔の対話」をやめれば）徐々に消えていくが、トラウマが自然に癒えるということはない。トラウマによる無力感や恐怖が消えないのは、それが生存本能にかかわるものだからだ。生き残るという観点から見れば、相手を信用して危険が本物であることを発見するよりも、警戒していたほうが都合がいい。だが、この警戒心のせいで、深い情緒的かかわりができなくなってしまう。そしてトラウマは悪化する。階段に置き去りにされたヘレンが謝罪を求めれば求めるほど、コンラッドは理屈を並べて自分の行為を正当化する。彼女の怒りや孤立感は深まるばかりだ。

夫婦はなんとかトラウマに区切りをつけられる場合もあるが、関係は冷たくよそよそしいものになってしまう。しかも、そのバリケードが有効なのはしばらくのあいだだけだ。どこかの時点で愛着欲求の問題が表面化すると、傷ついた感情が噴き出してくる。企業の経営者として精力的に仕事をしてきたラリーは何年も妻のスーザンをほったらかしにしてきた。だが、退職してからは彼女の「機嫌を取ろう」とする。夫婦関係は改善してきたが、「私をギュッと抱きしめて」の会話でラリーが心の安らぎを得ようとしたとき、彼女は爆発した。「モーリス通りのキッチンでの出来事」以来、二度と心を許すまいと決めたのだと言う。

ラリーはスーザンが何のことを言っているのかまったくわからない。たしかにモーリス通りに住んでいたことはあるが、それは十七年もまえのことなのだ！　スーザンはある暑い日の午後に起きたことを忘れていない。交通事故の後遺症に苦しみながら三人の幼児の世話をしなければならず、疲れ切って落ち込んでいたのだ。ラリーが帰宅すると彼女は台所の床に突っ伏して泣いていた。ふだんは非常に控えめな彼女が、このときばかりは「抱きしめて」と彼に頼んだのだ。だが、彼は、しっかりしろと言って電話をかけに行ってしまった。スーザンはラリーに言う。「あの午後、あそこに倒れたまま、涙が枯れるまで泣いたわ。そうしたら心が冷めたの。二度とあなたに思いやりなど期待しないと心に誓ったわ。これからは姉や妹に頼ろうと。でも、あれ以来ずっと、あなたは気づきもしなかった！　それがいまになって、自分の都合で私が必要になって、心を開いてほしいというわけ？」。

こうした愛着の傷から抜け出すためには、夫婦がそれと向き合っていっしょに癒すしかない。できればいますぐに。私も、当時八歳だった息子が夏休みに急性虫垂炎になったときにそのことを痛感した。そのとき、夫のジョンと私が湖のほとりでパーティを催していた。私はジョンに「パーティをお開きにして後から来て」と頼んで近くの病院へ急いだ。だが、地方の小さな医院では手術できず、不安を抱えたまま町までの長い距離を運転しなければならなかった。町の病院に着いたときには、息子の容体はかなり悪化していた。急いで息子を診察した医師は「いますぐ」手術しなければならないと言った。私が再び夫に電話すると、彼はまだ湖にいたのだ！　二時間後、息子が集中治療室へ運ばれていくのを見守っていたとき、夫は軽やかに踊るような足取りで廊下を歩いてきた。私はカッとなった。彼は、私がそんなにも怖くて心細かったことを知ってショックだったようだ。私の怒りを受け止め、なぜ遅くなったのか説明し、慰めてくれた。それでも、私は彼が心の痛みを本当に理解してくれているかどうか確認せずにはいられなかった。私たちはその後何度もその出来事を振り返り、ようやく完全に傷を癒すことができた。

コンラッドとヘレンの場合は、私の相談室で癒しのプロセスが始まった。彼女を階段に残して立ち去ったあと、彼は一時間泣き続けたのだと打ち明けた。自分の恐怖や無力を表に出すと彼女が失望すると考えたからだ。それで、いままで自分の恥を隠し、彼女は傷ついてなどいないと説得しようとしてきたのだ。

夫婦にとっての最初の目標は**許すこと**だ。愛することと同様、許すことが社会科学の研究テーマになったのはほんの最近のことだ。許しはたいてい道徳的見地から語られる。恨みを手放して悪行を赦免するのは正しい行いだ。しかし、この決意だけでは自分を傷つけた相手への信頼を取り戻すことはできない。夫婦に必要なのは許しだけでなく再び信じようという気持ちを育む特別な会話だ。新たな信頼が最終目標なのだ。

五年ほどまえから、私は許しと和解の段階的な進め方を詳細にまとめはじめた。教え子の学生や同僚といっしょにカウンセリングのビデオを見て、「二度と心を許さない」と行き詰ってしまう夫婦がいるいっぽうで、最後まで取り組んで傷を癒せる夫婦のいることに気づいた。また、第一から第三までの会話をやり遂げて安心感が生み出されていなければ「傷つけられたことを許す」の会話に入れないこともわかった。

最近の研究プロジェクトでは夫婦関係のトラウマに関する理解がさらに進んだ。そうしたトラウマは必ずしも明白であるとはかぎらないこと、つまり重要なのは出来事そのものではなくそれがもたらす主観的な傷なのだということがわかった。ある時点におけるある人にとっては、配偶者が異性といちゃつくことのほうが不倫されるより傷つくかもしれない。また、トラウマが複数ある場合もあり、数が多ければ多いほど信頼の回復に手間取ることもわかった。何よりも大切なのは、たとえその出来事が些細なことのように思われても、誇張されているような気がしても、相手の傷を真面目に受け止めて粘り強く質問し、その出来事の意味を明確にすることである。

メアリーとラルフは自分たちの「悪魔の対話」を認め、むき出しの箇所について語り、「不安定な瞬間」に立ち戻ることもできたが、メアリーは「私をギュッと抱きしめて」の会話に入るのをためらっている。それどころか、ラルフと秘書たちの下着姿の社内パーティのことを繰り返し持ち出す。その写真は彼が自宅の机の引き出しに入れておいたもので、彼はメアリーがときどきその引き出しを整理するのを知っている。彼は謝り、そのパーティは少し行き過ぎで写真は不適切だったと認めるが、不道徳な行為は絶対になかったと主張する。だから、彼女がなぜそんなに傷ついているのかわからない。しかし、メアリーの話を注意深く聴き続け、ついに彼女が「『あの』あとで」という言い回しを繰り返していることに気づく。「どうしてタイミングがそんなに重要なの?」と彼は尋ねる。

メアリーはワッと泣き出す。「どうしてそんなこと聞けるの? 覚えてないの? あれは、あなたが私のことをおとなし過ぎると言った、あの恐ろしい話し合いのあとだったわ。絹の下着を買ってこいとかセックスの本を読めとか言ったじゃない。私は厳格な家庭で育ったから、そういう恥ずかしいことはできないのよ。でも、あなたはどうしてもと言った。そうしないなら夫婦としてやっていけないと。だから私はそうしたわ、あなたのために。すごく恥ずかしくて悔しかったけれど、あなたの言うとおりにしたのよ。それなのに、あなたは気づいていないみたいだった。嬉しいとさえ言わなかった! 一度も。でも、あの写真のなかではすごく嬉しそうにしていて、女の子たちも楽しそうだわ。私のように恥ずかしがりではないのね。私はあの写真の女性たちのようになるために大変な思いをしたのに、それはどうでもよかったのよね。しかも、あなたは私が机の掃除をすることを知っていた。つまり、私があの写真を見たらどう思うか考えもしなかったということよね! 私のことなんて眼中にないのよね!」。ラルフはやっと妻の痛みがわかた。彼は手を伸ばして彼女の手を握り、慰める。

ここでは、メアリーもラルフも出来事の深刻さがはっきりするまで逃げずに吟味している。ときには、パートナーといっしょに本気で掘り下げなければ、特定の出来事がなぜそんなに苦痛なのかわからない場合がある。また、自分を傷つけた張本人に自分の痛みの核心を見せるのはとても難しい場合もある。しかし、愛着欲求や不安と関連づけてみれば、痛みは必ず理にかなったものだとわかる。

許しに至る六つの段階

「傷つけられたことを許す」の会話では次の六つの段階を経て許しに至る。

一、傷つけられたほうのパートナーは自分の心の痛みをできるだけ率直にわかりやすく話さなくてはならない。これは容易なことではない。相手に苦言を呈することになるわけだし、傷ついたときの状況やそれが相手への信頼感にどう影響するかを説明しなければならないからだ。傷の本質が捕えにくい場合は、次のように自問してみよう。

せっぱ詰った状況のときに支えてもらえていないと感じたことはないか？　見捨てられ、ひとりぼっちだと感じたことはないか？　こちらの気持ちを尊重してほしいのに軽く見られたことはないか？　相手が安全どころか危険の源のように思えたことはないか？　こうした問いは愛着の傷のトラウマ的な性質に直接訴えかける。

自分の痛みの本質を見極めるのは容易ではないが、苦痛な話に耳を傾けなければならない相手も楽ではない。だが、たとえ不安になったとしても、「悪魔の対話」やむき出しの箇所をすでに掘り下げてあれば、相手の告白に波長を合わせやすい。浮上してきた愛着の傷や欲求、不安を双方が理解できれば、落ち着いて最後まで取り組むことができる。

何カ月もぎくしゃくした状態が続いたあとで、ベラはやっとテッドに言うことができた。「私が化学療法を受けるとき、いっしょに来てくれなかったのはしかたがないわ。十二歳のときに、あなたのことをいちばん可愛がってくれたお母さんが癌で亡くなったのを思い出してしまうものね。でも、私がどうしても乗り越えられないのは、病院から帰って泣き続けた日のことよ。私はもうこれ以上治療を続けられないと言った。でも、あなたは何も言わず、何もしてくれなかった。それから、妹が来たのを覚えてる？　妹が動揺して泣き出すと、あなたは椅子から跳び上がって慰めた。妹を抱きしめて耳元でささやきかけた」。ベラはひとしきり泣いてから続ける。「妹にはそうしたのに、私にはしてくれなかった。慰めも抱擁も私のためではなかった。あの晩、あなたに思いやりを求めるくらいならひとりで死んだほうがましだと思った。でも、あの痛みはまだここにあって、私はまだそれをひとりで抱えている」。テッドはベラをじっと見つめ、突然彼女の悲しみと怒りを理解する。これは恐ろしいメッセージだが、少なくとも筋が通っている。ベラは心の傷を正確に打ち明けた。テッドはそれを理解した。癒しはここから始まる。

二、傷つけたほうのパートナーは相手の気持ちに寄り添い、相手の痛みを認める。相手は痛みが本当に認められたと感じるまでは気持ちがおさまらず、いつまでも抗議や要求を繰り返す。愛着の本質を考えれば、それは当然のことだ。もしあなたが私をどんなに傷つけたかわかっていないなら、私は安心してあなたを頼ったりできない。

以前その話が出たときは、傷つけた側が恥ずかしさや自責の念から沈黙してしまったかもしれない。だが、間違えることは誰にでもある。誰でも愛する人の叫びを聞き逃すことはある。注意散漫になってしまうこともある。自分自身の不安や怒りに捕らわれて相手に手を差し伸べる余裕のないときもある。完全に気の合った、欠点のない伴侶などいない。私たちは皆、つまずいたり相手の足を踏んだりしながら、愛することを学んでいくのだ。

傷つけた側はこれまで愛着のメッセージにきちんと耳を傾けたことがなく、自分が与えた苦痛にいま初めて気づいたのかもしれない。だが、たとえその出来事が過去に起きたのであっても、それが将来に及ぼす影響を変えることはできる。傷つけた側が自分の反応を相手に理解してもらうことは信頼を取り戻すうえで役に立つ。そして、相手の気持ちに寄り添い続ければ、相手はいままでとは違うやり方で痛みに対処できるようになる。

テッドは言う。「やっとわかってきた。以前何度かこの話をしたことがあるけど、癌と聞いて震え上がってしまったのだと言うことはできた。母のことを思い出してしまったから。でも、君の言うとおりだ。あの日、僕は、君がいちばん必要としていた支えを君の妹に与えてしまった……」。ベラはうなずいてすすり泣き、それを見た彼の声は優しくなる。「それは、君にとって耐えがたいことだったね」。彼女はまたうなずく。「僕のおびえよりもつらいことだったと思う。君が傷ついているのをわかっているのに、慰めてやれなかったし、いまもまだちゃんとできていない。どうしてだろう？　それは君に対する僕の思い込みのせいかもしれない。君はとても強い人だ。僕なんかよりも強い。本当にばかな話だと思うけれど、あのときは君の妹に手を差し伸べるほうが楽だったのだと思う。君を見るたびに僕自身の喪失感や無力感ばかりが見えてしまうから。君は僕にとってあまりにも大切な人だから」。ベラはちょっと考えてからためらいがちに微笑んだ。

三、傷つけられた側は「二度と心を許すまい」という考えを取り消しはじめる。この段階で夫婦は自分たちの「筋書き」を修正しはじめるのだと私は考える。ベラは防衛を解いて、自分の悲しみや寂しさ、絶望の深さをテッドに伝える。「あの出来事の翌日、私は、この事態はあなたにはきつすぎるのだと思った。私がこれを切り抜けられるかどうかはあなたにとって重要ではないのかもしれないと。そう思ったら急に、癌との闘いなんて無意味になってしまった。もう諦めてしまおうかと思った」。そう言いながら、テッドの顔を見つめる。彼も傷ついているようすで、こう返す。「そんなふうに感じてほしくないよ。諦めてしまおうかと思ったなんて、耐えられない。僕が慰めてやれなかったから諦めるなんて。ひどい話だ」。

四、傷つけた側は自分が相手にその傷を負わせたことを認め、後悔や反省の気持ちを表明する。これは形式張った防衛的なものであってはならない。冷たい口調で「そうですか、すみませんでしたね」などと言うのは後悔の念を表しておらず、相手の苦痛を切り捨てている。ここで相手に信じてもらいたいなら、相手が第三段階で打ち明けた苦痛にしっかり耳を傾けて深くかかわらなくてはならない。相手の苦しみは自分に衝撃を与えるのだということを示すのだ。テッドがベラに向かって話すとき、彼の声も表情も悲しみと後悔の念にあふれている。彼は言う。「僕は君をすっかり失望させたね？　支えになれなくて、本当にごめんね、ベラ。すっかり打ちのめされてしまって、君をひとりで敵と闘わせてしまった。それを認めるのはつらい。自分が妻をこんなふうに失望させる人間だとは思いたくない。でも、失望させてしまった。君が怒るのも無理はない。僕の支えがそんなに重要だとは思わなかった。でも、いまは、君をひどく傷つけてしまったことがわかる。どうすればいいかわからなくて、うろたえて何もできなかった。これからはもっとまともになれるように努力したい——君がそうさせてくれるなら」。

ベラは明らかにテッドの謝罪に心を動かされている。それはなぜだろう？　第一に、彼の態度から、彼がベラの苦しみを感じ取って案じていることがよくわかる。第二に、彼女の怒りや痛みは当然のものだと明言している。第三に、自分がひどい仕打ちをしたことを認めている。第四に、自分の行いを恥じている。その行いには自分自身も失望していると言っている。第五に、彼女の傷を癒すために、これからは支えになりたいと申し出ている。

これほど優れた謝罪はない！　私も自分の娘の気持ちをひどく傷つけてしまったことがあるが、テッドが一回の謝罪で伝えたメッセージの半分を伝えるのに三回もかかった。**テッドの謝罪は単なる悔恨の表明ではなく、新たな結びつきへの招待である。**

五、この段階で、愛着の傷を中心にした「私をギュッと抱きしめて」の会話に入ることができる。傷つけられた側はトラウマを終結させるために自分がいま何を必要としているか考える。そして、それを相手に伝える。つまり、元の出来事で相手がしたのとは違う反応をしてくれるように頼むのだ。そうすると、新たな絆の感覚が生まれ、その出来事によって引き起こされた孤立や分離の感覚が弱まる。「あのときは、あなたの慰めと支えが欲しかった。肌の触れ合いが欲しかった。いまもそれが欲しい」とベラはテッドに言う。「不安な気持ちや無力感が、まだあるの。癌が再発することを考えたり、あなたとのあいだに距離を感じたりすると、あなたに安心させてもらいたいと思うのよ」。テッドは答える。「僕はいつも君のそばにいて支えになるから、信じてほしい。できることは何でもする。人の気持ちを察するのはあまり得意ではないけれど、努力するよ。君に寂しい思いをさせたくないから」。これは立派な「接近・応答・関与の会話」である。

六、心の傷となった出来事がどのような経過をたどったかまとめる。それはどのようにして起き、信頼を蝕み、「悪魔の対話」に至ったかという流れを振り返って把握する。そこでいちばん大切なのは、二人がいっしょにトラウマに立ち向かってそれを癒しはじめた部分だ。この作業は、あたかもたくさんの糸から新しいタペストリーを編み上げるようなものだ。いま、夫婦は協力して傷を癒し、傷から学び、傷を防ぐ方法を話し合うことができる。たとえば、不倫のあとなら、その相手と接触があったらすぐ報告するとか、昼間電話して自分の居所を配偶者に伝えるというような合意に至るかもしれない。テッドはこの会話のなかで妻に言う。「おかしな話だけれど、君の妹は僕にとって君ほど大切ではないからこそ簡単に慰められたのだと思う。彼女とは深くかかわったり間違いを犯したりする心配がないから。それでも、あんなことがあったから、癌の再発におびえたときに君はもう僕のところへ来なかったのだね。僕たちの気持ちはどんどん離れていった。再びこの話をするのは君にとってどんなに勇気の要ることだったろう。以前、僕はこの話をきちんと受け止めなかったね? 君は火災警報を鳴らそうとしていたのに、僕は君が家を燃やそうとしているのだと思ってしまった。でもいま、このように気持ちを伝え合うことができて、いつまでも心の傷に捕られずにすんで、本当によかった」。こんどはベラがテッドに言う。「『私をギュッと抱きしめての時間よ、テッド』と旗を振って伝えてほしいとあなたが言ってくれたときは嬉しかったわ。あなたが波長の合わせ方を真剣に考えて、二度とあんなことが起きないようにしようと思っていることがわかったから」。

テッドとベラは以上の段階をスムーズに進んだ。だが、そんなにうまくいかないケースもある。「悪魔の対話」が慢性的になっていて信頼や安全のレベルが低下している場合は「傷つけられたことを許す」会話を何度か繰り返す必要がある。トラウマ性の出来事が複数ある場合もそうだ。だが、そういう場合でも、たいていは一つの傷が際立っている。そしてその傷が癒されると、他の傷も連鎖的に回復する。その一方で、特定の出来事――とくに不倫――は許しのプロセスを複雑にする。心を悩ませる点がたくさんあるからだ。それでも、際立った瞬間がたいていい一つある。フランシーヌとジョセフのケースを思い出してほしい。彼女が傷ついたのは不倫についての彼の話し方だった。不倫そのものは短期間だった。だが、長期にわたる不倫は厄介だ。意図的な長期の裏切りはパートナーへの信頼を根底から揺さぶり、慣れ親しんだ人だという感覚がなくなる。その結果、自分自身の現実もあやふやになり、何が真実なのかわからなくなる。子どもにだって「知らない人を信じてはいけない。何をされるかわからないから」と言うではないか。傷は許されることはあっても消えることはない。再生と結合の証しとして夫婦の愛着の変遷のなかに組込まれれば上出来なのである。

やってみよう

一、愛着の傷を癒すための第一歩はそれを認識し明言することです。あなたがパートナー以外の重要な他者に傷つけられた過去の出来事を思い出してください。それは右のような出来事かもしれないし、それほど深刻なものではなかったかもしれません。心が傷ついたきっかけは何でしたか？　それは相手の言葉でしたか、行為でしたか？　右の例でベラは、テッドが他の人を慰めても自分は慰めてくれなかったときだったと言います。あなたはその重要な他者についてどのような憂慮すべき結論に達しましたか？　たとえば、その人はあなたのことを大切に思っておらず、見捨てるかもしれないという考えに至りましたか？　傷つけられたとき、あなたは何を切望していましたか？　もしこの問いに答えにくければ、相手からの理想的な反応は何だったろうかと考えてみてください。

実際には、あなたはどのような防衛的動きをしましたか？　たとえば、話題を変えて部屋を出ていったとか、攻撃的になって説明を求めたとか。

次のように自問してみてください。私は支えてもらえていないと感じたか？　私の痛みや不安は一笑に付されたか？　私は見捨てられたと感じたか？　軽んじられたと感じたか？　突然その人物が危険の源、私を利用する者、裏切る者のように思われたか？

この過去の傷の感覚がつかめたら、それをパートナーに話しましょう。マーシーは自分が同性愛者だと気づいたので婚約を破棄したと母親に伝えたときのことをパートナーのエイミィに話します。「よく覚えているわ。母と私はキッチンにいたの。すごく怖かったから、小さな声で打ち明けたわ。振り向いた母の顔は石のように固かった。そして『そんな話は聞かなかったことにするわ。知りたくないから。あなたがどんなにばかげた人生を送ろうと知ったことではないわ』と言った。私はみぞおちを殴られたような気分だった。軽蔑され、差別されたと感じて、その場を離れた。それ以来、個人的なことはぜったい母に話さないことにしたわ。向こうも知りたがらなかった。私は壁を作った。本当は、受け入れて慰めてほしかった。でも、それは諦めたわ。その後、人に傷つけられたくないから、長いこと誰とも親しくならないようにしていた」。

二、たとえ小さなことについてでも、謝罪するのは自分にとってどんなに難しいか考えてみましょう。自分の謝罪能力を1～10の尺度でランク付けしてください。10は最も謝罪能力が高く、自分には盲点があって間違いを犯すことをすぐ認めるというレベルです。あなたは次の四つの謝り方のどれかをしたことがありますか？

・出口を探す四秒の謝罪。「ああ、それは悪かったね。夕食は何にしようか？」

・責任回避の謝罪。「私はそういうことをしたかもしれない。でもね……」
・強いられた謝罪。「私は……と言えばいいわけね」
・便宜的謝罪。「謝らないとことが進まないから謝るよ」

これらは形だけの謝罪で、小さな傷には有効な場合もありますが、相手が本章で問題にしているような心の傷を負っている場合は痛みを増幅するだけです。

三、自分が以前、愛する人を傷つけてしまったときのことを思い出せますか？　相手を支えたり慰めたりできず、相手に見捨てられ感を与えてしまったかもしれないときのことを。自分が相手にとって危険な存在にさえ見えたかもしれないときのことを。

それを相手に誠実に認める自分を想像できますか？　相手に何と言いますか？　その際に難しいのはどんな点でしょうか？　愛する人を傷つけてしまったことを認めるときには次のようなシンプルな言い回しがよく使われます。

・「私は何もできなくて、あなたを落胆させてしまった」
・「あなたがどんなに私を必要としているか、どんなに苦しんでいるか、わかっていなかった。自分の不安や苛立ちにとらわれて、途方に暮れて、黙り込んでしまった」
・「自分が間違ったことをしてしまうのではないかと不安で、何をすればいいかわからなかった」

ベラに対するテッドの謝罪には五つの要素があります。①彼女のつらい気持ちをしっかり受け止める。②つらく感じるのは当然だと伝える。③自分のむごい行為を素直に認める。④その行為を恥じる気持ちを伝える。⑤癒しの手助けをすると請け合う。このうちであなたにとっていちばん難しそうなのはどれですか？

あなたが傷つけたことを認めたら相手はどんな気持ちになると思いますか？　それはどんなふうに相手の助けになるでしょうか？

四、次に、現在のパートナーに傷つけられたときのことへ進みます。このエクササイズはひとりでしてもよいし、相手のまえでしてもよいです。難しそうなら、まずは比較的小さな最近の出来事を題材にしてください。そのあとで、もっと深刻な出来事を取り上げましょう。できるだけ具体的に説明しやすい出来事を選んでください。あいまいなものは扱いにくいからです。これまでにいろいろといやなことがあったかもしれませんが、そのなかで明確に心の傷を自覚した瞬間はありませんでしたか？　そのとき痛みの引き金となったのは何でしたか？　そのときの主要な感情は何でしたか？あなたは相手との関係についてどういう決断をくだし、自分を守るために何をしましたか？

「あれは私が新しい課目を取り始めたばかりでまったく自信のないときだった」とメアリーはジムに言います。「ある晩、夕食のあとで、勇気を出してあなたに聞いたわ。私がそれまでがんばってやってきたことについてどう思うかと。よくやっていると言ってほしかったし、大丈夫だと励ましてほしかったの。でも、あなたは私の話なんか聞こえないかのように知らん顔をしていて、私はないがしろにされたような気がした。でも、どんなに悲しいか、どんなにあなたの励ましがほしいかは言わないでおいた。そして、ひとりで自分の夢を追いかけることにした。いまでも、私の人生のその部分はあなたから切り離して考えるようにしているわ」。

五、そのときあなたはパートナーに何を望み、その望みがかなえられずにどんな気持ちだったかを言葉にしてみましょう。また、いま思い切ってそれを言葉にするのはどんな気持ちかも伝えましょう。ただし、相手を非難してはいけません。非難は会話の妨害になるだけです。聴くほうのパートナーは、相手の心の痛みに耳を傾け、自分のなかでどんな反応が起きているか伝えましょう。たいていの場合、愛する人が自分を求めているのを聴くと、優しい気持ちで応えたくなるものです。

六、あなたが相手を傷つけた側なら、そのときなぜそういう反応をしたのかわかってもらえるかどうか考えてみましょう。なぜそういう反応になったのか気づくためには、自分の心を深く掘り下げる必要があるかもしれません。これは自分の行動を相手にとって予測しやすいものにするための措置だと思ってください。相手には安心して本当の気持ちを打ち明けてもらいたいものです。相手がそうしてくれれば愛着欲求の観点からその出来事の意味することがわかるでしょう。

七、傷つけた側として、あなたはいま相手の体験を理解し、どんなに相手を苦しめたか認め、思い切って謝ることができますか？　それは容易なことではありません。自分の行動に失望していると認めるのは勇気が要ります。自分は無神経で思いやりがなかったと自認するのは屈辱的です。もしかしたら、人が謝罪できるのは相手の痛みや不安によって心を動かされたときだけかもしれません。心から謝ることができたら、それは愛する人への大きな贈り物となるでしょう。

八、傷つけられた側として、あなたはその謝罪を受け入れられますか？　もし受け入れられれば、二人は新しい基盤のうえに立つことになります。再び信頼が育ちはじめます。この先また傷がうずいても、相手がきちんと応えてくれることがわかっているので安心です。元の出来事で紛失してしまった愛を与えてもらえるのです。

九、最後に、二人でこの会話を振り返り、そのつらい出来事がどのような経過をたどったかまとめましょう。それは二人の関係にどういう影響を与え、二人はどのように信頼を回復し、そういうことが再び起きないようにどんな心づもりでいるか話し合いましょう。

もしあなたがここに書かれたことなどとうていできないと思うなら、許しの会話はどんなに難しいかパートナーに伝えるだけでもよいでしょう。あるいは、癒しを必要とする傷があることを認め、もし右のような段階を踏んで会話が進んだら自分はどう思うかを短い文章にして相手に見せるだけでもよいでしょう。

愛着の傷を理解し、必要なら許しを与えられるのだとわかれば、回復力に富む持続的な絆を生み出す力を得たことになる。ぜったいに傷つかない関係などないのだ。だが、相手の足を踏んでも元の状態に戻れることを知っていれば、もっと情熱的に華やかに踊ることができる。

Conversation 6: Bonding Through Sex and Touch

第六の会話　身体接触による絆

「完ぺきな恋人を探して時間を無駄にしている。
完ぺきな愛を作り出せばいいのに」
――トム・ロビンズ

恋愛関係の初期には情熱が簡単に湧いてくる。あらゆる言葉や眼差し、肌の触れ合いが性欲をかき立てる。自然はそうやって二人を引き寄せるのだ。だが、最初の魅惑的な欲望急増のあと、夫婦関係におけるセックスの位置づけはどうなるか？　二人を関係へと引き込む以外に、二人を結びつけておく、すなわち永続的な関係を築くうえでも助けになるのだろうか？　答えは断然イエスである。実際、良いセックスは強力な絆を生み出す。最初ののぼせ上りは前菜に過ぎない。長期の関係における愛に満ちたセックスこそが主菜なのだ。

しかし、一般的にはセックスはこのようにとらえられてはいない。色情は持続する力というよりも束の間の興奮だと考えられている。恋愛の初期に燃え上がった性的な炎は、二人の関係と同様、いったん満たされると必然的に弱まり、退屈な友情になってしまうのだといわれる。

さらには、セックスそのものを目的とみなす考え方もある。できれば大きなオーガズムを伴って欲望を満たすことがゴールなのだ。だから体位やテクニック、玩具などを使って身体的な喜びを高めようとする。こうなると、セックスは刹那の身体的満足をもたらすだけのものとなる。

だが、実際には、満ち足りた性行為は安定した絆につながる。この二つは互いを呼び起こし、互いを高めるのだ。心の結びつきは素晴らしいセックスを生み出し、素晴らしいセックスは深い情緒的結びつきを生み出すのだ。夫婦に接近・応答・関与の心があれば、セックスは親密な遊び、安全な冒険となる。安定した夫婦は自由に安心してお互いの腕のなかで興奮に身をゆだね、性的欲求を満たし、最も深い喜びや切望、脆弱性を分かち合う。こうして性行為は真に愛の行為となる。

しかし、夫婦関係を維持するうえでセックスはどれほど重要なのだろうか？　良いセックスは幸せな夫婦関係の一部ではあるが、それに勝るものではないことが判明している。ワシントンDCにあるアメリカン大学の性教育専門家バリー＆エミリー・マッカーシーがその分野の調査研究を行った。その結果、幸せな夫婦は自分たちの幸せの一五〜二〇パーセントのみが良い性生活のおかげだとしているのに対し、不幸な夫婦は自分たちの悩みの五〇〜七〇パーセントが性的な問題のせいだとしていることがわかった。満足している夫婦にとってセックスは多くの喜びの一つにすぎないが、悩める夫婦はセックスこそがトラブルの原因なのだと考えることが多いのだ。

なぜ悩める夫婦にとってセックスはそんなにも大きな問題なのだろうか？　それは、夫婦関係がつまずくと最初にそこに影響が表れるからだ。だが、それが本当の問題なのではない。性的な問題は「鉱山のカナリア」のようなものだ。本当に起きていることは夫婦の結びつきが弱まっていること、つまり夫婦が互いに対して安全を感じられなくなっていることなのだ。そのせいで性欲が減退し、セックスが減少して傷つけられた気持ちが増大し、さらに情緒的結びつきが薄くなるという悪循環が生じる。要するに、安全な結びつきがなければ性の喜びはないということなのだ。

それは理解に難くない。ハリー・ハーロウがその著書『愛のなりたち』で述べているように、霊長類は一対一の性交のために他の動物たちから離れ、そのあいだは「身体のなかで最も傷つきやすい表面をすっかり相手にさらしてしまわなければならない」。人間は警戒したり恐れたりしながら性的に興奮するようにはできていないのだ。

ベッドの外だけでなくベッドのなかでの関係も情緒的な結びつきによって決まる。どれだけ快く相手に親密さを感じられるか、どれだけ安全に相手を求められるかによってセックスの目標が違ってくる。私はセックスには三つの種類があると考え、それらを「セックスのためのセックス」「慰めのセックス」「共鳴するセックス」と呼ぶ。

セックスのためのセックス

このタイプのセックスの目標は性的緊張の緩和、オーガズムの達成、そして自分の性的手腕に満足することである。これは、人を信じられない、心を開きたくない、あるいはパートナーに安全を感じられない人に見られる。いちばん大事なのは性的興奮や腕前であって、相手との絆は二の次だ。このような非人間的なセックスは恋愛や夫婦関係においては有害だ。パートナーは人として尊重されていると感じられない。

恋人のカイルといっしょに相談に来たマリーは私に言う。「私はダッチワイフみたいなものです。私たちのセックスは空っぽです。私はどこまでもひとりぼっちです」。「そうかもしれない」とカイルが同意する。「でも、以前はベッドのなかでもっと親密だった。喧嘩するようになってから諦めたんだ。感情を排除すればセックスは機械的なものになる。君を『女』としてだけ見るほうが安全なんだ。少なくともセックスはうまくやれる。親しくなるほうがむずかしい。君を『マリー』として見て僕たちの問題のことを考えたら、気が動転してしまう。だからセックスのことだけ考える。そのほうが気分がいい――少なくともちょっとのあいだは」。

カイルは親しくなる方法がわからないために心を閉ざしている。だが、過去の恋人に裏切られたなどの理由で情緒的距離をおくことを選んだり、それが癖になったりしている人もいる。そういう人は性的興奮とオーガズムだけが目的のセックスを好む。一晩だけの短い出会いに終わることも多い。ミネソタ大学の心理学者ジェフ・シンプソンらの研究によると、この種のセックスでは相互の触れ合いやキスのような情緒的かかわりを招く行為は控えられる。異常な性的行為者と考えられるポルノスターのジョン・ジェレミーは倦怠を緩和するための夫婦交換を提唱するが、「ぜったいに相手を可愛がらないこと」というルールを課している。真のエロチシズムにつながる情緒的な扉は閉ざされているのだ。だが、何と言っても、行為優先の代表者はジェームズ・ボンドだろう。四十年ものあいだ、潜在的な敵で信頼のおけない大勢の女性たちを相手にしてきたのだから。一度だけ情緒的にも関与したことがあるが、都合よく、彼女は結婚式の日に殺されてしまう。

「セックスのためのセックス」をするのは男性が多いようだ。それは性的衝動に火をつけるホルモン、テストステロンのせいかもしれないし、社会的な条件付けのせいかもしれない。男性は感情を出し過ぎるのは弱虫だと子どものときから教えられる。どこで線を引けばよいのかわからないため、感情をすべて避けてしまう場合もある。また、この種のセックスは男性の脳の作りのせいもあるかもしれない。「男は電子レンジ、女はスロークッカー（とろ火で長時間煮る鍋）」と言ったのは誰だったろう？　男性は最小限のコミュニケーションであっという間に性的興奮からオーガズムに至ることが可能だ。だが、女性は興奮するのに時間がかかり、単純な身体感覚に集中し続けるのが男性ほど簡単ではない。パートナーに動きや反応を合わせてもらわなければならない。つまり、良いセックスのためには心のつながりやコミュニケーションが必要なのだ。

しかし、情緒的なかかわりのないセックスは男性にとっても女性にとっても奥行きのない貧しいものとなる。カンザス大学の心理学者オムリ・ギラースの研究によると、情緒的にかかわらない若い人は恋人の数が多いが、情緒的にかかわる人ほどセックスをエンジョイしていない。「セックスのためのセックス」では興奮はあっても情熱は長続きしない。だから興奮を持続させるために新しい相手やテクニックが必要となる。より多くの刺激を得ることが何よりも重要なのだ。

慰めのセックス

「慰めのセックス」は自分が相手に価値を認められ求められていることを確かめるためのセックスで、性行為そのものはおまけのようなものだ。目的は愛着不安を軽減することなのだ。「セックスのためのセックス」より情緒的関与は多いが、このダンスを主導するのは不安という感情だ。ギラースの研究によれば、不安で人に頼りたい気持ちが強ければ強いほど性交より愛撫を好む傾向が強くなる。マンディーは私に言う。「フランクとのセックスはいやではありません。でも、本当のことを言うと、ただ優しく抱きしめてほしいのです。何よりも安心感が欲しい。セックスはテストみたいなもので、彼が私を求めてくれれば安心します。でも、もし彼が性的に興奮しないと、私のせいのような気がして不安になります」。セックスが抗不安薬になってしまうと、真にエロチックにはなりえない。

「慰めのセックス」はしばらくのあいだは関係を安定させておくことができるかもしれないが、むき出しの箇所や負の連鎖を助長する可能性もある。互いを求めるという分野で少しでも食い違いが生じると、即座に傷つけられたという感情が湧いてくるからだ。相手を喜ばせるために演技しすぎたり催促がましくなりすぎたりして性欲を消してしまうこともある。身体的な親密さが愛着不安を抑えるためだけのものになると、かえって心が離れてしまう。

コーリーは妻のアマンダに言う。「たくさんセックスして何が悪い？　朝と晩にセックスする夫婦はいっぱいいるし、そのたびに二、三回オーガズムに達する女性だっている」。アマンダはうんざりした顔をする。コーリーはそれを見て横を向く。悲しそうな敗北の表情を浮かべている。「そうだね。結局は、セックスじゃないんだよね」と彼は言う。「君が僕を愛してくれていると確信できるのはセックスしているときだけなんだ。僕が君を興奮させて、君が身体で応えてくれると、安心するんだ。それでつい、求めすぎてしまう。でも、こちらが求めれば求めるほど、君はいやがる。本当のことを言うと、君を失うのが怖いんだ。去年別れ話が出てからずっと不安で。だから、セックスは僕の安心毛布みたいなものなんだ」。アマンダは椅子を寄せて彼の身体に腕を回す。コーリーは少しのあいだじっとしている。それから不思議そうに言う。「僕を抱いているね。僕のことを大切に思ってくれているの？」。アマンダは彼の頬にキスする。コーリーが肌の触れ合いや抱擁の心地よさを求めてもよいのだとわかると、二人の関係も性生活も良いほうへと変化した。

「慰めのセックス」は基本的な結びつきを欠いて「悪魔の対話」に陥っている夫婦に見られることも多い。「僕たちが仲よくなれたのはセックスのときだけでした」とアレックは嘆く。十年に及ぶナンとの結婚生活が破綻しかけているのだ。「でも、いまはもう妻はセックスもしたがりません。いつも拒絶されて、ときどきすごく腹が立ちます。僕と愛し合う気がないのだと思うたびに、心が傷つきます。彼女は僕が催促がましいのがいやだといって、別の部屋で寝ています。実は、セックスどころか、僕たちはもうお互いの身体に触ることさえありません」。

夫婦のあいだで日常的な思いやりの行為がなくなったと聞くと、私は少し気がかりになる。セックスがなくなったと聞くと、心配になる。だが、お互いの身体に触れることがないとなると、本当に困った状態になっていると思う。

成人に備わっているおよそ一・六七平方メートルの皮膚は人間の最大の感覚器官だ。皮膚を優しくなでることとそれが呼び起こす感情は、たいていの人にとって愛情関係への王道である。愛撫は基本的な二つの欲動――性欲と特別な他者に認められたいという欲求――を一つにする。人類学者の故アシュレ・モンターギュが著書『触れ合い』で述べたように、肌と肌の接触は性の言語であると同時に愛着の言語でもある。それは性的な興奮を引き起こすと同時に心の落ち着きと安定をもたらす。

人は生まれた瞬間から臨終の日までスキンシップを必要とする、とマサチューセッツ大学の発達心理学者ティファニー・フィールドは述べ、北米人は世界でも身体接触の少ない部類で「スキンシップに飢えている」と主張する。子どものときにたっぷり抱いて可愛がってやらないと、脳の成長が遅れ、人間関係をうまく維持する能力が育たない。

男性はとくにスキンシップに飢えているかもしれない。生まれたときから男児は女児より抱っこされる期間が短く、愛撫される頻度が低いとフィールドは指摘する。大人の男性は女性ほど愛撫に反応しないが、私の見るところでは、男性も女性と同じようにそれを渇望している。男性が抱いてほしいと頼まないのは社会的な条件付け（ベタベタするのは男らしくない）のせいかもしれないし、スキル不足（頼み方がわからない）のせいかもしれない。男性はセックスに執着しすぎると女性クライエントが文句を言うとき、私はいつもそのことを考える。「私だってそうでしょう」と私は言う。「触られたり抱かれたりするのが、フットボールの試合以外では、セックスのときだけだったらね」。

「マージョリーのほうからもっと僕に触れてほしいんです」とテリーは言う。「自分は望まれているのだと実感したい。性的な意味だけではなく。それ以上のことなんです」。「いいえ、あなたはセックスしたいだけだわ」とマージョリーが言い返す。「僕は触れ合いといえばそれしか知らないからかもしれない」と彼は言う。だが、心の結びつきと身体の結びつきを求める愛着欲求をすべて寝室で満たすことはできない。そんなことをしようとすると、性生活は欲求の重さで押しつぶされてしまう。

良いセックスは「接近・応答・関与の会話」と優しい愛撫を通してつながる安定した関係から生まれる。セックスセラピストたちでさえ健全な性的関係の基本は「強要されない性的戯れ」であると認めている。そこで、私は数週間性交を控えるようクライエントに勧めることがよくある。性交が禁止されると、不安になったり落胆したりせずに両者が触れ合いのあらゆる感覚を堪能することができる。優しく愛撫してほしいと頼むことに慣れてくれれば夫婦の絆が深まる。そして、お互いの身体をよく知り、どうすれば相手が喜ぶのかわかると、「あなたのためだけの、あなたといっしょのときだけの」貴重な結びつきが生まれる。

共鳴するセックス

「共鳴するセックス」では心の交流と優しい愛撫とエロチックな探求がすべていっしょに起こる。これこそがセックスのあるべき姿だ。心を満足させ、性欲を満たし、二人を結びつける。安定した情緒的結合があれば、身体的な親密さは初期のあらゆる情熱や創造性とそれ以上のものを維持できる。恋人たちはあるときは優しくじゃれ合い、あるときは激しくエロチックに燃え上がる。あるときはオーガズムを得ることに集中し、またあるときは詩人レナード・コーエンが「何千ものキスの深さ」と呼ぶ場所へ穏やかにただよっていく。

私は第四の会話で初めて「共鳴」という言葉を用い、情緒的調和を説明した。ここではそれを拡大して身体的調和にも適用する。コーネル医科大学の心理学者ダン・スターンも恋人同士が調和している状態を指すのにこの用語を使う。母親と赤ん坊の波長が合っているのと同じように、恋人同士は互いの内的状態や意図を感じとって互いの興奮の変化に反応する。赤ん坊は目を見開き、キャッキャッと笑う。母親は優しくささやき返し、赤ん坊の嬉しそうな声に合わせて自分の声の高さを決める。恋人が顔の向きを変えてため息をつくと、もう一方は微笑んで、そのため息のリズムに合わせて相手の脇腹をなでる。「暗黙の深い調和の感覚」を与えるこの同時性は、情緒的、身体的、そして性的な結びつきの本質である。情緒的な安全が身体的な同時性をもたらし、身体的な同時性が情緒的な安全をもたらす。

寝室の外での応答性は寝室のなかへと続いていく。安定した絆があれば、拒絶されることを恐れずに性的な弱点や欲求を伝えることができる。どういうわけか自分は性の相手として不合格なのではないかという不安は誰にでもある。「この顔を見てください」とキャリーは言う。「そばかすだらけでひどいでしょ。そばかすだらけのモデルさんなんていませんよね。本当にいやだわ。そのことを考えると、明かりを消したくなるんです」。夫のアンディは微笑んで「そんなことで悩むことないよ」と優しく言う。「僕は君のそばかすが好きだよ。それも君の一部だから。僕は君といっしょにいたいんだよ。モデルの女性なんかじゃなくて。僕は水玉模様が好きで、見るとワクワクするんだ。君が僕みたいな禿げ頭の男をセクシーだと思うのと同じさ。そう思うんだよね？」。キャリーはにっこり笑って同意する。

安定した愛のあるカップルはリラックスし、ありのままに性の喜びに没頭することができる。何が自分をその気にさせるかさせないかも、恥ずかしがったり気を悪くしたりせずに言える。ネバダ大学の心理学者デボラ・デイヴィスとコーネル大学のシンディ・ハザンの研究によると、しっかりした愛着で結ばれた夫婦は自分の欲求や好みを率直に伝えることができ、相手との性的な試みにも前向きであるという。映画などでは、恋人たちはベッドのなかですることについていちいち話したりせず自然にことが運ぶ。しかし、何でも話せるほどの安心感がないままセックスしようとするのは管制塔からの補助なしでジャンボジェットを着陸させようとするようなものだ。

エリザベスは結婚して二十五年になる夫のジェフが高級娼婦に「教育される」というお気に入りの空想を語った夜のことを楽しそうに話す。突然声を低くしてフランス語のアクセントでしゃべり、洗練された夜の女を一時間演じて夫を魅了したのだという。「あのとき、あなたはとても素敵だったわ。あんなふうになれるなんて知らなかった」とエリザベスはジェフに言う。ジェフはプッとふき出す。「僕も君があんなふうになれるとは知らなかったよ。いつもとぜんぜん違っていた。恥ずかしがり屋の可愛い奥さんはどこへ行ってしまったんだろうと思った」。エリザベスは笑い、それから言う。「二人で何をしようと、そのあとであなたが私のことをとても大切だというふうに抱きしめてくれるのが何よりも嬉しい。私にとってはそれがいちばん大事な部分だわ」。

安定した絆のある夫婦なら、映画では披露されないけれども日常の性生活ではありがちな問題を協力して克服することができる。ときどき勃起不全になるフランクはそのことを「チャーリーの昼寝」と恥ずかしそうに言うが、その彼が妻との最近のセックスについて話している。「初めにシルヴィが僕の体重のことで何か言ったので僕が膨れっ面をしたのです。でも、すぐ気づいて抱きしめてくれたので、元気になりました。ところが、決定的な瞬間にうちの十八歳の息子が帰ってきて、まあ、何と言うか、チャーリーが居眠りをはじめたんです。シルヴィは二人で読んだ本のことを思い出させてくれました。そこには、四十分の性行為で多くの男性はちょっとのあいだ勃起を失うが、パニックにならなければ元に戻ると書いてありました。僕たちはチャーリーのことを笑って、身を寄せ合っていました。それから、いつも使うクリームがなくなったので、シルヴィが探しまわって見つけました」。シルヴィはもう抑えきれずにクスクス笑っている。「ついに」

とフランクが続ける。「すべてが元通りになると、僕はあわててキャンドルをひっくり返してしまいました。そうしたらカーテンから煙が出てきたんです！」。彼は妻に向かってニヤッと笑い、「熱いデートだよね」と洒落を言う。こんどはシルヴィが話を引き継ぎ、セックスは諦めて温かいココアを作ることにしたと言う。「ところが」と言って彼女はまたクスクス笑う。「フランクが何かエッチなことを言って、結局最後までできたんです」。彼女は両腕を上げて首をかしげ、マリリン・モンローのようなポーズをとる。

このような話を聞くと、私はとても嬉しくなる。これは、結婚後何十年たってものびのびとした楽しい性的出会いがあり、相手についての驚くべき発見があることを示している。人は何度でも恋に落ちることができるのだ。エロチシズムとは本質的に遊びであり「こだわりを捨てて」感覚に身をゆだねられるという能力のことなのだ。そのために安心感が必要なのは言うまでもない。

安定した関係では、恋愛初期ののぼせ上った状態を復活させようとしても心の高揚は得られない。心の高揚は、身体的および情緒的結合のそのときどきに思い切って自分をさらけ出すことによってもたらされる。そういう率直さがあれば、パートナーとの性行為はいつも新しい冒険となる。「倦怠」と闘うために果てしなく目新しさを追求するよりも「実行し、心を寄り添わせること」こそが満たされたセックスへの王道なのだと私はクライエントたちに言う。シカゴ大学のエドワード・ローマンによる最近の調査では何年も共に暮らして信頼関係を築き上げた夫婦のほうが未婚の人たちよりセックスの頻度も満足度も高いことがわかったが、それは驚くにあたらない。

征服と心酔が旗印の新鮮な関係にしか性の喜びはないと専門家たちが言うとき、私は長く連れ添った知り合いの熟年夫婦がどんなふうにアルゼンチンタンゴを踊るかを思い出す。その夫婦は完全に心が通い合っているのだ。二人の動きは痛いほど意図的で、それでいて茶目っ気があり、驚くほどエロチックだ。ぴったりと息が合っているため、流動的で即興のダンスであるにもかかわらず決してステップやターンを間違えない。二人は一つになって動くのだ——優雅に、直感的に。

性の問題を解決する

北米で報告される最も一般的な性の問題は女性の性欲減退と男性の早漏や勃起不全である。これは驚くにあたらない。うまくいっていない夫婦はたいていい「悪魔の対話」にはまっているからだ。これにはまると、女性は孤独や分断の感覚に襲われ、「慰めのセックス」を求めるかセックスを拒むかどちらかになる。男性は不安になり、「セックスのためのセックス」へと進んだり性的困難に陥ったりする。だが、夫婦が安定した結びつきを取り戻せば、性生活は自然にあるいは二人の協力によって改善する。喜びや親密さを分かち合えばオキシトシンがあふれて、それが夫婦関係をさらに良くする。

夫のヘンリーに対して安心感がもてるようになったエレンは、彼とのセックスでオーガズムを得られないことをようやく打ち明けることができた。何年もそのふりをしてきたのだ。だが、ヘンリーはそれを聞いて気分を害したり不安になったりはしない。妻の心を慰め、支える。また、文献を調べて、女性の約七〇パーセントは性交だけではオーガズムを得られないという情報を伝えてエレンを安心させる。二人は「エレンのためのオーガズムプロジェクト」を立ち上げて、三つのエロチックな戦略を考え出した。

ある特定の夫婦関係でセックスと絆がどのように絡み合うのか考えてみよう。情熱は不変のものではない。季節や健康、出来事、その他さまざまな理由で性欲は増大したり減少したりする。しかし、こういう変動は神経に障るもので、もし率直に話すことができなければ、相手との関係はすぐ悪くなる。多くの夫婦は性交の頻度が低くても耐えられるが、自分が相手に望まれていないという感覚には耐えられない。比較的安定した夫婦であってもそうだ。ローラとビルの場合もそうだった。

この夫婦が私のところへ来たのは妻のローラが失業によるうつ病から回復した直後のことだった。再発の予防には良好な夫婦関係が必要だと考えた主治医は、何か問題があるらしいこの夫婦に私の相談室を紹介したのだ。ローラは心配事を説明する。「夫婦仲は悪くありません」と彼女は言う。「以前のビルはいつもエッチな気分で、すぐ触ってきました。でも、こちらが『いや』と言えばやめてくれました。そういうときはただ抱き合ってふざけたりして、心はつながっていました。でも、ここ二、三年は、彼のほうから近づいてこないのです。私が誘わなければ始まらないというのは、すごく傷つきます。結婚して二十年になりますが、私が年をとって、性的魅力が薄れたということかしら？　いつのまにか、彼が眠ってからベッドに入るようになりました。いやな思いをしたくないからです。気持ちがずいぶん離れてしまったみたいです」。ビルは答える。「もう昔のような性欲はない。このごろは仕事が忙しくて疲れているし――それは君も知っているよね。でも、セックスは好きだし、君はとてもセクシーな女性だよ。だから、何も問題はないと思う――君が気を悪くしていることを除けば」。

こういうときこそ「接近・応答・関与の会話」ができるかどうかが物を言う。問題は、ローラが自分の心の痛みをごまかさずにビルの反応を求めることができるか、そしてビルが彼女の抗議を聞いてきちんと反応できるか、ということだ。「おっしゃるように」とローラが私に言う。「夫婦喧嘩のときは私が強く出て彼はふさぎ込むという感じになりますが、話し合って仲直りすることはできます。だから夫婦仲は良いほうだと思うのです。でも、セックスについては話しにくい。話し合ったことはありますが、しばらくのあいだは良くなっても、また元に戻ってしまうのです」。この夫婦はすでに負の連鎖に気づけているので、私は性生活についても他の問題と同じように話してみるよう勧める。

どのくらいの頻度を期待するかと尋ねると、ビルは二週間に一度くらいセックスしたいと言う。ローラは十日に一度がいいと言い、私たちは笑う。これで問題は急に縮小したように見えるが、もう少し焦点をしぼってみる。ビルが気になるのは、ローラが少し苛立っていてよそよそしい感じのすることだと言う。「夜、こっちへ来て抱き合おうと言っても来てくれないことが多くて寂しいです」と彼は言う。「改めて考えると、とても寂しい」。ローラは目に涙を溜めて言う。「抱き合ってから、セックスになるのかなと思って、結局失望させられるのがいやなのです。しかも、そんなこと、とうてい口にはできません。何か不満なのかと聞かれて私が『べつに』と答えると、それで会話は終わってしまう」。私はローラの予期不安と自己防衛のための回避行動を認める。このように性生活の変化について話せないから夫婦仲がぎくしゃくしてお互いに傷つくのだということで私たちは同意する。

そこで、どんなふうに傷つくのかもう少し話してもらうことにする。ローラはしばらくためらってから、つらい気持ちを絞り出すように語る。「あなたが私をもう女として見ていないのではないかという不安もある。単なる女房。しわが増えたし、以前より太ったし。もう魅力がないのかもしれないと思うと怖くなる。ハグだって友だちのようにしかしてくれない。以前は熱心に注目してくれて、とても嬉しかった。あなたの心がとても近く感じられた」。

ビルは一生懸命耳を傾けていて、それから尋ねる。「それが問題の核心なの？　拒絶されたように感じることや、僕が君をもうセクシーだと思わないのではないかということが？」。ローラはため息をつき、すすり泣き、うなずく。「そうね、たまにセックスするとなんとなく緊張してしまう。求められているという感じはするけれど、それも少しのあいだだけ。働き過ぎで疲れているのは知っているけれど、あなたはセックスなんてしてもしなくてもいいと思っているような気がする。大切なことではないのよね。私のほうから誘わなければ、徐々になくなっていくだろうと思うことがある。それでも、あなたはきっとそのままにしておくでしょう。そう考えると腹が立ってくるのよ。それで、『いいわ、私からは始めない。勝手にすればいいわ』と思うの。でも、やっぱり心が痛むの」。彼女は自分の胸を触る。ビルは腕を伸ばして彼女の手をとる。

私は彼女に尋ねる。「そういうことなの、ローラ？　心の痛みというのは悲しみや怒り、不安にまつわるものです。セックスはビルにとってそんなに大切ではないとあなたは感じている。それがあなたのいちばん言いたいことですか？　もっとありますか？」。彼女はうなずき、続ける。「もしこちらから誘わなければ、そういういろんな感情から逃れられません。もしこちらから誘えば……」。声が徐々に消えていき、彼女は唇を結ぶ。「本当に言いにくいことなんです。そんなに難しいはずはないのだけれど。夫婦仲が悪いわけではないし、私は強い人間だから。でも、自分から誘いをかけるのは本当に怖いことなんです。崖から飛び降りるみたいに。以前はそんなことをする必要はなかった。でもいま、あなたが優しく微笑んで疲れているからと言って、向こうを向いて寝てしまうと、死ぬほどつらい。うわべでは何でもないようなふりをするけれど、本当に苦痛なんです」。ビルは「知らなかった」とつぶやく。

「そういう気持ちから出てくる欲求は何ですか？　ビルに何を求めますか？」と私はローラに尋ねる。彼女はビルに言う。「私たちのセックスをもっと大事にしてほしいのだと思う。まだ私を求めていると言ってほしい。そのための時間をとって、ときにはそれを他のことよりも優先してほしい。以前と同じように、まだ私の恋人なのだと思わせてほしい」。ビルは一生懸命応じる。このところすっかり燃え尽きて「夢遊病者のようになって」いたのだと急いで言う。彼女を愛していて、日中彼女のことを考えて彼女が欲しくなることもあると。「しかし、セックスに誘うのが君にとってそんなに大変なことだとは知らなかった。本当に申し訳ない」と彼は言う。「もし僕のほうから誘って疲労のために勃起できなかったらどうしようと思うので、自信のないときは引き下がるんだよ」。二人は笑って、そういうことが過去に二、三回あったことを思い出し、最後にはたっぷり愛を込めて少しエロチックに抱き合った。

この会話でビルとローラの性生活は心の結びつきとじゃれ合いという安全圏に戻った。しかし、この会話には警鐘としての役割もあった。そこで、私は性交が起こりそうにない場合の官能的なシナリオを考えておいたらどうかと提案した。ビルはローラがそれを考えるのを助け、もっと頻繁に愛し合おうと言いはじめた。また、彼女から誘ってきたときは思い切って誘ってくれたことに感謝すると伝えた。そして、彼のほうも彼女に求められていることを知りたいし、セックスを避けないでほしいと言った。それから、彼女を愛し求めていると繰り返した。

ビルとローラは自分たちの性行為そのものにももっと注意を払いはじめた。部屋はきれいに掃除してときどき模様替えする必要があるが、寝室も例外ではない。二人はエロチックな本を何冊かいっしょに読み、どうしたらお互いがその気になってもっと満足のいくセックスができるかを何年ぶりかで話し合った。こうして性生活も夫婦関係も改善したと報告してくれた。

ビルとローラの最後のセッションでも言ったが、性のテクニックなどは飾りに過ぎず、本当の喜びではない。最高のセックスマニュアルは、親密さを生み出せること、互いに波長を合わせられること、そして情緒的共鳴のなかで動けることであり、それを彼らは手に入れたのだ。

やってみよう

ひとりで

あなたが自分の性生活について考えるきっかけとなったコメントや記述がこの章のなかにありましたか？　それを読んでどんな感覚が湧いてきましたか？　書いてみましょう。それは身体感覚かもしれないし、怒りのような明確な感情かもしれませんが、あなたの性生活について何を物語っていますか？

ベッドのなかで、パートナーに対して安心感を抱けますか？　安心感を抱かせてくれるのは何ですか？

あなたが安心を感じられないとき、パートナーはどのように手助けできるでしょうか？

あなたの通常のセックススタイルは「セックスのための」「慰めの」「共鳴する」のうちどれですか？　どのような夫婦関係でも、この三つのタイプが起こるときはあります。でも、もし「セックスのための」や「慰めの」セックスにいつもなってしまうなら、それは夫婦関係における安全の感覚について何かを告げています。

あなたにとってベッドのなかで最も大切なことを四つ挙げてください。答えは注意深く考えて出してください。最初に考えついたものではない場合もあるからです。「セックスのあとで優しく抱かれて愛撫されるのがいちばん好きだけれど、それを相手に伝えたことはない」という話を私はよく聞きます。

あなたはパートナーとのあいだに十分な抱擁やタッチがあると思いますか？　ちょっと撫でるだけでも絆や慰め、欲求を表現することができます。あなたはどんなときにもっと抱かれたいとか触れられたいと思いますか？

もしあなたが自分の名前をカッコ内に入れて『（　　）の恋人のための手引き』を書くとしたら、どんな内容になるでしょうか？　基本的には次の問いに対する答えが含まれるでしょう。あなたが情緒的および身体的にセックスを受け入れるうえで助けとなるのは何か？　セックスのまえや最中に最も興奮させてくれるのは何か？　前戯や性交がどのくらい長く続くことを望むか？　好みの体位は何か？　速いセックスとゆっくりのセックスではどちらが好きか？　最も深い性的関与へと導いてくれる最も刺激的なやり方は何か？　そして、あなたはそれを相手に頼むことができるか？

あなたにとってセックスの最もすばらしい点は何ですか？（それはオーガズムではないかもしれないし、性交ですらないかもしれません）。セックスの最中に不安や不快を感じるのはどういうときですか？　パートナーに最も親密さを覚えるのはどういうときですか？

こういったことをパートナーと話せたらすばらしいけれど、もし話せないなら、この種の情報を分かち合うのがどんなにむずかしいかという会話から始めるとよいでしょう。

パートナーといっしょに

あなたがたはセックスが本当にすばらしいと思う割合について同意できますか？　調査では、一五～二〇パーセントの性行為は少なくとも夫婦の一方にとって基本的に失敗であると報告しています。セックスが身体的にうまくいかない場合、どういうことができるとよいと思いますか？　セックスで心が満たされないときはどうしますか？　そういうとき、相手にはどうしてほしいですか？　映画のシナリオを考えるような感覚でいっしょに考えてみましょう。

それは「完ぺきなセックス」という題の映画で、こんなふうに始まります。

もし私がベッドの中で完ぺきなら、私は［　　　］する、またはできるでしょう。そうしたら、あなたはもっと［　　　］と感じるでしょう。

空白に入れる言葉を少なくとも四つ提示してください。それから、相手がベッドの中および外でどういう態度をとってくれれば性的に完ぺきかをお互いに伝え合いましょう。

夫婦のセックスで本当に満足できたときのことを思い出せますか？　そのときのことをできるだけ詳しく

相手に話しましょう。また、相手の話から何を学んだか伝え合いましょう。

セックスの優れた点は何か考えてみましょう。単なる楽しみ、親密になる方法、身体的解放、ストレス発散、現実逃避、エロチックな冒険、優しい結びつきの場、情熱の爆発でしょうか？　こういったことをパートナーと体験する際に安全を感じますか？　ベッドのなかで思い切ってやってみたいことは何ですか？　お互いに伝え合いましょう。そして、もし事態が悪化したらあるいは好転したら相手にどう反応してもらいたいか説明しましょう。

昔は、心躍るエロチックなセックスと安全で安定した関係は相容れないものと考えられていた。だが、いまは、不安のない関係こそが刺激的な性的触れ合いを高めることがわかっている。そして、率直で応答性の高い身体的関係を維持できれば、心の結びつきを強固にしておくことができる。次章の最後の会話では夫婦の愛を生き生きとさせておく方法をさらに探求する。

第七の会話 愛を持続させる

Conversation 7: Keeping Your Love Alive

「飽きるのは、
単に注意を払わないからですよ」
——同僚の夫

大変うまくいったセッションの終わりに、私は「お二人の関係はすばらしい変化を遂げましたね」と嬉しそうな夫婦に向かって言う。声が大きく、情熱的な赤毛のアイネズは答える。「ええ、でも、長続きするでしょうか。私の姉は意地悪で、フェルナンドとの愛は半年もすれば元の木阿弥だと言うのです。『夫婦関係は牛乳と同じで賞味期限がある。愛をキープすることなんてできない。そういうものよ』と。そう言われると不安になります。喧嘩ばかりして寂しかったあの頃に戻ってしまうのではないかと」。

そのセッションはそこで終わるが、私は記録をつけながら二つの声が頭の中にあることに気づく。一つはギリシャの哲学者ヘラクレイトスの「万物は不断に流転し、変わらぬものなし」という言葉だ。これは愛にも当てはまるだろう。夫婦カウンセリングでは再発率が高い。アイネズのお姉さんは現実的なのかもしれない。だがその一方で、もう一つの声が十一世紀の漢詩からの引用を叫ぶ。「来る年も来る年も思い出す、松の木の繁る丘で二人だけで過ごしたあの月の夜を」。たぶん、深い愛着というのは恋人たちを来る年も来る年も結びつけるほど力強いものなのだろう。私たちの調査でも、感情焦点化療法で幸せをつかんだ夫婦はストレスに遭遇しても幸せを手放さないことが判明している。

ここでアイネズの問いに対する答えがわかる。そして次のセッションで彼女に言う。「あらゆるものが変わっていくけれど、それは『成り行きに任せれば』ということでしょう。いまは愛を『作り』『維持する』方法がわかってきたのです。二人の愛がどうなるかはあなたとフェルナンド次第です。もしあなたがたが積極的に夫婦関係をケアしなければ、がんばって勝ち取ったものは徐々に消えてしまうでしょう。愛は言語と同じで、話せば話すほど流暢になりますが、話さなければ消えてしまうのです」。

「接近・応答・関与の会話」は愛の言語である。それは夫婦関係という安全な場所を補強し、夫婦の愛を生き生きとさせておく力をはぐくむ。第七の会話は夫婦の愛を未来へつなげるロードマップであり、そこには次のステップが含まれる。

- 不安になって「悪魔の対話」に陥る危険なポイントを見つけ、それを補修する。そうすることで、安全な結びつきに戻るための迂回路や近道がわかる。
- 大小を問わずポジティブな瞬間をたたえる。第一に、日常生活で率直になれたときや相手への好影響が理解できたときのことを考える。第二に、最近の夫婦関係で愛が強まったときのことを話す。
- 日常生活における別れや再会の儀式を用意する。そういう儀式は混沌とした世界で二人の関係を安全に保つのに役立つ。

- 繰り返し起こる意見の相違に潜む愛着不安に気づき、その取り除き方を前もって決めておく。そうすれば愛着不安に邪魔されずに問題を解決できる。私はこれを「安心第一作戦」と呼ぶ。安心感が確立していれば、穏やかに問題を提示できるし、提示された側も相手の見解に同意はできなくとも情緒的なかかわりを維持して話すことができる。
- 関係修復の軌跡をたどる。二人がどんなふうに愛の絆を築いてきたかを振り返る。どのように諍いにはまり込み、どのようにひび割れを修復し、再結合し、相手を許したかを一つの物語にまとめる。それは幾度も恋に落ちる物語だ。
- 「将来の愛の物語」を作る。二人の絆が五年十年先にどうなっていてほしいか、それを実現するためにパートナーにどう手助けしてほしいか伝える。

第七の会話は、愛とは心のつながりを求めたり失ったり再発見したりする継続的なプロセスであるという前提のうえに構築される。愛の絆というのは生き物なのだ。ほうっておけば枯れてしまう。かつてないほど目まぐるしく変動し、多くの仕事を要求してくるこの世界で、立ち止まって自分とパートナーの愛着欲求に気を配るのは容易なことではない。この最後の会話では、意識して愛に注意を払っていただく。

それでは、具体的なやり方を説明しよう。

危険な箇所を迂回する

アイネズとフェルナンドはちょっとした危険な瞬間にはすぐ気がつく。二人は「抗議のポルカ」を何年もやってきたが、それはフェルナンドの飲み過ぎとアイネズの派手な脅しや報復的な浮気でいっそう激しくなる。いま、この会話で、アイネズはフェルナンドにこう言う。「あなたに黙り込まれて背中を向けられると、やっぱり頭にくる。そういうときは『ねえ、フェルナンド、ちゃんと私と向き合ってくれない？』と言えるようになりたい。私がそう言ったら聞いてもらえる？　そうしてもらえたらすごく助かる。不安がなくなるから」。こんどはフェルナンドがアイネズに「腹が立ったらすぐに最後通牒を突きつけるのではなく、なぜ腹を立てているのかきちんと説明してほしい」と言う。こういう「迂回路」を設けておけば心のバランスが保てるし負の連鎖に入り込まないですむと二人は同意する。

もう一組の夫婦、クリスティーヌとダレンは彼の不貞のせいで危うく離婚しかけた。「あの不倫からは立ち直りつつあると思う」と彼女は彼に言う。「でも、いま、夫婦のセックスが足りないようなことを少しでもほのめかされたら私は逃げ出したくなるのだということは知っておいてほしい。ほんの一瞬だけど、私が与えられる以上のものをあなたが欲しがっているのではないかという不安に襲われるの。そういう不安に占領されてしまうことはもうないけれど、その瞬間にはやっぱり胸がむかむかする」。ダレンが答える、「わかるよ。このあいだの晩、あんなことを言ってしまったのは、あれは君が欲しいと言いたかったのだけれど、へたくそな言い方だった。そういうときはどうしたらいいだろう？」。クリスティーヌはホッとしたようすでつぶやく。「私たちのセックスは良いし、私といっしょにいて幸せだと最初から言ってくれたらいいのかもしれない」。彼は微笑んで「そうするよ」と答える。

結びつきの瞬間をたたえる

たいていの夫婦はパートナーのちょっとした言葉やしぐさで嬉しくなってもそのことを相手に伝えない。フェルナンドは少し照れくさそうに打ち明ける。「あれだけいろいろあったあとで、アイネズが僕のことを『私の大切な夫です』と同僚に紹介してくれたとき、心がとろけました」。彼は自分が妻にとって大切な存在なのだと感じたのだ。毎日そのことを思い出すと言う。

愛が突然はっきり見えたときのことを忘れる人はいない。そういう接近・応答・関与の瞬間はいつまでも心に残る。だからこそ、それを相手に伝えることは大切だ。ケイはドンに言う。「あなたと仲直りできたと思ったのは、結婚して四十五年たっても私の手を握りたいと言ってくれたあの夜でした。あなたが手を差し出しても、私はそれを取らないときもありました。でも、あの晩、私と手をつなぐと二人の結びつきが感じられて何でもできそうな気がすると言ってくれたとき、心を動かされました。急にあなたが偉そうに命令ばかりする人ではなくて私を必要としている人に思えたのです」。

別の夫婦とのセッションでは、夫のローレンスがひどく落ち込んでいたときのことを話していた。「君がいなかったらとうてい立ち直れなかったと思う」と妻のナンシーに言う。「僕が引きこもっていても、君はいつもそばにいて支えてくれた。仕事の面接に行って不採用になって、こんなにダメな奴はこの世にいないと思いながら帰宅したとき、君がなんて言ったか覚えているかい?」ナンシーは首を横に振る。「君は僕にキスしてこう言ってくれた。『あなたは私の大切な人よ。何があろうと。大丈夫、きっと乗り越えられる。愛しているわ』と。あのときのことはぜったいに忘れない。いまでもつらいことがあると思い出すんだ」。

夫婦が「悪魔の対話」に陥っているときでも、どちらか一方の共感が飛躍的に高まって、私は息をのむことがある。その瞬間は夫婦の不和という闇のなかの一条の光のようなもので、大切にしてほしいと思う。

リックの「沈黙」にいつも腹を立てるマキシンは突然穏やかにこう言う。「わかるような気がする。あなたは落ち着いているように見えるけれど、本当は怖いのよね。暖炉の上の写真の、あの寂しい男の子のままなんだわ。どこにも居場所のない、寂しい子。それが私みたいなおしゃべりな女といっしょになって、圧倒されているのね。だから内にこもって自分を落ち着かせようとする。それは悲しいことだわ。あなたはまだ心のどこかでとても寂しいのだと思う」。リックは妻に理解してもらえたと感じたこのときのことをよく覚えている。たとえ怒っていても自分を愛してくれているとわかったのだ。

こうした結びつきの瞬間に気づき、それを良い時代の家族の写真のように双方の目につく場所に掲げておくことは夫婦の愛を維持するうえで非常に役立つ。それを見るたびに二人の関係がどんなに貴重で親密な結びつきがどんな気持ちにさせてくれるかを思い出す。また、思いやりの力で相手の世界を変えられるという単純なことも思い出させてくれる。

別れと再会の儀式

儀式というものは所属の感覚を高める。それは他者との結びつきを確認するために意図的に反復されるものである。儀式は私たちを情緒的にも身体的にも関与させるため、私たちは良い意味で現在の瞬間に注意を集中できるようになる。

宗教には儀式がつきものだ。抑うつ的な修道士の一団を対象にした、心理学者アルフレッド・トマティスの有名な研究がある。詳しい調査の結果、その修道士たちは毎日二回集まってグレゴリオ聖歌を歌うという儀式をやめたために抑うつ的になったことがわかった。彼らは共同体としての感覚やいっしょに歌う心地よさを奪われてしまったのだ。いっしょに美しい音楽を生み出すことは結びつきを認め、喜びを分かち合うことだったのだ。

霊長類のあいだでは、出会いと別れは重要な愛着の瞬間である。私たちも子どもが小さいときはそのことを意識している。いつも決まって「いってらっしゃい」のキスをし、帰ってくれば「おかえりなさい」と抱きしめる。夫婦のあいだでもそういう儀式のための時間をとってはどうだろう？「あなたは私の大切な人です」というメッセージを伝える習慣的な行為は夫婦関係を安全に保つうえで大いに効果がある。

ときにはそういう儀式を意識していない人もいる。ジョエルは、エマとの夫婦関係でそのような儀式があるかどうか私が尋ねると、ポカンとした顔をした。彼は言う。「僕が帰ってくると犬が飛び回って出迎えてくれるので、しゃがんで軽くたたいてやります。でも、エマについてはどうでしょう。夫婦関係を円満に保つためにに毎日することとですよね？　よくわからないな〜」。彼が頭をかくと、エマはクスクス笑って助け舟を出す。「ばかねえ、犬だけじゃないわよ。しばらくぎくしゃくしていたときは別だけど、それ以外のときはいつもキッチンに入ってきて『ただいま、ハニー』と言って、私の背中もたたいてくれるじゃない。すごく嬉しくて、楽しみにしているのよ」。ジョエルはホッとした表情で彼女に言う。「ああ、そうか。よかった。じゃあこれからは、二回背中をたたいて一回キスすることにしよう。つまり、犬にじゃなくて、君に」。

きちんと認識していないものはいつのまにか消えてしまう。ぎくしゃくした夫婦関係ではこういう小さな儀式がなくなったことを苦々しく思う場合もある。キャシーはニックに言う。「あなたは朝家を出るときに私のところへ来て挨拶の抱擁をしなくなったわ。それどころか、もう『いってきます』も言わない。まるでただの同居人みたい。私たちはまったく別々の世界に住んでいて、あなたはそれでいいと思っているのよね」。この夫婦は「接近・応答・関与の会話」を何度も繰り返して朝の儀式を復活させ、ついでに相手のその日の予定も聞くまでになった。

私は夫婦が出会いや別れ、絆の感覚を確かめるための儀式を決めるのを手伝う。そういう儀式を決めて意識的に実行すると、結びつきを維持しやすくなるからだ。よく提案される儀式には次のようなものがある。

- 目覚めたときや寝るとき、家を出るとき、帰宅したときなどに意図的に抱擁したりキスしたりする。
- お互いに宛てた手紙やメモを書く。これは、一方が家を留守にするときやちょっとした喧嘩のあとにとくに有効だ。
- 精神的な要素を伴うことをいっしょに実行する。たとえば、特別な日に正式な食事をする、春になって最初に咲く花を庭に植える、宗教的な行事に参加する、など。
- 単に相手の声を聞くためだけに昼間電話を入れる。
- 二人きりの時間をもつ。問題解決や事務的な話し合いのためではなく、心を通わせるためだけの時間をつくる。ピートとマーラは「ところで、いまはどんな気分?」と尋ねることで会話を他の問題から切り替えて絆を深める儀式を毎日行っている。サラとネッドは毎週金曜の夜三十分くらいコーヒーを飲んでとりとめのないおしゃべりをし、それを「分かち合いの時間」と呼ぶ。
- 月に一度でもよいから定期的にデートする。
- 年に一度いっしょに講座を受けたり新しいことを習ったりする。いっしょにプロジェクトを立ち上げるのもよい。
- 特別な日や記念日、誕生日などを祝う。私はこの種の祝いを軽視する誘惑にかられると、そういう祝いは相手が私の心のなかにいるという事実の象徴なのだということを思い出す。
- 相手の日々の奮闘や達成に気を配り、それを定期的に褒める。「むずかしいことだけどやってみたのね」「そのプロジェクトでは本当によくがんばったね」「良い親になろうと努力していることがよくわかるわ」というようなちょっとした言葉がけのほうが具体的なアドバイスよりずっと効果的だ。子どもにはこうした言葉がけをしても、パートナーに対しては忘れてしまうことが多い。

こういう儀式は、夫婦の結びつきを妨げるライフスタイルに風穴を開けるために必要な場合もある。お互いの心が離れてしまったと感じたショーンとエイミィは結びつきを取り戻そうとしたが、多忙な仕事や長距離通勤、子どもの世話などで、週末でさえ十分以上同じ部屋にいられないことに気づいた。

慢性的で強迫的な労働と燃え尽きは現代の文化の一部となってしまっていて、それが普通のことのように思われている。ボストン大学の社会学教授ジュリエット・ショーはその著書『働き過ぎのアメリカ人』のなかでアメリカは（カナダも似たようなものだが）「世界でも傑出したワーカホリックの国で、年間の労働日数と一日当たりの労働時間で他国を抜きんでている」と述べている。

中国では三週間の長期休暇が義務づけられている。ヨーロッパでは六週間のところが多い。だが、ショーンは典型的なアメリカ人だ。毎週末出勤し、いつでも会社からの連絡に応じられるよう待機し、毎年二週間の家族旅行にはスマートフォンとパソコンを持っていく。「自発的簡素化運動」の主導者であるセシール・アンドリュースは、北米では夫婦が言葉を交わすのは一日平均十二分という調査結果を報告している。だが、ショーンとエイミィの場合は五、六分に過ぎず、話の内容は雑用や予定に関するものばかりだ。二人はいつも疲れているのでセックスなど論外だ。

そこで、二人は夫婦関係を優先させることに決めた。ショーンの会計用語で言えば、「主要投資」に注力することにしたのだ。具体的には、子どもの校外活動を減らす、月に一度はデートする、日曜の朝にはセックスの時間をつくる、週に三度はいっしょに朝食をとる、という取り決めをした。また、在宅で仕事をするエイミィにショーンが昼間ご機嫌伺いの電話を入れる。そばにいる人に誰からの電話かと聞かれたら、彼女は「関係修繕屋さんからよ」と答える。この夫婦は二人の時間を取り戻し、夫婦円満のための施策を意識的に見出してそれを深めていった。

安心第一

愛着の問題を事務的な問題から切り離せば、事務的な問題は解決しやすくなり、夫婦の愛は強固に保てる。一九八〇年代に、感情焦点化療法の初期の研究で、安定した絆を獲得した夫婦は日常的な悩みを解決するのがうまくなることがわかった。協力的で率直になり、柔軟になったのだ。それは、日常の問題に過ぎなくなったからだ。日常の問題はもはや夫婦の愛着不安を映し出すスクリーンではなくなったのだ。

ジムとメアリーはもう「悪魔の対話」に陥ることなくジムの深海ダイビングのことを話し合える。だが、つい最近までは、ちょっとその話が出ただけでジムの「マッチョな冷たさ」や「無茶な冒険」に対するメアリーの不安や怒りに火がついた。いまは、長期のダイビング旅行に際して留守を守るうえでの問題が出てくると、ジムはまずメアリーを安心させるために何ができるか尋ねる。「僕に伝えたい気持ちはあるかい？」と。

メアリーはそう尋ねられたことに感謝し、少し心配だと答える。ジムがこういう旅行に行くと見捨てられたように感じることはもうないが、やはり不安になるのだ。彼女はダイビング仲間の一人が無鉄砲なことで有名だという話を持ち出す。ジムは彼女と約束した安全のルールにはぜったい守るし、もしその仲間のことがどうしても不安なら旅行を諦めてもいいと言う。メアリーは気持ちをきちんと受け止めてもらえたことで安心し、その旅行に対する夫の思い入れに耳を傾けることができる。そのあと約十分で、二人はその旅行にまつわる事務的な問題を解決する。

私は、夫婦のあいだで問題になっていることがあれば、まずはそれについての「接近・応答・関与の会話」をして愛着欲求や不安を先に分かち合うことを勧める。そうすると、協力して事務的な問題の解決策を考えることができる。ジャネットは夫のモリスが息子のしつけを手伝ってくれないのが不満だった。彼女の心配に耳を貸さず、すぐ逃げてしまうのだ。そこで、彼女は自分の弱さを伝えることから始める。「私は良い母親ではないような気がする」と彼女は言う。「子どもにきちんと枠を設定できない。ガミガミ叱ったり、言いなりになってしまったり。本当に困っているの。約束事を決めて、彼の言い逃れを聞いて、学校の先生と話して、車であちこち送り迎えして……ということの繰り返し。腹が立つけれど、それはあなたが助けてくれないから。ひとりではもう手に負えない。あなたが苛立って無関心になると、本当に心細くてどうすればいいかわからなくなる。だから、どうかこの問題にいっしょに向き合ってほしい」。

いまは妻にきちんと評価され頼りにされていると感じるモリスは、彼女の話に耳を傾けていっしょに考える。二人はまず、思春期の子育ては難しいので夫婦が支え合わなければならないことを認める。それから、息子が放らつな仲間と付き合い過ぎるのが問題なのだとして、夫婦が共同でいくつかのルールを設けることにする。とくに、息子がそれらの決まりを守らない場合は、息子との会話で夫婦が支え合うことを約束する。

このように、具体的な解決策を話し合うこと自体は難しいことではない。だが、見捨てられる怒りや希望のない逃避へと会話がスリップしてしまうと、実行可能な解決策には至れない。問題解決では、焦点をそらさず柔軟性を保つことが重要だ。安心感があれば、協力して問題を解決できる。安定した絆や安心感が自己主張や相手への共感、明確な論理的思考の能力につながるという研究は無数にある。事務的な問題の陰に隠れている絆の問題をまず処理してから実行可能な解決策を見つけようとするのは理にかなっている。問題の背景にどんな情緒的音楽が奏でられているかを明らかにするだけで問題そのものが変化する場合もある。

ヘレンはドンに不妊症の治療を受けてほしいと迫るが、彼は尻込みする。二人はこの問題を夫婦の主導権争いや子を持つことへの熱意の違いで説明するが、そのうち、ドンの利己主義、ヘレンのわがまま、夫婦の性格の不一致などという話までエスカレートする。これはたしかに難しい問題だ。だが、「接近・応答・関与の会話」で変化する。ドンはヘレンがあまりにも子どもに執着するので自分は要らない人間のように思えてしまうということができる。「僕は君にとって単なる精子銀行ではないかと不安になることがある」と彼は言う。「僕が僕であるから君にとって大切なのだということを知りたいんだ」。二人がそのことを話せて、彼女が子どもを持ちたいのはドンへの愛の証しなのだと彼が納得すると、あとはタイミングの問題だけになる。ドンはもう一年ようすをみて夫婦関係をしっかり固めることができたら不妊治療を受けてもいいと言い、ヘレンの同意を得る。

関係修復の物語を作る

夫婦が「悪魔の対話」にはまっているとき、そこには筋の通った物語《ストーリー》はなく、「いま自分たちに何が起きているのか」という混乱しかない。ストーリーは不当に脚色され、片寄っている。夫婦仲は悪くないと言うそばから相手の無神経な言動に怒りだす。思いやりが欲しいと言いながら、思いやりある申し出を断った話をする。気持ちが不安定に揺れ動くため、これまでのことを整合性のある物語として語れないのだ。しかし、互いの波長が合って心が通うようになると、生理的にも情緒的にも落ち着いてくるので頭で情報を整理でき、自分たちの気持ちや関係を筋道立てて語れるようになる。

人はこれまでの人生の意味を理解するために物語を使う。これからの生き方を模索するためにも使う。人が物語を作り、物語が人を作るのだ。夫婦が相互に安全を感じられれば、自分たちの関係を明確に振り返れるし、分断を修復して絆を強める方法もつかめる。つまり、過去をきちんと総括できるだけでなく、未来の見取り図も手に入れられるのだ。

「関係修復の物語」とは、夫婦がいかに不安定な状態にはまり込んでいたか、そしてどうやってそこから抜け出したかを要約するものである。

ニコールとバートは、相談室にやってきたばかりのころは夫婦関係についての話がひどく食い違ってい て、どちらも相手の話に納得できなかった。まるで別々の結婚生活を営んでいるかのようで、どちらの話も理解しにくいのだ。だが、数カ月後に結びつきが安定すると、夫婦の問題がどのように展開し、どのように絆を取り戻したかを筋道立てて語れるようになった。二人はそれを『ニコールとバートが悪魔を倒して絆を取り戻した物語』と名付けた。

「僕たちは一目惚れだったんです」とバートが話しはじめる。「二人とも健全な人間関係というものを親のあいだでさえも体験したことがなかったのですが、それでもけっこううまくやっていました。お互いを愛していました。でも、娘が三人生まれて、夫婦関係がだんだん冷めてきました。ニコールの守備範囲は家庭で、僕のは仕事とスポーツになりました。それから彼女が体調を崩して性生活がなくなると、お互いの身体に触れることもなくなりました。それは、ある意味で僕のせいだったと思います――彼女を十分支えてやらず、仕事と友だち付き合いに逃げていました」。

「全部あなたのせいというわけではないわ」とニコールが不意に声を上げる。「私はどうすればいいかわからなくて、あなたのことを干渉しはじめた。それで、あの『ニコールが責めてバートが黙り込む』というポルカが始まって、お互いの悪い面しか見えなくなってしまった。でも、このままでは相手を失ってしまうということにやっと気づいて、心の痛みや欲求を思い切って伝え合ったのよね。二人ともとても寂しいのだと気づいたのよ」。

バートが話を引き継ぐ。「結局、二人のあいだにそんなに大きな違いはないのだと気づいたのがよかった。心の動揺の表現のしかたが違っていただけで。僕は自分のよそよそしさのせいでニコールに寂しい思いをさせていたことがわかった。彼女が思い切ってそう言ってくれたとき、彼女に対する気持ちが大きく変わったのです」。

ニコールは夫に微笑みかけて付け加える。「私にとっての転換点は、あなたが『自分の悪い点ばかり聞かされて、もう愛されていないのだと思うと悲しい』と言ったときだった。私はあなたを悲しませたくなかった。それで、お互いを理解しようとして、むき出しの箇所を見せ合って、もう一度やり直してみようと思ったのよね。三人目の子どもが生まれたときのことを話し合ったとき、あなたに対する恨みがやっと消えたわ。あなたは、私のためにあの医者に抗議してくれなかったことを認めた。それは私にとってとても大事なことだった。でも、あのときの非を認めてくれたから、またあなたを信じられるようになった」。

バートは私のほうを向いて笑う。「僕たちはずいぶん満足しているように聞こえると思いますが、実際、大きな達成感があります。妻を取り戻したような気分です。以前のように親しくなる方法を見つけましたが、それをどうやって見つけたか話せるのが嬉しい。話すことで自信が湧いてきます」。

バートとニコールはこの物語をまとめるのにそれほど助けを必要としなかったが、物語を明確にするのを私が手伝う場合もある。もし助けを必要なら、夫婦で次のような事柄を考えてみてほしい。

- 夫婦関係が不安定で悪循環に陥っていたときのようすを表す三つの言葉またはイメージ。たとえば「行き詰った」「疲れ果てた」「地雷原」など。
- ネガティブなダンスでそれぞれがどう動き、そのパターンをどう変えることができたかを表す二つの短文。「私が文句を言うと、あなたはそっぽを向いた。でも、私たちはどんなに不安か話せるようになり、お互いを求められるようになった」。
- 相手が違って見えたり、新しい感情が湧いてきたりした瞬間。「あの土曜の午後、僕は部屋を出ていった。戻ってくると、君は泣いていた。君の表情に心が動かされて、僕たちの悲しみを感じ、『また以前のように仲よくなりたい、そのためには君の助けが要る』と言った。そこへたどり着くためには互いに助け合わなければならなかった」。

・現在の夫婦関係を表す三つの形容詞、感情、あるいはイメージ。「朗らかな」「満ち足りた」「嬉しい」「楽しい」「手に手をとって」など。

・夫婦の絆を維持するためにしていることを一つ。「寝るまえに抱き合う」「目覚めたときにキスする」など。

マリオンとスティーブは果てしない口論から安定した絆への移行に成功したあと、その軌跡を次のような物語にまとめる。「初め、私たちの関係は冷たくて頑なで寂しいものでした」とマリオンは言う。「スティーブはドアを乱暴に開け閉めし、私は彼に背を向けました。どちらも相手に問題があるのだと思っていました。でも、離婚の話が出たあの日、お互いに相手を失いたくはないのだと気づいたのです。それで、二人で話し合って、思い切って相手を信じてみようと思いはじめたのです」。

こんどはスティーブが言う。「興味深いのは状況が好転したときのことです。僕にとっての転換点は、マリオンが自分は聡明でもセクシーでもなくて僕に寂しい思いをさせて申し訳ないと泣きながら言ったときでした。自分の殻を破って僕に寄り添いたいのだけれど不安なのだ、と。あのときほど彼女をいとおしく思ったことはありません。僕は彼女の気持ちをまったく理解していなかった。彼女がよそよそしかったのは僕を傷つけるためではなかったのです。それから、僕の暴言が彼女に与えた衝撃もまったく理解していませんでした」。

私はマリオンに「あなたはいかがですか？　スティーブのことを違った目で見られるようになったときのことを覚えていますか？」と尋ねる。「もちろん」と彼女は答える。「それは、彼がひどいことを言うのでついに私が爆発してしまった夜のことでした。彼は急に悲しそうな顔をして『君に腹を立てられるほうが無関心でいられるよりはいい。少なくとも、僕がどうでもいい存在ではないということだから』と言いました。そのときに彼の気持ちがわかりました。いまでも疑心暗鬼になるとそのときのことを思い出します。そうすると心が落ち着くのです。この図体の大きい怪力の夫があんなことを言ってくれたなんて、驚きでしょ?」。彼女は極上の秘密を発見したかのように首をかしげて微笑む。それは彼女の世界観を変えた秘密だ。

スティーブとマリオンは現在の関係を表すイメージをすぐに思いつく。それは毎晩「おかえりなさい」と挨拶して抱き合うときのイメージだ。マリオンは夫婦関係が好転してから人間としての「自信」が高まり、スティーブを「信じる」気持ちが「穏やかな幸せ」をもたらすと言う。スティーブは注意深く言葉を選ぶ。「彼女が思い切ってそばに来てくれると僕はとろけるような気持ちになります」と彼は言う。「それから、わくわくします。信頼のレベルが変わったのです。『とろける』『わくわくする』『信頼』の三語でよいですか?」。私はとてもよいと答え、マリオンも満面の笑みで同意する。

それから私たちは、二人が互いのシグナルを見落とし、反応せず、負の連鎖に入ってしまうことがこれからもあるだろうという話をする。そういうとき、スティーブはマリオンに「軌道がはずれて、二人とも傷ついている」と言うを確認する。そこで、「悪魔の対話」で否定的な感情が高まってしまうのを止める方法を確認する。そういうとき、スティーブはマリオンに「軌道がはずれて、二人とも傷ついている」と言う。マリオンは「深呼吸してから思い切って『怖いわ。落ち着かなければ』と彼に言います」と答える。また、二人は心が傷ついたときには相手の話をよく聞いて慰め合うようにしている。

私は好循環を維持するために夫婦がしていることを一つ教えてもらう。彼らは二、三日に一度、愛の言葉を書いたメモを相手の枕の上に置いたり、車のダッシュボードに貼ったり、かばんに入れたりするのだと言う。すばらしい！　私も子どもにはときどきそういうことをするが、夫に対しては思いつかなかった。また、この夫婦はセックスのあとで相手がしてくれて嬉しかったことを伝え合うのだと言う。喧嘩ばかりしていたため、性的な魅力や能力に自信を失っていたが、そうすることで自信を取り戻すことができた。

「将来の愛の物語」を作る

私は夫婦に「将来の愛の物語」を作ってもらう。まずはこの先五~十年後の夢を語ってもらう。パートナーとのあいだで安心感が増すと、自信がついて自己主張も冒険もできるようになる。愛する人がそばにいてくれれば、自分を信じて新たな挑戦ができるのだ。それから、将来の夫婦の理想像を描き、協力してそれを実現する方法を話し合う。

「個人的には、自分の会社を持ちたいと思っているんだ」とスティーブはマリオンに言う。「小さくてもいいから。でも、君の支えがなければできない。君にもかかわってもらえるような会社にしたい。君のアイデアはとても役に立つから」。マリオンの番になると、彼女は最終的には学位を終了したいと言う。そして夜の授業のときは子どもの世話をすると申し出る彼に感謝する。それから、できれば五年以内にもう一人子どもを作りたいと言う。これを聞いたスティーブはあきれて椅子から落ちるそぶりをする。だが、多少不安はあっても、それについて話し合うことには同意する。彼女も彼の気持ちに耳を傾けると約束する。

次に、これからの夫婦関係について話す。二人とも、新たに獲得した親密さを維持したい、二人の時間を守っていきたい、と言う。マリオンは性生活を改善するために性に関する本をいっしょに読むことをスティーブに提案し、同意を得る。スティーブは子どもたちと過ごす時間を増やして彼女の親戚との付き合いは減らしてほしいと言う。彼女はそれを全面的には受け入れられないが、心を開いて彼の意見を聴く。彼も、親戚との宗教的な祝日だけは諦められないという彼女の気持ちを尊重する。マリオンは私のほうを見て言う。「大した進歩ですよね? 数カ月まえは、将来の計画どころか、いつ日用品の買い物に行くかについてさえも同意できなかったのですから」。心の結びつきができるとこんなにも状況が変わるのだ。

最後に、うんと年をとったら、二人の関係のことをひ孫たちにどう伝えたいですか、と私は尋ねる。スティーブは言う。「僕は良い夫で、一生懸命妻を幸せにしようとした、と言います。彼女は僕の人生の光だったと。いまもそうですけど」。この時点でマリオンは言葉に詰る。目に涙を溜めながら「同じく」とつぶやく。

良い変化を手放さない——新しいモデルを作る

マリオンとスティーブが帰ったあと、私は感情焦点化療法の初期のころには良い変化をどう維持するかあまり尋ねなかったことを思い出した。愛を理解し、愛着欲求を受け入れ、「接近・応答・関与の会話」へ入ることができれば、それは自然に続くだろうと考えていた。愛を持続させる方法を意図的に用意しておく必要などないと思っていたのだ。だが、そうではないことをクライエントたちが教えてくれた。パートナーとの新たな結びつきができたら、新たな感情や反応、受け止め方を物語にしてその変化を記録することは非常に有益なのである。「関係修復の物語」は常に変化している夫婦関係のドラマに整合性をもたせる。この物語を作ることで、クライエントたちは自分たちが成し遂げた良い変化を維持しやすくなると言う。また、これをモデルにして何度でも関係を築き直せると言う。

このポジティブなモデルはそのときどきのやり取りにも、とくにむき出しの箇所がこすられたときなどにも、役に立つ。この物語を思い出すことで、心を傷つけられたときの悪影響を抑え、疑念を払拭し、絆を保つことができる。悪天候の空を飛んでいてパニックになりそうなとき、以前そういう状況にどう対処して無事に着陸したか思い出すことで気持ちが落ち着く。

「関係修復の物語」はそれに似ている。あるとき、マリオンは私にこう言った。「ときどき私の身体が『逃げろ』と全身で叫ぶのです。『これは父や最初の夫のときと同じだ』と。でも、それから、思い切ってスティーブに気持ちを打ち明けてよかったときのことを思い出します。すると、彼を閉め出すのではなく、もう一度思い切って近づいてみようという気になるのです。彼が反応しないのは勝手だからこちらから頼む必要なんかない、という考えが頭に浮かぶこともあります。でも、打ち明けてもらわなければわからないと彼が言っていたのを思い出します。自分はサメのはびこる海にいるような気がしていても、ポジティブな場面を思い出すと、小さなプールにいるだけだとわかるのです。スティーブは安全な人なのだと」。

良好な結びつきの新しいモデルは、親や過去の恋人との何千ものやり取りから生まれた人間関係の鋳型にも変化をもたらす。親密な関係とはどういうもので、そこではどういうことが可能なのかについての考え方が変わってくるのだ。そうすると、人としてのあり方も変わる。ここで言っているのは過去の体験によって形成された不信感のことだ。そういう不信感は普段は気づかなくても、パニックになったり愛する人とうまくいかなくなったりするとひょっこり現れてくる。

スティーブは私に言う。「ときどき、彼女とうまくいかないと、すごくネガティブな投げやりな気分になることがあります。誰も信じられないし、信じようとすることさえばかげていると思えてくる。用心して生きるしかない、と。すると、とげとげしい気分になって、マリオンが敵に見えてくるのです。でも、この頃はマリオンとつながれるようになったので、そういう考えが浮かんできても落ち着いて『関係修復の物語』を思い出せます。二人で作った物語のイメージを思い浮かべると、あの古い敵意が消えていくのです。おかげで、妻に対しても他の人たちに対しても心を開けるようになりました」。

ジョン・ボウルビィによれば、私たちは愛する人たちとの何千もの小さなやりとりから愛のひな形《モデル》を引き出す。そして、それが現在の反応や期待の指針となる。過去に由来するこのモデルが明確で一貫性がありポジティブなら問題はないが、そうでない場合は困ったことになる。もしこのモデルがネガティブで混乱したものなら、過去の罠にはまって現在の相手に心を開けなくなる。ネガティブなモデルをもつ人は、親密さは危険だ、誰かに頼るなんてばかげている、自分は愛されるに値しない、などと思ってしまう。いっぽう、ポジティブなモデルをもつ人は、他者は基本的に信頼でき、自分は愛されるに値すると考える。パートナーとのあいだで愛に満ちた安全なやりとりができるようになり、他者とのつながりを肯定する新しい体験がモデルに組み込まれると、新しい世界が開ける。過去の人間関係がもたらした痛みや否定的な認知は捨て去られ、いま愛する人への対応を規定することはなくなる。

カリフォルニア大学の心理学者メアリー・メインの研究によれば、他者を信頼する成人の特色は子ども時代に親や養育者との関係が常に幸せだったということではない。それは、過去の関係を明瞭に語れて良い体験も悪い体験も省みることができ、その意味を理解できることだ。愛についての見解に新しいダンスを組み入れるよう私が勧めるのは、他者との結びつきにまつわる無意識の青写真をポジティブなものに作り直してほしいからだ。新しい青写真は過去の人間関係の残滓と闘うよりも現在のパートナーと真に向き合うのを助ける。

カウンセリングの場で私はこんなふうに言うかもしれない。「あなたの扁桃核、つまり感情をつかさどる脳の領域は新しいメッセージを聞いていままでとは違う反応をしています。でも、どうかこの新しい情報を整理し要約して、前部前頭葉、つまり理性をつかさどる領域に保存してください。そして後日参照してください」。これは単なる比喩ではない。大脳生理学の新たな発見を人間関係の理解に組み込むことを提唱するダン・シーゲルは著書『内側からの子育て』で、心理的なモデルは神経の発火パターンで脳に植えつけられると述べている。ニューロンは互いにメッセージを送り合い、メッセージが何度も繰り返されると、カナダの心理学者ドナルド・ヘッブが言うように、ニューロン同士が発火してつながるのだ。だから、新しい体験を反芻して吸収すれば、実質的に脳を作り直すことになるのだ。

こうして、マリオンとスティーブは新しいやりとりによって脳内に新しい回路をせっせと作っている。それは相手との肯定的なかかわりを強化する回路だ。この章で述べた愛を持続させる方法はどれもニューロンが結びついて希望と信頼のネットワークを築くのに役立つ。そのネットワークがあれば、夫婦はこれからもずっと絆を維持することができる。

結局のところ、本章で述べた振り返りや儀式、物語の作成などはどれも夫婦が継続的に自分たちの関係に注意を払うためのものである。注意を払うということは夫婦関係を健全に保つうえで欠かせない酸素のようなものだ。心理学者ロバート・カレンはその著書『愛着すること』で、夫婦の愛をしっかり持続させるためにはお金も頭の良さもひょうきんさも必要ないと述べている。夫婦はただ「そばにいる」だけでいい――その言葉のあらゆる意味において。それさえできれば、愛は単に持続するだけでなく、何度も花を咲かすことができる。

やってみよう

- いま、あなたの夫婦関係に危なっかしい点はありますか？　不安が高まると、身体が「あ、これはいやだ」というメッセージを発して、突然感情があふれてきます。その感情に名前をつけられますか？　そういうとき、パートナーにどうしてほしいですか？　どうすればあなたを落ち着かせて、負の連鎖を食い止められるでしょうか？　パートナーと話し合ってみましょう。
- 夫婦関係でちょっとした嬉しい出来事はありませんでしたか？　どんなに小さなことでもかまいません。心が動いて自然に笑みが浮かんだ瞬間であればよいのです。パートナーはそのときのことを知っていますか？　話してみましょう。

- パートナーとの関係が大きく変わったり、どちらかが思い切って心を開いたりしたときのことを思い出せますか？　それはどのようにして起きましたか？　きっかけは何でしたか？　最初のキスとか大喧嘩のあとの仲直りなどを挙げる人もいます。
- あなたがたには所属、別離、再会などを際立たせる儀式がありますか？　意識して「いってらっしゃい」や「ただいま」を言いますか？　パートナーといっしょにこうした儀式を挙げてみましょう。お互いの反応や関与を高める日々の儀式を新たに作ることはできますか？
- いつも満たされない気分で終わる問題の話し合いについて考えてみましょう。その話し合いの際に水面下にある愛着欲求や不安を書き出しましょう。どうしたらそれを相手に伝えられるでしょうか？　相手にはどうしてほしいですか？　もし相手があなたの望むことをしてくれたら、それは話し合いにどう影響すると思いますか？
- パートナーといっしょに「関係修復の物語」を作りましょう。以前はどんなふうに「悪魔の対話」にはまり込んでいたか、そしてどうやってそこから抜け出し、「接近・応答・関与の会話」を行い、結びつきを取り戻したか振り返りましょう。二人はその体験から何を学びましたか？　もし物語を作るのが難しければ、そのことを話し合い、この章で提示した方法——現在の夫婦関係を表す三つの形容詞など——を活用してください。この章で例示したケースについて話し合うのも有効です。
- 五年あるいは十年後にどんな夫婦でありたいかを描く「将来の愛の物語」を作りましょう。それに近づくためにいまあなたにできることを一つ考えて、パートナーに伝えましょう。パートナーはあなたの夢をかなえるためにどんな手助けができるでしょうか？
- 「そばにいて支えになりたい」という気持ちをパートナーに伝えるために毎日一つ小さなことをする

としたら、それは何でしょうか？　それは二人の関係にどう影響するかパートナーに尋ねましょう。

これまでの章では新しい愛の科学を紹介してきた。この科学は愛が感傷的なラブソングの訴えなどよりずっと重要なものであることを教えてくれる。愛はラブソングが言うように人をボーっとさせる不可解な力などではない。それは生きるために必要なものであり、すばらしい論理を内包している。そのことがわかると、深い満足を与えてくれて回復力に富む愛情関係は夢などではなく、誰にでも達成できる目標となる。しかも、そのような愛情関係はすべてを変えてくれる。

第 III 部

抱きしめることの効力

The Power of Hold Me Tight

心の傷を癒す愛の力

Healing Traumatic Wounds — The Power of Love

「妻と話すことで戦場の恐ろしさから救われます……長い潜水のあとで初めて息を吸ったみたいに」

——イラクの米軍兵士ジョエル・ブキャナン
ワシントンポストマガジン二〇〇六年二月十二日号

数人が集まって人生を語り合えば、必ず怪物やドラゴンや幽霊の話が出てくる。「北の野生の魔女」「四頭の龍」「死の使い」などさまざまな名前のついたその獣たちは人生がいかに危険で予測できないものかを映し出す。こういう怪物が現れたとき、救いを求めて頼れるものは一つしかない。それは他者の支えであり、慰めである。どんなに絶望的な状況にあっても、他者との絆は安堵と励ましを与えてくれる。

人生が危険で予測不能になったとき、運命がもたらした試練に直面して、私たちは他者の助けがどんなに必要かを思い知る。そして、戦いのあと、なんとか維持してきたうわべの自信が剥げ落ちて傷ついた心だけが残ったとき、気にかけてくれる他者を求める気持ちが前面に出てくる。トラウマは重要な他者との関係に影響を与えるが、重要な他者との関係の質はトラウマからの立ち直りを左右する。

トラウマという言葉は「傷つく」という意味のラテン語から派生している。人生で真のトラウマに遭遇するのはほんの一握りの人にすぎないというのは心理学の古い教えだ。いまでは、トラウマ性ストレスはうつ病と同じくらい一般的であることがわかっている。最近の大規模な調査では、米国女性の一二パーセント以上が人生のどこかの時点で著しい心的外傷後ストレスを負ったことがあると報告している。

トラウマというのは自分の知っている世界を瞬時に変えてしまう恐ろしい出来事で、心を打ちのめし、無力感を残す。配偶者がうっかり引き起こしてしまうトラウマについては「第五の会話　傷つけられたことを許す」ですでに述べた。ここでは、配偶者以外の人や出来事に起因するもっと深刻なトラウマに注意を向ける。長年にわたって、私は児童虐待のサバイバーや強姦の被害者、子を亡くした親、恐ろしい病気や事故に遭った人たちと面接を重ねてきた。また、仲間の死に直面した警察官や危険にさらされている人を救えなかったことで悩む消防士、戦闘の悪夢に取りつかれている兵士たちともかかわってきた。

もしあなたに共感能力の高い愛のパートナーがいるなら、困難な状況においてもあなたには安全な基地がある。だが、もしひとりぼっちなら、際限なく落ちていく。信頼してつながれる人がいるほうがトラウマからの回復は容易になるのだ。イリノイ大学のクリス・フレイリーらは世界貿易センターのなか、または近くにいた九・一一のサバイバーたちの研究でそのことを証明した。事件から十八カ月後、他者とのつながりを求めなかった人たちは愛する人とのつながりをしっかり感じていた人たちよりフラッシュバックや神経過敏、抑うつに苦しんでいた。それどころか、確たるつながりのあるサバイバーたちは事件のまえよりも順応性が増したようだと周囲の人たちは報告している。彼らは事件を乗り越えて、それ以上に成長したのである。

人とうまくつながることができないとトラウマに対処しようとしてもうまくいかず、夫婦関係がそのトラウマの重みで沈みはじめることが多い。だが、愛する人がそばにいてくれれば、力いっぱい怪物と戦い、立ち直ることができる。そして、その人との絆がさらに深まる。

感情を閉め出す

トラウマを癒すのに愛が必要なことは直感的にはわかっていても、心を開いて愛を求めるのが容易であるとは限らない。

危険に直面して生き延びるためには、感情を殺してただ行動しなければならない場合もある。このことは、日々の仕事で危険な場所に足を踏み入れる人たちに特に当てはまる。ニューヨークのある消防士は私にこう言った。「火災の現場へ行くとき、大火事ならとくに、気分が高揚します。僕たちは大声で叫びながら街を走り抜けて救助に向かいます。そのほうがいいんです。現場では、ただ行動します。恐怖や疑念の余地はありません。たとえ恐怖や疑念が湧いてきても脇へ押しやります」。

問題はあとでやってくる。自分が傷ついていることはなかなか認められない。自分がちっぽけな人間のように思われるからだ。恐怖や疑念を感じるのは弱さのしるしだと考えて、そういう感情は内部に閉じ込めておく。心の扉を閉めて怪物を箱に閉じ込めておくことで家庭生活を守ろうとする人もいる。兵士には「沈黙のおきて」というものがあり、自分だけでなく愛する人をも守るために戦場での体験を話してはならないのだという。また、そうするように勧められてもいる。ある従軍牧師は私に言った。「兵士たちには『悪い体験を奥さんに話してはいけない。怖がらせるだけだから』と言います。そして奥さんたちには『戦闘のことを尋ねてはいけない。つらい体験を夫に思い出させるだけだから』と言います」。

しかし、怪物は箱のなかに留まってはいない。箱から出てくる。そのような出来事は世界観や人生観を永遠に変えてしまうのだ。世界は公正で人生は予測可能だという前提が打ち砕かれてしまう。トラウマを体験したあとでは、愛する人に対する態度やその人に送る感情のシグナルが変わってしまう。ドラゴンの熱い息を浴びて、人が変わってしまうのだ。

アフリカで女性や子どもが殺戮されるのを目の当たりにしたカナダ人の和平調停者は帰国後自分の妻子を抱きしめることができなかった。自分の子どもたちの顔が死んだ子どもたちの顔に見えてしまうのだ。彼はひどく混乱し、恥ずかしくてそれを妻に言うことができない。それで、心を閉ざしてしまった。妻は苛立ち、「夫はまだアフリカから帰っていないような気がします。心がここにないのです」と訴える。

最近イラクから帰り大手術のあと自宅で快方に向かっている兵士は妻が買い物に出かけようとすると説明しがたい憤怒が湧いてくる。妻に向かって「もうおまえを信用しない」と言う。彼女はわけがわからず、絶望的な気分になる。だが、彼が戦場で受けたその怪我について話してくれたとき、やっと謎が解けた。彼は怪我のことを控えめに語っていたのだ。血まみれの担架に寝かされて最後の儀式を授けられたあと、一人取り残されたのだ。彼女は自分が突然いなくなると彼がどんなに傷つくか理解した。また、彼が鎮痛剤の服用を拒否する理由もわかった。傷の痛みは任務遂行中に犯した「間違い」に対する罰なのだと信じていたのだ。

トラウマに遭遇した人は感情をほぐしてそれを愛する人と分かち合わなければならない。ということは、愛する人もまた、一瞬のあいだ、怪物の顔を見なければならないということだ。だが、傷ついた相手の痛みや欲求を理解し、相手をしっかり抱きしめて回復を助けるためにはそれ以外に方法はない。カナダ人の和平調停者もイラクで負傷した兵士もこの本で説明してきたことをやり遂げた。パートナーの支えを得て、自分の感情に触れてそれを分かち合えるようになった。苦しい試練の詳細をすべて語ったわけではないが、痛みや苦闘の核心部分はパートナーに伝えられた。

これらの夫婦は、夫の体験がいかに彼を変えたか、彼の回復には何が必要か、彼はどのように妻に慰めを求めたらよいのかといった点に目を向けることができた。妻は夫が戦地に赴いているときどんなにつらかったか、帰国した夫がよそよそしく怒りっぽかったときどんなに絶望したかを伝えることができた。兵士とその妻のカウンセリングでは、夫も妻も戦士なのだと私たちは考える。一方は外国で、もう一方は国内で戦うのだ。

夫婦がそれぞれの身に起きたことを伝え合うかどうかにかかわらず、トラウマはいつも夫婦の問題だ。一方が心の傷と闘うのを見れば、もう一方も苦痛やストレスを感じ、夫婦関係の変化を悲しむ。消防士の妻であるマーシーは私に言う。「彼の仲間が四人亡くなった大火事のあと、私は悪夢を見るようになりました。電話が鳴ったり警官がうちに来たりして、ハルが死んだと知らされる夢です。汗びっしょりで目が覚めて、ベッドのなかで彼の背中に抱きつきます。そして、彼を起こさないように声を殺して泣きます。彼がどんなにつらい思いをしているか知っていました。心を開いて話せるようになって本当によかった。彼は、傷ついてはいるけれどやはり消防の仕事は好きだと言いました。私も、消防士の妻というのはすごく大変なものだと彼に言うことができました」。

二年前に交通事故に遭って今でも慢性的な痛みと障害に苦しむキャロルはパートナーのローラが声を出さずに泣いているのを見るとイライラする。キャロルが気持ちを打ち明けてほしいと言うと、ローラはやっと静かな声で認める。「そうよ、私は途方に暮れている。病院の予約や弁護士、いろいろな診断、子どもの世話などすべてひとりで対処しなくてはならないのだもの。そして、怪我をしたあなたに憤っている自分に気づくと、ストレスでまいってしまう。あなたがそんなに苦しんでいるのに、私も傷ついているなんて言えないわ。だから、あなたが苛立ってくると、私は怒りを爆発させてあなたをもっと傷つけないようにその場を離れるしかないのよ。私は、あの事故があなたにだけ起きたのではないと認めてほしいのかもしれない。私たち二人とも被害者なのだと。あの事故のせいで私の人生は永久に変わってしまった。そのこともわかってほしいの」。

愛する人に助けを求める

安定した愛着はトラウマからの回復にどのように役立つのだろうか？

ダンとメイヴィスは医師の指示で私のところへやってきた。ダンは三年前に脳卒中を患っており、夫婦が頻繁に口論すると回復が遅れると医師が考えたからだ。四十六歳のダンは病気のせいで職を失い、もう少しで住む家もなくすところだった。発作のあと一年間はまったくしゃべれなかったが、いまはゆっくりとなら話せるし、どうにか歩行もできる。セッションの途中で、私はこの夫婦に私の助けは要らないことに気づいた。二人はしっかり助け合っている。メイヴィスはダンが家具を作る仕事を始めたことを誇らしげに話す。私は二人が彼の発作にどのように対処したのか尋ねる。「ただ抱き合って、二カ月くらい泣き続けました」とメイヴィスは言う。「周囲の人たちからは具体的な計画を立てろと言われましたが、まずはいっしょに悲しむ必要があったのです。なくしたものが多すぎましたから」。

メイヴィスとダンは悲しむための安全な場所を与え合うことで互いの癒しを助けている。二人とも当初は打ちのめされていたが、協力して喪失と折り合いをつけられるようになってきた。ダンは、メイヴィスがいつもそばにいて支えてくれることや、困難を切り抜ける彼の強さを信じてくれていることを話す。「あなたはダンにとっての安全な場所であり、自信と希望の源泉なのです。そして、それがあるからこそ、彼は一歩一歩前へ進むことができるのです」と私は言う。

だが、メイヴィスはいつも優しかったわけではないと、悲しそうに認める。彼女もダンと同様、ときどき苛立つことがあった。「ある日、ついカッとなって彼に言ってしまいました。『私が何から何まで面倒みることはできないのだからもっと一生懸命歩く努力をしてよ』と。すると彼は一日中こちらを見ようとも話そうともしませんでした」。ダンは微笑んで付け加える。「それで、その夜、僕は彼女に言いました。僕は足が不自由で役立たずだけど君はとてもきれいだからいつでも他の男を見つけられるよ、と。でも、彼女はたとえ足が不自由でも僕が好きなんだと言ってくれました」。

ダンががんばるエネルギーを見つけられないときはメイヴィスがそれを見つけてくれる。「彼女は『私たちの歌を歌って。私のために歌ってちょうだい』と言うのです。そうやって僕は言葉を取り戻しはじめたのです」。メイヴィスは傷ついた夫の最善の部分を見て、彼はまだ彼女にとって大切な人なのだと請け合う。きっと良くなって新しい人生を歩めるというメッセージを執拗に送り続ける。彼が絶望や抑うつへと落ちていくのを阻止する。がんばり続ける理由を与える。

ダンはときどき不明瞭なゆっくりした話し方をするけれども、二人の物語は共同で作ったものであることがわかる。混沌とした大惨事を整合性のある物語に変えて新たなコントロールの感覚をつかむことがトラウマからの回復の一部なのだ。一方のパートナーが否定的な解釈を加えて負の連鎖が始まりそうになると、もう一方が入ってきて慰めたり視野を広げたりする。

メイヴィスは打ち明ける。「数カ月たって医療の支えが減ってくると、強いプレッシャーを感じるようになりました。再発するのではないかという不安が頭から離れないのです。ダンの薬のことと発作を避けることばかり考えていました。それで、私たちは医師に言われたことをおさらいし、発作は高血圧と遺伝のせいで起きた可能性が高いと判断しました。彼の家系には脳卒中になった人が多いのです。でも、オースティン伯父は八十七歳まで生きたので、彼がどんな生活をしたのか調べました。そして、四つの生活習慣を決めて、再発を防ぐ基盤ができました。それから、すでにやってみたこととその結果を書き出しました。それでずいぶん不安が和らぎました」。二人は協力してモンスターをやっつけたのだ。
安定した絆は次のようにしてトラウマからの回復を助ける。

- 心の痛みを和らげ、安らぎを与えてくれる。パートナーが身も心も寄り添ってくれると、神経系が落ち着き、心身のバランスを取り戻すことができる。愛する人の慰めはどんな薬よりも効力がある。ときには、こちらの反応が相手をもっと弱めてしまうのではないかと危惧して同情を与えない人もいるが、そういう人は愛の力を理解していない。
- 希望を持ち続けさせてくれる。愛に満ちた関係はがんばり続ける理由を与えてくれる。ダンは「もしメイヴィスが離れていってしまっていたら、僕は負けて諦めてしまっていたでしょう」と静かに言う。発作から約一年後に木工の道具と材料を用意してくれたのはメイヴィスだった。そのキットのおかげでダンはまったく新しい職業に就き、メイヴィスは彼のことをとても誇りに思っている。
- トラウマのせいで変わってしまっても、やはり愛されているのだと確信させてくれる。困難な出来事に打ちのめされても、それは落伍者のしるしではないと言ってもらう必要がある。
- 起きたことを理解するのを助けてくれる。物語を分かち合うことによって混沌から意味や秩序を見出し、コントロールの感覚を取り戻すことができる。

情緒的な結びつきはトラウマからの回復に欠かせない。実際、トラウマの影響の最大の予測子は出来事の過酷さではなく、他者から慰めを得られるかどうかだとトラウマの専門家たちは一様に述べている。

しかし、誰でもダンとメイヴィスのように上手に怪物を扱えるとはかぎらない。これまでの章で見てきたように、相手の愛着サインを見落としてしまうこともある。愛着欲求を理解せずに生活の実際的な問題だけ解決しようとし、相手を傷ついたままにしてしまうこともある。あるいは、必要な慰めをはっきり求められない場合もある。恐ろしい出来事のせいで心が乱れれば、愛着欲求や孤独感は増幅する。愛や結びつきがないと情緒的混乱は深まるいっぽうだ。

トラウマの残響

ときにはトラウマの残響があまりにもやかましくて、自分の感情や自分の発するシグナルが混乱してしまうことがある。そうするとパートナーも混乱する。トラウマの主な症状はフラッシュバックや神経過敏、怒り、絶望感、感情鈍麻などだ。だが、トラウマの残響に苦しむ人はそのことをパートナーに伝えない場合が多い。ひとりで何とかしなければと思ったり、言ってもわかってもらえないだろうと思ったりするからだ。すると、パートナーはそれらの症状を自分への当てつけととって悩んだり防衛的になったりする。

ゼーナとウィルは前の晩に起きたことで喧嘩している。ウィルはゼーナに「拒まれた」ことに腹を立て、ゼーナは黙って涙ぐんでいる。ついにゼーナは、彼が階段を昇ってくる足音をベッドのなかで聞いていたら、以前レイプされたガレージに突然戻ってしまったのだと言う。背後から近づいてくる重い足音が再び聞こえ、恐怖でいっぱいになったのだ。だから、そのときセックスだけはしたくなかったのだ。これを聞いたウィルの顔は硬い憤りから優しい同情の表情に変わった。ゼーナの告白は非常に重要だった。もしこの告白がなかったら、ウィルは彼女の拒絶を個人的な侮辱と受け止めて腹立ちがおさまらなかっただろうし、そうなれば彼女の警戒心はもっと強まっていただろう。彼女は、家にいて安全だとわかっていてもまだ危険にさらされているかのように身体が反応してしまうのだと説明する。ウィルは安全とコントロールの感覚をなくしてすすり泣くゼーナを慰めることができる。

ドラゴンに遭遇したあとしばらくのあいだ神経系がショックで震え続けるのは当然だ。脳は危険の兆候を監視する警戒態勢に入っていて、ほんのわずかな不確かさにも過剰反応する。フラッシュバックに見舞われるだけでなく実際に「興奮」を感じるのだ。そして、眠れなくなったり、変に怒りっぽくなったりする。不幸にも、その苛立ちは結局パートナーに向けられることが多い。すると、パートナーもピリピリしてくる。トラウマ性ストレスは夫婦関係全体に悪影響を及ぼす。

イラクでの三回の戦闘配置を終えたテッドは、運転中に別の車が割り込んできたため路肩に乗り上げなければならなかったときカッとなった。イラクでは路肩は危険な場所なのだ。テッドは猛スピードで何マイルもその車を追いかけ、相手のバンパーに自分の車をぶつけたりした。妻のドリーンが速度を落として落ち着くように言うと、彼は悪態をついたり罵ったりした。ずっとあとになってから、彼はその出来事を振り返って謝り、またこういう状況になったらどうするか妻と話し合った。不安と怒りのあいだにある境界線は細くて、体調の良いときでも簡単に超えてしまうことがあるが、トラウマのあとではもっと細くなる。テッドは自分の怒りがドリーンをおびえさせることに気づけない。そこで、二人はとことん話し合い、戦闘モードになっていることをテッドに知らせて落ち着かせるためにドリーンが使う言葉を決めた。その結果、お互いを以前より近く感じられるようになった。

孤立したままでいる

トラウマを被った人が自力で情緒的混乱を抑えようとしてすべての感情を閉ざしてしまうと、本人にとってもパートナーにとっても悲惨なことになる。パートナーは不安やパニックの悪循環に陥り、夫婦の絆が弱まる。また、本人は愛する人と共にいる喜びを含めたポジティブな感情も閉め出してしまう。混乱を和らげるためにドラッグやアルコールに頼れば、心の結びつきはさらに損なわれる。

警察官として長く勤務してきたジョーは残酷な銃撃戦で仲間を失い、三カ月の病欠をとっていたが、六歳の娘の誕生会に仕事仲間がやってきたとき、自分が感情鈍麻の状態にあることに気づいた。その仲間は、彼には愛する家族がいて幸運だ、そのおかげで友だちの死を乗り越えられるにちがいない、とジョーに言った。ジョーは自分が幸運であることには同意した。しかし、まったく何も感じないのだ。その夜遅く、彼は妻のミーガンに心を開き、仲間が死んだのは自分のせいだと思っていることを打ち明けた。その恥ずかしさや恐怖から、何も感じられなくなってしまったのだ。妻の愛と承認はそのような恥や恐怖に対する最強の解毒剤となった。

ジョーとミーガンは比較的早く元の状態に戻ることができたが、トラウマを被った人が感情を閉鎖したままでいたらどうなるだろうか？　トラウマの残響は消えず、愛する人との結びつきや信頼を蝕んでいく。感情の回避は「悪魔の対話」につながる。私はジョーに警告した。「これは罠のようなものです。ストレスが高まれば高まるほど感情を閉め出します。でも、感情を閉ざしても癒しは得られません。何も感じないでいられる方法を探し続けるだけです。そして、あなたが感情を閉ざすと奥さんは疎外感を味わい、あなたを支えられなくなります。奥さんは寂しくなり、夫婦関係が悪化し、あなたはもっと苦しむことになります。そうやって悪循環がつづくのです」。

トラウマのサバイバーは、パートナーを最も必要としているときに絶望感からパートナーを遠ざけるような行動をとってしまうことが多い。ジェーンとエドはどちらも相談室の窓の外を眺めている。これは私との四回目のセッションだ。最初に電話をかけてきたとき、ジェーンは結婚生活で孤独を感じていると言った。二人がいまここにいるのは、たいていは怒って詰め寄るほうのジェーンが夫婦のネガティブなダンスに新たなひねりを加えたからだ――悲痛な状況から抜け出すには自殺するしかないと言ったのだ。だが、不幸にも、この絶望の抗議は夫婦の距離をさらに広げてしまった。もともと回避的だったエドが脅威を感じて混乱し、もっと彼女から遠ざかってしまったのだ。

ジェーンはいつもエドに文句を言っていることを認め、それは距離をおき続ける彼への抗議ではないかという私の意見に同意する。彼のほうはジェーンの「苛立ち」がうとましくて帰宅時間がどんどん遅くなるのだと言う。この若い夫婦は二年前にジェーンが凶悪な強盗に襲われるまでは幸せだった。二年前、彼女がドアを開けると若い男がナイフで切りつけてきたのだ。彼女はもう少しで失血死するところだった。数カ月入院したが、慢性的な痛みが残った。エドはジェーンがもうそろそろその事件を乗り越えてもいいのではないかと考える。だが、襲撃の悪夢はおさまらず、彼女は自殺を口にするようになった。

私たちは、ジェーンが自殺をほのめかすのは恐ろしい感情から逃れるのを助けてほしいという夫への懇願なのではないかという話をする。この夫婦の喧嘩からはトラウマの残響が聞こえてくるのだ。しかし、エドは同意しない。彼は私に言う。「たしかに、あの事件が起きてから僕たちの状況は変わりました。でも、どうしてそれが夫婦喧嘩につながるのかわからない。今回の喧嘩だってそうです。僕が二時間ほどゴルフをしているあいだ携帯電話の電源をオンにするのを忘れていたというだけで彼女は怒り狂ったのです。そして、自殺すると騒ぐ。もうやってられませんよ」。彼は大きなため息をつき、ジェーンは涙ぐむ。

ジェーンは事件の詳細も、まだ頻繁にフラッシュバックがあることもエドに言えないでいた。自分が迂闊にドアを開けてしまったことを責められているような気がしたからだ。私は突然、その事件についての彼女の話に電話のことが出てきたのを思い出した。「ちょっと待って」と私は言った。「ジェーン、あなたは床に倒れて意識を失いかけていたとき、コーヒーテーブルのそばの敷物の上に電話があるのが見えたと言いませんでしたか？　でも、身体が動かなくて手を伸ばせなかった、と」。彼女がうなずくので私は続ける。「あなたは、意識が薄れて自分は死ぬのだと思ったけれど必死でその電話をつかもうとした、とおっしゃいました。『エドに電話できさえすれば、助けにきてくれる』と自分に言いながら。そうでしたね?」。ジェーンはすすり泣きながらつぶやく。「でも、電話はできませんでした」。「そうです、でも、電話は唯一の望みで、命綱でした。だからいまエドに電話しようとして携帯の電源が切れているとパニックになるのだと思います。また彼に電話できないということですものね?」。ジェーンは声を上げて泣き、エドは突然理解できたという表情で彼女の髪をなでる。

ジェーンは何かのきっかけで強盗に襲われたときのことを思い出すと、どうしてもエドとつながりたくなるのだということがわかった。彼と連絡がとれないと、身体がまた床に転がって息絶えていくかのような反応をしてしまうのだ。彼女はエドに言う。「あなたの電話がオフになっていて私はひとりぼっちだと思ったら、気が変になってしまったの。心臓がバクバクして、息ができなくなってしまった」。彼女は命が危険にさらされているという絶望感を「自殺したほうがまし」という言葉でエドに伝えようとしたのだが、それを聞いたエドは打ちのめされてよけい対応できなくなってしまったのだ。

エドとジェーンは「接近・応答・関与の会話」に入り、ジェーンのトラウマに対処するための安定した基盤を作る。エドはジェーンの苦しみや恐怖を軽視してはいけないことを認める。もし打ちのめされたら、単に遠ざかるのではなく、はっきりそう言ったほうがよい。夫婦関係が改善するにつれて、エドは以前ほど落ち込まなくなり、ジェーンの悪夢やフラッシュバックは劇的に減った。だが、それだけではない。エドは他の誰も与えられないものをジェーンに与えられることがわかったのだ。それは、苦痛の理解であり、ひとりぼっちではないという安心感であり、前に進む勇気である。

トラウマを被った人はパートナーの支えを猛烈に必要としているのにそれを払いのけるような態度をとってしまうこともある。そのせいで夫婦関係が何十年にもわたって、あるいは生涯にわたって、歪んでしまう。だが、夫婦が手を差し伸べ合っていっしょにトラウマに立ち向かえば、ドラゴンを鎮圧することができる。

ベトナム戦争から長い年月がたったというのは、戦地へ赴いたり帰還する誰かを待ったりしなくてすんだ人にとっての話だ。ダグにとってはほんの昨日のことにすぎない。彼はまだ、自分の率いる特殊部隊を危険にさらしたがなんとか全員無事に帰還させた鼻っ柱の強い二十三歳の中尉のままなのだ。いや、「全員無事に」というのは語弊があるかもしれない。ダグは障害年金で暮らす回復中のアルコール依存症者で、四度結婚し、四度目の結婚もうまくいっていない。妻のポーリーンは家を出ていくにちがいないと彼は思っている。寄ると触ると喧嘩をしているからだ。ダグより少し若くて初婚のポーリーンは「私たちはただ離れていくだけです」と腹立たしげに言う。そして、ダグに言う。「あなたを愛しているけれど、短気なのが困るのよ。怒り散らすか無関心になるかどちらかなんだもの。私にとってどんなに大切な人か伝えようとしても、カッとなるだけ。もうどうすればいいかわからないわ」。彼は苦笑いしながら辺りを見回して言う。「ほら、やっぱり彼女は別れようとしている。こっちは覚悟ができているんです。人は起こりうる最悪の事態に備えていなければならない」。それは兵士にとっては良いモットーかもしれないが、夫婦にとってはそうではない。

ポーリーンとダグは自分たちの「抗議のポルカ」について詳しく話し合う。トラウマのせいで余計なスピンがかかるため、この夫婦のポルカは他の夫婦の場合より速くて極端だ。ダグがベトナムで何を学習したか聞くと、私はなぜ「抗議のポルカ」が始まるのかわかった。「簡単なことだよ」と彼は言う。「ぜったいに恐怖を見せてはいけないし、ぜったいに間違ってはいけない。もし間違ったら誰かが死ぬ。この二つのルールのおかげで命拾いした。だから、肝に銘じているんだ」。これらの「ルール」のせいで、ポーリーンに完ぺきではないとほのめかされると過剰反応したり黙り込んだりするのだということは理解に難くない。

むき出しの箇所の会話で傷つきやすい点を伝え合ったとき、この夫婦にとっての突破口が開けた。ダグは「暗いトンネルのなかに隠れている」ことを認めただけでなく、自分が本当はどういう人間か知られるのが怖いのだと妻に語った。ポーリーンは言う。「私が大声でわめくのはあなたを見つけることができないからなの。それは恐ろしいことよ。ベトナムの傷があろうとなかろうと、あなたを愛しているから」。「もし俺があそこでしたことを知ったら、愛したりしないさ」と彼は言い返す。「俺は部下たちを国に連れ帰ったが、俺たちがしたようなことは誰もするはめになってはならない」。彼は恐ろしい銃撃戦については誰にも話したことがないし、自分の下した命令にいまも悩み、恥ずかしい気持ちでいっぱいになるのだと言う。「もし君が知ったら、君は去っていくだろう。あんなことをした者を愛せるはずがない」。

数セッションの後、「ギュッと抱きしめて」の会話で、ダグはついに「恥ずかしい秘密」の主要な部分を明かすことができた。詳細をすべて語ったわけではないが、最悪の恐怖をわかってもらえる程度の暴露はした。最悪の恐怖とは誰にも愛してもらえないという恐怖だ。ポーリーンは優しい思いやりで応じる。「あなたは愛情深い立派な人で、ベストを尽くしたのだし、しなければならないことをしたのよ。しかも、それ以来毎日償ってきた。そしていま、心を開いて、思い切って打ち明けてくれたあなたを私はこれまで以上にいとしく思う」。

ダグは、決して弱さを見せないという「無敵のルール」を破らなくてはならなかった。「戦闘では、怖気づいたら身がすくんでしまう。完ぺきな行動だけが安全を保障する」と彼は説明する。「完ぺきであること、決してミスを犯さないこと。それで初めて殺し合いが止む。それで初めて家に帰れるんだ」。彼女はすすり泣きながら答える。「でも、あなたは完ぺきではないから家に帰ってこなかった。私が両腕を広げて待っていても」。こんどは彼がすすり泣きはじめた。

ダグとポーリーンの関係が真に変化したのは、ポーリーンが優しくこう言ったときだった。「私のそばに来て、心を開いて。あなたを心から愛している」。だが、最初、ダグはその招きを非難と聞き違える。彼は自分の靴を見ながら「それは厳しすぎる」と言う。ポーリーンの顔が絶望で歪むが、ダグはふと我に返って彼女を見る。「いま何と言った？」と彼は尋ねる。「お前はダメな奴だと言われたような気がしたんだ。もし君が幸せなら、そんなことを頼んでくるわけがないから。でも、君はいま何と言ったんだい？」。次の数分で、ダグは初めて理解した、「彼女がお前を欲しがるはずはない。お前はへまをして、彼女は去っていくだろう」という声は彼自身の恐怖の声なのだということを。この声がポーリーンの愛の言葉をかき消して非難の言葉へとねじ曲げるのだ。ポーリーンは彼を抱擁する。彼は言う。「僕も君が必要だ。君から安心感をもらいたい。君のそばにいて支えたいとも思う」。四十年たって、ダグはようやく家に帰ることができた。

最大の障害

慢性的な不安や怒りはすべてのトラウマに共通する厄介な後遺症だ。だが、夫婦関係における最大のひっかかりはサバイバーを苦しめる恥の感情だと私は思う。トラウマを被った人は自分のことを傷物だとか、汚い、あるいは単に悪いと感じる。恐ろしい目に遭ったのは自分のせいだから、心配してもらうに値しない。自分が受けるに値しないものを求めることなどできない、と。セッションの初めにクライエントのジェーンは私に言った。「正直なところ、夫婦関係についてこんなふうに話し合うのは時間の無駄です。誰も私なんかといっしょにいたくないにきまっています。あの事件以来、私は唾棄すべき者になってしまったのです」。こういうときこそ、愛する人に安心させてもらい、有害な感情を和らげてもらう必要がある。エドは妻に言う。「君は僕の大切な人だ。僕はもう少しで君を失うところだった。君のそんな言葉を聞くのはつらい。君は傷つけられたけど、それは何も恥ずかしいことではない。君がそんなに怖がらなくてもいいように抱きしめてあげたい」。

パートナーには、傷ついた心が休まる場所になってもらわなければならないし、苦しみの証人になってもらわなければならない。また、その出来事はあなたのせいで起きたのではないし、あなたが打ちのめされているのは弱いからではないと請け合ってもらわなければならない。安定した夫婦関係はドラゴンに直面したときに防御の盾となり、ドラゴンが去ったあとは心の傷の回復を助ける。

セラピーの終わりに、ダグはいっしょにベトナムにいたすべての仲間と連絡をとる決心をする。彼は言う。「結局、本当の問題は、自分が暗い面を、誰もが恐れるものを見てしまって、世界観が変わってしまったということなのです。自分はこの世界の外側にいる。ひとりで。たまに命綱を投げてくれる人もいますが」。彼はポーリーンのほうを向く。「でも、君はまっすぐに入ってきてくれた。たくさんのモンスターを抱えた私を求めてくれた。君がいるから、またこの世界の一員になれるよ」。

苦しみのなかからこそ強い絆が生まれる——愛の力を使うことさえできれば。「いつか、風と波と潮と重力を極めたのち、愛のエネルギーを使えるようになるだろう。そうしたら、人類は史上で二度目に火を発見したことになる」とフランスのカトリック思想家ピエール・テイヤール・ド・シャルダンは書いている。この「火」は燃えて人を怖がらせる火ではなく、光と暖を与えてくれる火だ。それは夫婦関係だけでなく世界をも変えることのできる愛なのだ。

究極の絆

──最後のフロンティアとしての愛

Ultimate Connection — Love as the Final Frontier

「それでも、人生で望むものを手に入れましたか？
はい、手に入れました。
それで、あなたは何を望んだのですか？
愛されることです」

──レイモンド・カーヴァー

愛の絆をいかに育むかは喫緊の課題だ。愛に満ちた結びつきがあれば、困難に打ち勝ち、より良く生きることができる。そして、それが生きる意味となる。たいていの場合、臨終の際に何よりも大切なのは近しい人たちとの結びつきの質である。

愛着の重要性を理解している人が良い人生を送ることは直観的にわかる。だが、現代社会はつながることよりも競うことを奨励する。何百万年もの進化を通して、人間は所属や親密さを絶えず求めるように作られてきたにもかかわらず、他者を必要としない人こそが健康なのだという考えがはびこっている。この考えは危険だ。少ない時間で多くを成し遂げることや多くの物で生活を満たすことに心を奪われ、共同体の感覚が蝕まれてきた今日ではとくに危険だ。

現代社会は人間の生態と逆行している。トーマス・ルイスらが著書『愛についての概論』で巧みに述べているように「人間の子どもに食べ物と着る物を与えても心のふれあいを与えなかったらその子は死んでしまう」ということを私たちは知っている。しかし、大人は別の生き物だと教えられてきた。なぜそういうことになるのか？

精神科医のジョナサン・シェイは著書『アメリカのオデッセウス』で「人間にはきわめて重要な普遍的特性が二つある」と述べている。一つは誰もが無力で依存的なかたちで生まれることであり、もう一つは誰もが死ぬ運命にあってそれを知っているということだ。この脆弱性に対処する健全な方法は互いを求めて抱き合うこと以外にない。抱き合うことで心が落ち着き、力が湧いてきて外界へと歩き出していける。

愛着の観点からみると、他者とのつながりに対する欲求は絶対である。親密な関係にある二人が相互に依存していることを証明する研究は枚挙にいとまがない。私たちはばらばらに互いのまわりを回っている小さな惑星のようなものではないのだ。

この健全な依存こそが恋愛の本質である。恋人たちの身体は「神経系のデュエット」のようにリンクしている。一方が送り出すシグナルはもう一方のホルモンレベルや心臓血管機能、身体リズム、そして免疫系までも変える。愛に満ちた結びつきでは抱擁ホルモンといわれるオキシトシンが身体にあふれ、それが穏やかな喜びやすべてがうまくいっているという満足感をもたらす。私たちの身体はそういう結びつきができるように作られているのだ。

私たちのアイデンティティさえも、最も近い人との一種のデュエットである。愛に満ちた関係は自己の感覚を広げ、自信を強めてくれる。私がこの本を書けたのも夫が「君なら書ける」と言ってくれたからだし、途中で投げ出さなかったのも彼の励ましがあったからだ。愛する人は実際こちらの心に入ってきて、こちらを変化させてくれる。

人生は受けた愛の質によって決まる。見知らぬ状況に置かれた一歳の子どもがどれだけ安全に母親と結びついているかを見れば、その子が小学校でどれだけ社会性があるか、思春期にどれだけ親しい友を作れるかが予測できる、とミネソタ大学のジェフ・シンプソンは言う。母親や初期の友人たちとの結びつきから、その人が二十五歳になったときの恋愛関係の質も予測できる。人生は人間関係の積み重ねなのだ。

愛はどのように機能するのか？

永続的な愛の絆を獲得するためには、自分の最も深い欲求に波長を合わせて、それを愛する人に応えてもらえるような明確なシグナルに変換できなくてはならない。愛を受け取り、愛を返すことができなくてはならない。そして何よりも、原初的な愛着のコードを認めて受け入れなくてはならない。多くの夫婦関係では、愛着の欲求や不安は表に出されず、それが行動の動機であるにもかかわらず決して認識されない。私たちはそれをきちんと認識して、求めてやまない愛を積極的に形作らなくてはならない。

愛を形作るためには、身体的にも情緒的にも相手を受け入れ、敏感に反応しなければならない。カリフォルニア大学のビル・メイソンとサリー・メンドサが行ったティティモンキーの研究は愛が包含するものをおしえてくれる。雌のティティモンキーは赤ん坊に乳を飲ませるが、それ以外の母性的行動はいっさいしない。わが子の毛繕いもしなければ、触りもしない。真の養育者は雄で、子どもの世話の八〇パーセントを担う。雄は赤ん坊を抱いたり運んだりして情緒的に関与し、安全な場を提供する。赤ん坊のティティモンキーは母親を家族から離してもまったく気にしないが、父親が連れ去られるとストレスホルモンのコルチゾールが急上昇する。

相談室で、ぎくしゃくした夫婦から私はときどきこんな話を聞く。「家族のために一生懸命やっています。給料はきちんと入れるし、困り事の相談にのるし、芝刈りもする。浮気するわけでもない。それなのに、そういうことはどうでもよくて、『気持ちをわかってくれない』とか『じゃれ合ったりしない』とかいうことが妻にとって何よりも重要らしいのです。なぜでしょう？」。私は言う。「それは、私たちがそのように作られているからです。私たちには誰かに注目してもらいたい、抱きしめてもらいたいという欲求があるのです。寄り添って心を通い合わせたいのです。それに匹敵するものはありません。あなたにもそういう欲求があるはずです。忘れてしまいましたか？」。結びつくことは心地よいし、抱擁は受ける側にも与える側にも深い満足と安らぎをもたらす。たいていの人は赤ん坊を抱くのが好きだ。赤ん坊を抱く喜びは恋人を抱く喜びに似ている。

しかし、愛着と絆だけがすべてだろうか？　大人の愛にはセクシャリティや世話することも絡んでくる。だが、こうした要素は愛着という土台の上に築かれる。安全な結びつきがあってこそのセクシャリティなのだ。エロチシズムは表面的な斬新さからくるのではなく、その瞬間にパートナーに対して心を開けるかどうかにかかっている。

親しさや結びつきを感じる相手を世話したいとか生活の実際的な面で支えたいと思うのは当然だ。「愛していれば、いろいろやってあげたくなるものだ」とアーネスト・ヘミングウェイも書いている。「相手に捧げたい。仕えたい」。安定した夫婦は相手がどういう世話を求めているかを敏感に察知することが研究からもわかっている。

夫婦関係では、愛着、セクシャリティ、世話が同時に発生する。そこでは親密さ、応答性、世話、性、という正の連鎖が生まれる。初めて相談室に来たとき、チャーリーは離婚の弁護士を雇ったと厳かに宣言した。それが、数カ月経ったいま、妻のシャロンが嬉しそうにうなずく傍らで私にこう言う。「僕たちはずっと近くなりました。こんなに寄り添えたのは初めてのような気がします。僕はもう苛立ったり嫉妬したりしません。妻を信じています。気持ちを楽にさせてほしいときはそう言えるし、彼女のほうも僕にそう言えます。ベッドのなかでも親密さが増して、セックスが楽になりました。互いに求められていることがわかるし、してほしいことを頼めます。こんなふうに仲睦まじくなると、相手に尽くすことが嬉しくなります。背中が痛いと言えば喜んで助けてあげます。妻のために小さい電気カイロを探してきました。妻は僕がタバコをやめるのを手伝ってくれています。まるでまったく新しい関係が始まったかのようです」。

しかし、愛を機能させるためには、たとえうまくいっているときでも、それが常に進行中の作業であることを忘れてはならない。夫婦の問題に決着がついたとたんに一方が変わるということもある。小説家ウルスラ・ル・グインは「愛は石のように不動のものではなく、パンのように作られるものだ。常に新しく作り変えなければならない」と念を押す。感情焦点化療法はまさにそのためのものである。

二十年に及ぶ研究を通して、私たちはさまざまなカップルがそれぞれの愛を「作る」のを手助けしてきた。新婚夫婦も熟年夫婦も、同性愛のカップルも、基本的に幸せな夫婦もそうでない夫婦も、高学歴の夫婦もブルーカラーの夫婦も、無口な夫婦も感情むき出しの夫婦もいた。感情焦点化療法は夫婦関係を癒すだけでなく、癒しの夫婦関係を作り出すことがわかった。憂鬱で不安な夫婦は絆の体験から計り知れない恩恵を受けるが、絆の体験は愛に満ちた夫婦関係によってもたらされるのだ。

もし私がこれらすべてのカップルから得た教訓をまとめるとしたら、次のようになるだろう。

・呼んだらそばへ来てほしい、安全な場所になってほしい、という欲求は絶対的なものである。
・情緒的飢餓は現実のものである。情緒的に見捨てられたとか拒絶されたという感覚が心身の苦痛やパニックを引き起こす。
・結びつきを求める原初的欲求が満たされないとき、その苦痛に対処する方法はほとんどない。
・情緒的バランスや落ち着き、生き生きとした喜びこそが愛の報酬だ。心酔やのぼせ上りはおまけにすぎない。
・愛やセックスに完ぺきな振る舞い方などない。振る舞い方にとらわれたら行き詰る。大切なのは気持ちが込められているかどうかだ。
・夫婦関係に単純な原因と結果はない。すなわち直線はなく、夫婦が共に作り出す円しかない。夫婦は結びつきと分離のループやスパイラルのなかへと互いを引き込む。
・情動の声に耳を傾けることができれば、自分が何を必要としているのかが正確にわかる。
・誰でもときとしてパニックボタンを押してしまうことがある。心のバランスを失って不安なコントロールモードや逃避モードに入ってしまう。大事なことはそういう状態に留まらないことだ。そういう状態のあなたに会わなければならないパートナーはつらい。
・手を伸ばして相手を求めることもそれに応えることも勇気の要ることだが、それによって絆が結ばれ、魔法のような変化が起きる。
・自分の痛みの意味が理解できて相手がその痛みを共に感じてくれて初めて、傷つけられたことを許せる。
・情熱的な愛を継続させることは十分可能だ。不安定なのぼせ上りは序曲にすぎない。波長の合った愛の絆こそがシンフォニーだ。

・無視は愛を殺す。愛は注目を必要とする。自分の愛着欲求を知り、相手の愛着欲求に応えることで「死が二人を分かつまで」絆を持続させることができる。
・「愛されている人は自由で力強く、生き生きしている」という陳腐な言葉は想像以上に真実だ。

こうしたことがすべてわかっていても、愛する人とぎくしゃくするたびに、私はまだあの十億分の一秒の選択に直面しなければならない。それは、相手を責めたり主導権を握ろうとしたり仕返ししたり黙り込んだりするのか、それとも深呼吸して自分と相手の気持ちに波長を合わせたり、思い切って相手を求めたり、打ち明けたり、抱きしめたりするのか、という選択だ。

より大きな集団

夫婦が安定した絆で結ばれると、互いに対する結びつきが強まるだけではない。愛に満ちた共感の輪は池に石を投じた波紋のように広がっていく。夫婦の仲が良いと、夫婦をとりまく他の人々への思いやりも増す。愛着についての初期の研究でメアリー・エインズワースは、母親との関係に不安のない子どもは三歳という低年齢でも他者に対して共感的であることを発見した。愛する人との安全性を心配する必要がなければ、当然、他の人々に与えられるエネルギーが多くなる。他者を見る目が肯定的になり、進んで情緒的かかわりをもつようになる。愛されて安心感のある人は親切で忍耐強い。

心理学者フィル・シェイバーとマリオ・ミクリンサーの研究によれば、誰かが自分を愛してくれたことを思い出すだけで自分とは違う人々に対する敵意がたとえ短時間でも減少するという。これは、自分がいかに愛されているかを考えることで思いやりの心を高める仏教の考え方にも通じる。科学誌の記者であるシャロン・ベグリーは神経科学と仏教についての著書のなかで、チベット人は危険が迫るとたいてい「お母さん」と叫ぶのだというダライ・ラマの言葉を引用している。これは私たち北米人が使うもっと攻撃的な言葉より有益であるように思われる。

夫婦の愛、家族の愛

幸せな家庭が幸せな夫婦関係から始まるのは周知の事実だ。夫婦喧嘩は子どもとの関係に悪影響を及ぼす。親の不仲が子どもに良くないのは疑う余地もない。親が苛立っていたり不安だったりすると、子どものしつけがきちんとできない。不必要に厳しくなったり一貫性がなくなったりする。しつけの問題だけではない。夫婦仲が悪くて悩んでいると、心のバランスを失って子どもと真に波長を合わせられなくなる。アリスは私に言う。「イライラしてとげとげしい母親になってしまいました。フランクとの夫婦喧嘩で精根尽き果てて、子どもたちのためのエネルギーがなくなってしまったのです。末っ子が学校へ行くのが怖いと泣き出したときには、怒鳴りつけてしまいました。ひどいことをしたと思います。私は鬼ばばあになってしまい、フランクは家族の誰からも距離を置いています。私たちは家族のために夫婦の問題を解決しなければなりません」。

夫婦間の衝突が激しくなると、子どもの行動や精神に問題が起き、子どもが抑うつ的になることもある。だが、子どもに悪影響を与えるのはそれだけではない。配偶者から心が離れると、子どもからも心が離れてしまうことが多いのだ。ロチェスター大学の心理学者メリッサ・スタージ゠アプルの研究で、これはとくに父親に当てはまることがわかった。妻との関係が悪化した男性は子どもからも遠ざかることが多いという。逆にいえば、夫婦のあいだに安定した愛着があれば、子どもに安全な基地を与える良い親になりやすいということだ。そういう親のもとで育つ子どもは自分の感情に対処したり他者と結びついたりするのが上手になる。親とのあいだにしっかりした愛着のある子どもはそうでない子どもより幸せで社会性があり、ストレスに強いという科学的証拠は山のようにある。子どものためにできる最善のことは配偶者と愛に満ちた関係を築くことだというのは単なる感傷ではなく、科学的事実なのだ。

安全で愛に満ちた子ども時代を送らなかった人が良い親になりたいならカウンセリングを受ける必要があるとセラピストたちは言う。しかし、私の経験によれば、子ども時代の環境のせいで情緒的困難が残っていても、カウンセリングを受けたことがなくても、良い夫婦関係を築ければ良い親になれる。バージニア大学の心理学者デボラ・コーンも同意する。親密さに不安を感じる女性でも、安全な結びつきを与えてくれる共感的な男性と結婚すれば、自分の子どもに愛情を注ぐことができるとコーン博士は述べている。愛し合う夫婦は互いが良い親になるのを助けるのだ。

良好な夫婦関係は子どもだけでなく子どもの将来のパートナーにも良い影響を及ぼす。アイオワ州立大学の心理学者ランド・コンガーらは青年期の子どもがいる一九三の家族を四年間観察し、夫婦のあいだの温かさや支持の程度、子育ての質によって、五年後に子どもが恋人とどのようにかかわるかを予見できることを発見した。温かく支持的な夫婦の子どもは自分のパートナーに対しても温かく支持的で、幸せな関係を築いた。配偶者を愛す人は幸せな夫婦関係の手本を次世代に示すのである。

良好な夫婦関係は個人のためだけでなく、社会のためにもなる。夫婦関係が良くなれば家族関係も良くなる。そして、家族の集合体である社会も愛に満ちた思いやりのあるものになるのだ。

社会

愛に満ちた家庭は社会の基盤である。詩人ロベルト・ソーサは「愛し合う人たちは幸いである。大海を維持する砂粒だから」と書いている。他者への関与や共感の輪は夫婦や子どもで拡大が止まるわけではない。それは広がり続けて、思いやりのあるコミュニティを、そして最終的には思いやりのある世界を築く。

人は愛を切望するということ、そして愛はどう機能するのかということを理解しなければ、その切望を満たして人の本質を反映する世界は作れない。人は他者との結びつきを切望し、他者と結びつくように生まれついているのだ。まずは少数の大切な人と結びついて帰属の感覚を学び、それから友人や同僚、地域の人たちとつながっていく。自分の状態が良いときに他者を支えるのは、相手も自分と同じ弱さをもつ人間だと知っているからだ。そのうえ、自分だけの小さな世界から抜け出して集団の一員になれる喜びもある。

私は第二次大戦直後のイギリスの、決して裕福とはいえない小さな町で育ったが、そこでは生きるために皆が力を合わせなければならないという感覚が明確だった。パブにはいろいろな人がやってきた――牧師、提督、新聞売り、判事、医者、店員、主婦、娼婦。年輩の男たちはトランプをしたり政治の話をしたりしながらパブの一角で夜がふけるまで過ごした。町から町へと渡りあるく旅人は一晩の宿とビールと母特製の大皿のベーコンエッグをもらってまた旅に出た。戦争の記憶に打ちのめされた兵士は奥の部屋へ案内されて抱擁され、慰められた。身内を亡くした人も抱擁され、ウィスキーをふるまわれ、ときにはピアノに合わせた祖母の陽気な歌で慰められた。もちろん、喧嘩や衝突、偏見、意地悪もあった。それでも、結局は皆団結しているという感覚があった。誰もが互いを必要としていることを知っていた。それに、調停の役を買って出る者が必ず一人や二人いた。

つながりを誰かとともに感じることはそれをその人のために感じることと切り離して考えることはできな

い。他者への共感や思いやりはキリスト教の聖書からもコーランからも釈迦の教えからも学ぶことができる。だが、まずは親や恋人の優しい抱擁のなかで学ぶものだと私は思う。それから、積極的に、意図的に、もっと広い世界へと伝えていくのだ。

実際、何世紀にもわたって詩人や預言者たちは愛を説き、愛し合えば幸せになれると保証してきた。だが、このメッセージはたいてい道徳や抽象論として授けられたため、あまり影響力がなかった。それが影響力をもつのは心が動かされたときだ。人はもう一人の人との個人的なつながりを感じて初めて、相手の悲しみや痛みを我が事のように思えるのだ。

多くの人々と同様、私も地震などの災害の救済基金に寄付をさせていただいている。だが、手に負えない巨大な問題や顔の見えない群衆に心から反応するのはむずかしい。私にとっては、小さな女の子のいるインドの二つの家族に毎月送金するほうが心が満たされる。これらの家族は「カナダ・フォスタープラン協会」という国際援助機関に登録していて、私は彼らの写真を持っているし、名前も知っている。一つの家族はいまヤギを飼っていて、もう一つは初めてきれいな水を手に入れた。私はいつかその方々の村を訪ねたいと思っている。数カ月に一度手紙に同封されてくる写真で子どものそばに立つストイックな感じのお母さんにつながりを感じる。現代の科学技術のおかげでこうした結びつきが可能になり、地球の反対側から手を差し伸べることができるようになった。

三年前、オタワ郊外の川のほとりに古い木造の家々が建ち並ぶ絵のように美しい村に「ウェイクフィールド祖母の会」という組織が生まれた。それはローズ・レトワバという一人の女性の話がきっかけだった。彼女は南アフリカの看護師で、その川のほとりの教会で日曜日の朝講演したのだ。ヨハネスブルグのスラム街にはエイズで親を亡くした孫を育てるおばあちゃんたちがおり、孫の貴重な歯ブラシは鍵をかけてしまっておかなければならないほど貧しいのだという話だった。十数名のウェイクフィールドのおばあちゃんが集まり、それぞれが南アフリカの一人のおばあちゃんとつながって、その一家に献金するようになった。いまではカナダとアメリカに百五十の「祖母から祖母へ」のグループがある。

アメリカの登山家であり看護師であるグレッグ・モーテンソンの書いた『三杯のお茶』は個人的な結びつきが思いやりのある活動に発展した話だ。一九九三年、K2に登ろうとしたモーテンソンはパキスタンの山中で道に迷い、コルフェという小さな村にたどりついた。そして、命を救ってくれた村人たちとのあいだに特別な絆が生まれた。村の長ハジ・アリは、コルフェでは「初めていっしょにお茶を飲む人はよそ者。二回目は客人。三回目は家族」と説明した。

モーテンソンは家族になった。彼はコルフェの子どもたちに、幼くして病に倒れた妹の姿を重ねた。コルフェの子どもたちの苦しい生活との闘いに妹の闘病生活の苦しみを思い出したのだ。村の学校を見たいと言うと、八十二人の子どもたちが霜で覆われた地面に棒切れで掛け算表を書いている場所へ連れていかれた。学校の建物はない。しかも、村は一日一ドルの給料も払えないので、大半の時間教師は不在だった。

「胸がつぶれる思いだった」とモーテンソンは書いている。彼はハジ・アリに「私が学校を建てます」と約束した。次の十二年で、モーテンソンと彼の設立した「中央アジア協会」はパキスタンとアフガニスタンの山岳地帯に五十五以上の学校を作った。その多くは女子の教育に専念するものだった。モーテンソンは、ミサイル一基の値段でバランスのとれた教育を授ける学校を何百も建てられると指摘する。これは過激主義をたきつける「向こうとこっち」という分離に挑む別の種類の戦争だ。これは思いやりや結びつきの力を強調する行いなのだ。

これらの物語は、パートナーや家族と育んだ愛が社会へと広がっていくことを教えてくれる。著述家ジュディス・キャンベルは「心が声を発したときはよく注意しよう」と述べている。これらの物語は他者の窮状に素直に反応した人たちの物語だ。共感する心や個人的な結びつきの力が世界を良いほうへと変えるのである。

本書で提示した愛についての考え方は、トラピスト会の僧であり著述家でもあるトマス・マートンの考え方と合致している。彼は、思いやりとは結局「相互依存の認識」に基づくもので「すべての生き物は互いに深くかかわっており、互いの一部なのだ」と述べている。人類がこの脆弱な青い惑星の上で生き延びるためには、分離の幻想を超えて、互いに依存しているのだということを理解しなければならない。そのことを私たちは最も親密な関係のなかで学ぶのだ。

愛についての本を終わらせるのはむずかしい。この本では愛に関する新しい科学とそれがいかに安定した絆の構築に役立つかを詳述してきた。だが、愛を完全には理解することはできない。知れば知るほど、知らないことが出てくるからだ。詩人E・E・カミングスが言うように「いつだって、美しい答えはもっと美しい問いを発する」のである。

訳者あとがき

夫婦カウンセリングの本である。

カウンセリングといえば、「学校カウンセリング」に代表されるように青少年の心のケアに焦点を合わせたものが多く、「夫婦カウンセリング」という概念には馴染みのない読者が多いのではないだろうか。

夫婦関係がぎくしゃくして悩んでいても、そのことでカウンセリングを受けにいくという発想は日本ではまだ一般的ではない。友人や知人に夫や妻の愚痴をこぼす人はたくさんいる。だが、それで根本的な問題が解決できるわけではない。枠組みのしっかりした、科学的根拠に基づく夫婦カウンセリングが必要なのだ。

夫婦関係は人間関係のうちで最も重要なものだといっても過言ではない。核家族化が進み、地域の結びつきも希薄になってきている現在、夫婦の絆は最後の、そして最高の、心のよりどころである。この高齢化の時代、子どもが独立したあと、夫婦は長い年月を二人だけで過ごさなくてはならない。

夫婦の愛にはトラウマを癒す力もある。先の東日本大震災では「絆」の重要性が再認識され、本気で結婚を考える人が増えたというが、本書の第Ⅲ部の最初の章ではまさにそのことを言い当てている。「信頼してつながれる人がいるほうがトラウマからの回復は容易になる」と著者は述べている。

だから、そんなにも大切な夫婦関係に亀裂が生じたら、手をこまねいていてはいけないのだ。早急に、本気で、関係改善に取り組まなくてはならない。

本書は、身近に夫婦カウンセリングを受けられる場をもたない私たちにとって大変な朗報であり、嬉しい贈り物である。不和を取り除き、円満な夫婦関係を取り戻すための七つのステップが順を追って、事例と共にわかりやすく説明されている。それによって、実際にカウンセリングを受けるのに近い効果が得られるようになっている。

各ステップの終わりには「やってみよう」のコーナーが設けられており、声に出して話したり、ペンをとって書いたりすることで、本から得た知識を定着させることができる。このコーナーは、カウンセラーから直接話しかけられているような感じをもっていただくために、あえて「です・ます調」で訳した。

著者は長年の臨床経験と他の学者たちの膨大な研究データに基づいて、情動（感情）の問題を科学的に論じている。だが、そんな科学論文でありながら、ふと肩の力が抜けるような挿話や、思わずほろりとさせられるような場面の描写が随所にちりばめられている。その意味でも大変読みやすく、魅力的な一冊である。

冒頭のレナード・コーエンの歌“Dance me to the end of love”の哀調を帯びたメロディが翻訳中に何度も頭の中でリフレインし、私自身も心を揺さぶられるような体験をさせていただいた。

どんなに物が豊富でも、愛のない人生は不毛だ。夫婦の愛を取り戻すうえで、この本はきっと役に立つにちがいない。

翻訳の機会を与えてくださった金剛出版編集部の高島徹也氏と梅田光恵氏に心から御礼申し上げます。

二〇一四年六月

白根 伊登恵

監修者あとがき

本書は、すでに二十カ国語に翻訳されており、カップル指南書の中でもっとも人気がある一冊である。多くのカップル指南書は、臨床経験をもとに著者の持論が展開されているのに対して、本書は、エモーション・フォーカスト・カップルセラピー（または、感情焦点化カップル療法：Emotionally-Focused Therapy for couples：EFT-C）というエビデンス・アプローチの知見に基づいて論じられているのが特徴である。そのなかで、スー・ジョンソン氏の長年の臨床経験が十分に活かされ、本書を通じて使われるダンスのメタフォーにはとても説得力があり、分かりやすいアドバイスやエクササイズに満ちている。また、本書には、読者が、自分自身や結婚相手（交際相手）を重ね合わせて感情移入できるカップルが登場するため、引き込まれるおもしろさがある。

本書で紹介されたエモーション・フォーカスト・カップルセラピーは、一九八八年に、スー・ジョンソン氏の指導教員であり、エモーション・フォーカスト・セラピー（Emotion-focused Therapy：EFT）の開発者であるレスリー・グリーンバーグ氏との共著ではじめて紹介された（Greenberg & Johnson, 1988）。その後、スー・ジョンソン氏は、指導教員であるグリーンバーグ先生とは離れ、アタッチメント理論を基盤としたＥＦＴ理論を独自に発展させていった（Johnson, 1996）。カナダのオタワ大学を拠点とし、一九八八年には、THE INTERNATIONAL CENTRE FOR EXCELLENCE IN EMOTIONALLY FOCUSED THERAPYという研究所を設立した。そして、スー・ジョンソン氏に指導を受けた熱心なセラピストたちにより、北米の大都市にEFT－C研究所が設立され、臨床訓練が広がっていった。現在では、北米十四都市にこのような認定された研究所があり、別の十四の都市ではEFTセラピストの地区支部が設立されている。EFT－Cの資格制度も整い、スーパーバイザーの訓練制度まで確立している。現在、北アメリカにおけるカップル療法のもっとも有力なアプローチと言っても過言ではないだろう。

スー・ジョンソン氏のEFT－Cがここまで有力なアプローチになっている理由の一つは、EFT－Cが現代の北アメリカにおけるカップルの問題の実情にもっともフィットしており、もっとも必要であり有効なアプローチと臨床家が直観的に感じることが挙げられる。北アメリカでは、離婚率は、五〇パーセントを超えると言われている。現在結婚は、見合い結婚のように家と家の社会関係によって決められるようなことはほとんどなくなっており、結婚の中心にあるのは、男女間の愛である。一度二人の熱いつながりが冷め始めたり、感情的なぶつかりが多くなると、感情によってつながっているからこそ、カップルの危機は大きくなる。したがって、二人のあいだの感情的冷却や衝突を扱わねば関係を立て直すことは難しくなってしまう。カップルセラピーでは、二人のあいだの真の感情的つながりを土台からしっかりと作り直すことが必要になるが、EFT－Cは、このような感情のつながりを修復することを目的としており、現代のカップルの性質をよく捉えている。

また、カップルセラピーでは、傷つき、怒り、恨み、嫉妬など二人のあいだに起こるさまざまな困難な感情を効果的に扱わねばならない。カップルセラピーの面接は、激しい怒りの応戦にもなりかねない。その場合、カップルは面接の言い合いや衝突だけで疲弊してしまい、面接に来ることでさらに関係が悪化するような事態を招くことがある。そのような中で感情の作業をセラピーの中心に位置づけるEFT－Cは、夫婦間のコミュニケーションの根幹にある感情的問題をしっかりと捉えることによって、感情的衝突を効果的に扱うための手立てを与えてくれるため、もっとも臨床ニーズにあったアプローチと言えるだろう。

次に、訓練制度およびスーパービジョン制度の充実である。アメリカのカップルセラピストは修士課程二年間を終えたあと、より専門的な訓練と自身の臨床的関心を共有する臨床家のコミュニティを求めることが多い。このような臨床家にとってより高度な専門訓練と資格制度が整ったEFT-Cは、重要なよりどころとなる。また、訓練を継続することによって、トレーナー、スーパーバイザーというより教育的な役割の資格を得ることができるため、臨床家としての長期的なキャリア形成の動機付けともなっている。

EFT-Cが一九九〇年代から積極的に効果研究を続けており、高い効果を示してきたこともその理由の一つである。一九九〇年代に行われた四件の効果研究を検討したメタ分析によるとEFT-Cの効果量は、d=1.3であり、これは、かなり大きな効果を意味する（d=1は標準偏差分の効果があったことを意味する）。臨床家にとって、自身のアプローチに実証的な後ろ盾があることは心強い。EFT-Cの成果やプロセスの研究は現在でも増えており、今後もエビデンスアプローチとして認知されていくことは確実である。

最後に、スー・ジョンソン氏のパーソナリティである。バイタリティが溢れる彼女のレクチャーは、説得力があり、教えることを心から楽しんでいるのが伝わってくる。またデモンストレーションでみせる彼女のカップルを引きつけるスタイルに感銘を受ける人も少なくない。

夫婦関係に悩む読者のために

本書は、EFT-Cの研究と臨床に基づいた一般書または自助本であり、夫婦関係における葛藤に悩むカップルが夫婦関係を改善するためのヒントを得られることがその重要な目的である。カップルセラピーまたはカップルカウンセリングを知らない人は、本書がいきなりカウンセリング場面の描写からはじまって面食らったかもしれない。お互いを責め、お互いの傷口に塩を塗り込むような激しいやりとり、またカウンセラーがそれらを止めることよりも、もっとそれぞれに説明を求めるような発言をするところなど、疑問をもった人も少なくないだろう。カップルセラピーは、夫婦にとって安全に「喧嘩」する場所であり、第三者の手を借りて自分が相手にもっている気持ちをより明確にしていく場所でもある。相手に対する強い怒りの根底には怒りとは異なる気持ちもあるはずである。それは、相手から愛情や思いやりを求める気持ち、それが得られず、裏切られ、無視された傷つき、一人でその気持ちを抱え込み、相手から疎外感を覚え、逃れることができなくなった孤立感などである。EFT-Cの特徴は、これらの感情の根底にある「つながり」の欲求に到達し、それをお互いに対して表すことによって二人の関係を作っていくことにある。人が笑うとき、それはその人の脳だけではなく、その笑顔を見る相手の脳にも変化を起こす。アタッチメントは、人が感情をどのように扱うのかということの根本にある。私たちは、感情を通してつながっているのである。

日本では、分かりきったことをわざわざ言葉にして伝えることを軽んじる傾向もある。また、夫婦間の愛情表現も少なく、本書で重要とされるアタッチメントとかかわる欲求を相手に伝えることは「こどもっぽい」「おこがましい」と思われるかもしれない。特に年齢が高くなればなるほど自分の弱みや傷つきを相手に伝えることは難しくなる。スー・ジョンソン氏が言うアタッチメントの欲求を相手に向かって表すとは浮ついた恋愛感情とか、ロマンチックなドラマの主人公を「演じる」ことではない。人間に根源的であり、とても自然な行為であり、人との感情的なつながり、安心感、安らぎ、喜びを感じることである。そのようなつながりを求め、そして受け入れるためには、自分の核にある欲求と傷つきにふれることが必要であり、それ自体は勇気がいる、成熟した適応的な心理的行為なのである。文化的違いを理由に簡単に切り捨てる前に是非試していただきたい。

カップルセラピーを実践する臨床家のために

本書は、家族や夫婦の問題を扱いながら、これまで良い教科書となるような本がみつからなかった臨床家にとってとても貴重な一冊になるだろう。面接場面におけるスー・ジョンソン氏とカップルとの実際のやりとりがちりばめられ、彼女の思考プロセスまで丁寧に描かれている。そして決して一筋縄ではいかない夫婦の言い合いを彼女が巧みに扱い、カップルにとって役に立つような答えをみつけるそのプロセスをみていくことができる。

特に、セラピスト泣かせの夫婦間の「攻撃」と反撃をどのように扱うのかという点についてみられるのが貴重である。サラとティムの喧嘩をはじめとして、夫婦のあいだの葛藤は一人が心を開いて、もう一人もすぐにそれに続くというような直線的で単純な解決へと至ることは少ない。むしろ、一人が心を開いて自分の「生傷」をみせると相手はそれにさらに一撃を加えてしまうなど余計にこじれることも多い。スー・ジョンソン氏がこれらの場面でどのようにして不満や傷つきの表出を手伝い、もう一方でそれらの感情を使って二人のつながりを作るのかというプロセスをみられることは、本書が夫婦関係に困ったカップルの指南書という枠を超えて、臨床的にも使える一冊であることを示す一例である。

本書は、カップルセラピーのヒントに満ちている。たとえば、「やってみよう」などのエクササイズは、カップルへのホームワークとして使うことができる。これらを元にカップルのコミュニケーションを促進させることもできる。また、本書をクライエントに紹介して読書療法をすることも有効であろう。実際に、本書を元にしたカップル講座がプログラム化されている。本書の内容を元にしたDVDやワークブックが制作され、カップルが自分たちで実践するか、小グループになって受講することができるようになっている。

現代アメリカにおける愛

スー・ジョンソン氏の理論の中核には、アタッチメント理論がある。夫婦をつなぎ合わせるもの、それは同性カップルであれ、老若にかかわらず、夫婦間のアタッチメントであるというのがEFT-Cの見解である。

現代社会において感情の力、愛の力というのが何よりも大きな価値であることが強調される背景も無視できない。アタッチメントという感情的つながりは、生物学的な基礎をもちながら、社会文化的な影響を受けている。感情労働という言葉が社会学を中心に広がっているが、私たちの感情は社会的価値となり、優しさ、温かさ、思いやりといった感情は、自発的な感情反応であるだけでなく、社会において訓練され、取引されるものとなっているのである。その意味において夫婦間における愛情のやりとりも社会文化的に形作られており、スー・ジョンソン氏が描く夫婦のあり方は現代のそれにマッチしているが、すべて生物学的に直接導かれるかという点に関しては検討の余地はあるだろう。ハリウッドのロマンチックコメディ映画では最後に愛が勝つストーリーがハッピーエンディングの代名詞ともなっている。スー・ジョンソン氏の理論がアタッチメントを強調するとき、生の事実として母子関係のつながりに加えて、現代社会の価値観の中での愛の位置づけについても考えさせられる。

本書の翻訳とともにスー・ジョンソン氏の他の著作の翻訳が待ち望まれる。そして、グリーンバーグ氏のカップル療法との違いなども今後議論されるよう、日本におけるＥＦＴの発展を期待している。

Greenberg, L.S., & Johnson, S.M. (1988) *Emotionally Focused Therapy for Couples.* New York : Guilford Press.
Johnson, S.M. (1996) *Creating Connection : The Practice of Emotionally Focused Marital Therapy.* New York : Brunner/Mazel.

岩壁 茂

Mortenson, Greg, and David Oliver Relin. *Three Cups of Tea*. Penguin, 2006.

Sitnpson, Jeffry, Andrew Collins, SiSi Tran, and Katherine Haydon. Attachment and the experience and expression of emotions in romantic relationships: A developmental perspective. *Journal of Personality and Social Psychology*, 2007, vol.92, pp.355-367.

Sturge-Apple, Melissa, Patrick Davis, and Mark Cummings. Impact of hostility and withdrawal in interparental conflict on parental emotional unavailability and children's adjustment difficulties. *Child Development*, 2006, vol.77, pp.1623-1641.

Stern, Daniel. *The Present Moment in Psychotherapy and Everyday Life*. Norton, 2004.

第七の会話　愛を持続させる

Johnson, Susan, and Leslie Greenberg. The differential effects of experiential and problem solving interventions in resolving marital conflict. *Journal of Consulting and Clinical Psychology*, 1985, vol.53, pp.175-184.

Main, Mary. Metacognitive knowledge, metacognitive monitoring and singular (coherent) vs. multiple (incoherent) models of attachment. In *Attachment Across the Life Cycle*, Colin Murray Parkes, Joan Stevenson-Hinde, and Peter Marris (editors), Routledge, 1991, pp.127-159.

Schor, Juliet. *The Overworked American*. Basic Books, 1992.

第III部　抱きしめることの効力

心の傷を癒す愛の力

Fraley, Chris, David Fazzari, George Bonanno, and Shaton Dekel. Attachment and psychological adaptation in high exposure survivors of the September 11th attack on the World Trade Center. *Personality and Social Psychology Bulletin*, 2006, vol.32, pp.538-551.

Johnson, Susan. *Emotionally Focused Couple Therapy with Trauma Survivors: Strengthening attachment bonds*. Guilford Press, 2002.

Matsakis, Aphrodite. *Trust After Trauma: A guide to relationships for survivors and those who love them*. New Harbinger Press, 1997.

———. *In Harm's way: Help for the wives of military men, police, EMTs and Firefighters*. New Harbinger Press, 2005.

Resnick, Heidi, Dean Kilpatrick, Bonnie Dansky, Benjamin Saunders, and Connie Best. Prevalence of civilian trauma and post-traumatic stress disorder in a representative national sample of wornen. *Journal of Consulting and Clinical Psychology*, 1993, vol.61, pp.984-991.

Shay, Jonathan. *Odysseus in America: Combat trauma and the trials of homecoming*. Scribner, 2002.

究極の絆——最後のフロンティアとしての愛

Cohn, Deborah, Daniel Silver, Carolyn Cowan, Philip Cowan, and Jane Pearson. Working models of childhood attachment and couple relationships. *Journal of Family Issues*, 1992, vol.13, pp.432-449.

Conger, Rand, Ming Cui, Chalandra Bryant, and Glen Elder. Competence in early adult relationships: A developmental perspective on family influences. *Journal of Personality and Social Psychology*, 2000, vol.79, pp.224-237.

Mason, Bill, and Sally Mendoza. Generic aspecfs of primate attachments: Parents, offspring and mates. *Psychoneuroendocrinology*, 1998, vol.23, pp.765-778.

Mikulincer, Mario, Phillip Shaver, Omri Gillath, and Rachel Nitzberg. Attachment, caregiving and altruism: Boosting attachment security increases compassion and helping. *Journal of Personality and Social Psychology*, 2005, vol.89, pp.817-839.

crinology, 1998, vol.23, pp.779-818.

di Pelligrino, Guiseppe, Luciano Faduga, L. Leonardo Fogassi, Vittorio Gallese, and Giacomo Rizzolatti. Understanding motor events: A neurophysiological study. *Experimental Brain Research*, 1992, vol.91, pp.176-180.

Gallese, Vittorio. The shared manifold hypothesis: From mirror neurons to empathy. *Journal of Consciousness Studies*, 2001, vol.8, pp.33-50.

Insel, Thomas. A neurological basis of social attachment. *American Journal of Psychiatry*, 1997, vol.154, pp.725-735.

Johnson, Sue, and Leslie Greenberg. Relating process to outcome in marital therapy. *Journal of Marital and Family Therapy*, 1988, vol.14, pp.175-183.

Kosfeld, Michael, Marcus Heinrichs, Paul Zak, Urs Fischbacher, and Ernst Fehr. Oxytocin increases trust in humans. *Nature*, 2005, vol.435, pp.673-676.

Stern, Daniel. *The Present Moment in Psychotherapy and Everyday Life*. Norton, 2004.

Uvnas-Moberg, Kerstin. Oxytocin may mediate the benefits of positive social interaction and emotions. *Psychoneuroendocrinology*, 1998, vol.23, pp.819-835.

Varela, Francisco, Jean-Phillippe Lachaux, Eugenio Rodriguez, and Jacques Martinerie. The Brainweb: Phase synchronization and large-scale integration. *Nature Reviews Neuroscience*, 2001, vol.2, pp.229-239.

第五の会話　傷つけられたことを許す

Herman, Judith. *Trauma and Recovery*. Basic Books, 1992.

Simpson, Jeffry, and William Rholes. Stress and secure base relationships in adulthood. In *Attachment Processes in Adulthood*, Kim Bartholomew and Dan Perlman (editors), Jessica Kingley Publisher, 1994, pp.181-204.

第六の会話　身体接触による絆

Davis, Deborah, Phillip Shaver, and Michael Vernon. Attachment style and subjective motivations for sex. *Personality and Social Psychology Bulletin*, 2004, vol.30, pp.1076-1090.

Field, Tiffany. *Touch*. MIT Press, 2003.

Gillath, Omri, and Dory Schachner. How do sexuality and attachment interrelate? In *Dynamics of Romantic Love: Attachment, caregiving and sex*, Mario Mikulincer and Gail Goodman (editors), Guilford Press, 2006, pp.337-355.

Harlow, Harry. *Learning to Love*. Jason Aronson, 1978.

Hazan, Cindy, D. Zeifman, and K. Middleton. Adult romantic attachment, affection and sex. Paper presented at the International Conference on Personal Relationships, Groningen, Netherlands, 1994.

McCarthy, Barry, and Emily McCarthy. *Rekindling Desire*. Brunner/ Routledge, 2003.

Michael, Robert, John Gagnon, Edward Laumann, and Gina Kolata. *Sex in America: A definitive survey*. Little, Brown and Company, 1995.

Montagu, Ashley. *Touching*. Harper and Row, 1978.

Simpson, Jeffry, and S. Gangestad. Individual differences in sociosexuality: Evidence for convergent and discriminant validity. *Journal of Personality and Social Psychology*, 1991, vol.60, pp.870-883.

activity among premenopausal women during a conflictual marital discussion. *Psychology of Women Quarterly*, 1990, vol.14, pp.387-402.

O'Leary, K.D., J.L. Christian, and N.R. Mendell. A closer look at the link between marital discord and depressive symptomatology. *Journal of Social and Clinical Psychology*, 1994, vol.13, pp.33-41.

Ortho-Gomer, Kristina, Sarah Wamala, Myriam Horsten, Karen Schenck-Gustafsson, Neil Schneiderman, and Murray Mittlem.an. Marital stress worsens prognosis in women with coronary heart disease. *Journal of the American Medical Association*, 2000, vol.284, pp.3008-3014.

Putnam, Robert D. *Bowling Alone: The collapse and revival of American community*. Sitnon and Schuster, 2000.

Roberts, Brent W., and Richard W. Robins. Broad dispositions: The intersection of personality and major life goals. *Personality and Social Psychology Bulletin*, 2000, vol.26, pp.1284-1296.

Simpson, Jeffry, William Rholes, and Julia Nelligan. Support seeking and support giving within couples in an anxiety provoking situation: The role of attachment styles. *Journal of Personality and Social Psychology*, 1992, vol.62, pp.434-446.

Twenge, Jean. The age of anxiety? Birth cohort change in anxiety and neuroticism. *Journal of Personality and Social Psychology*, 2000, vol.79, pp.1007-1021.

Uchino, Bert, John Cacioppo, and Janice Kiecolt-Glaser. The relatipnship between social support and psychological processes. *Psychological Bulletin*, 1996, vol.119, pp.488-531.

Yalom, Marilyn. *A History of the Wife*. HarperCollins, 2001.

愛はどこへ行ったの？　つながりを失う

Gottman, John. *What Predicts Divorce?* Lawrence Erlbaum Associates, 1994.

Huston, Ted, John Caughlin, Renate Houts, Shanna Stnith, and Laura George. The connubial crucible: Newlywed years as predictors of marital delight, distress and divorce. *Journal of Personality and Social Psychology*, 2001, vol.80, pp.237-252.

LeDoux, Joseph. *The Emotional Brain: The mysterious underpinnings of emotional life*. Simon and Schuster, 1996.

Panksepp, Jaak. *Affective Neuroscience: The foundations of human and animal emotions*. Oxford University Press, 1998.

第II部　夫婦関係を変える七つの会話

第二の会話　むき出しの箇所を見つける

Davila, Joanne, Dorli Burge, and Constance Hammen. Does attachment style change? *Journal of Personality and Social Psychology*, 1997, vol.73, pp.826-838.

LeDoux, Joseph. *The Emotional Brain: The mysterious underpinnings of emotional life*. Simon and Schuster, 1996.

第四の会話　私をギュッと抱きしめて——かかわり結びつくこと

Carter, Sue. Neuroendocrine perspectives on social attachment and love. *Psychoneuroendo-*

James Cranford. Prognostic importance of marital quality for survival of congestive heart failure. *The American Journal of Cardiology,* 2001, vol.88, pp.526-529.

Dimsdale, Joel E. *Survivors, Victims and Perpetrators: Essays on the Nazi Holocaust.* Hemisphere, 1980.

Eisenberger, Naomi I., Matthew D. Lieberman, and Kipling Williams. Why rejection hurts: A common neural alarm system for physical and social pain. *Trends in Cognitive Science*, 2004, vol.8, pp.294-300.

Feeney, Brooke C. The dependency paradox in close relationships: Accepting dependence promotes independence. *Journal of Personality and Social Psychology*, 2007, vol.92, pp.268-285.

Finegold, Brie. Confiding in no one. *Scientific American Mind*, 2006, vol.17, p.11.

Hawkley, Louise, Christopher M. Masi, Jarett Berry, and John Cacioppo. Loneliness is a unique predictor of age-related differences in systolic blood pressure. *Journal of Psychology and Aging*, 2006, vol.21, pp.152-164.

House, James, Karl R. Landis, and Debra Umberson. Social relationships and health. *Science*, 1988, vol.241, pp.540-545.

Kiecolt-Glaser, Janice K., Timothy J. Loving, J. K. Stowell, William B. Malarkey, Stanley Lemeshow, Stephanie Dickinson, and Ronald Glaser. Hostile marital interactions, pro-inflammatory cytokine production and wound healing. *Archives of General Psychiatry*, 2005, vol.62, pp.1377-1384.

Kiecolt-Glaser, Janice K., William B. Malarkey, Marie-Anne Chee, Tamara Newton, John T. Cacioppo, Hsiao-Yin Mao, and Ronald Glaser. Negative behavior during marital conflict is associated with immunological down-regulation. *Psychosomatic Medicine*, 1993, vol.55, pp.395-409.

Kiecolt-Glaser, Janice K., Tamara Newton, John T. Cacioppo, Robert C. MacCallum, and Ronald Glaser. Marital conflict and endocrine function: Are men really more physiologically affected than women? *Journal of Consulting and Clinical Psychology*, 1996, vol.64, pp.324-332.

Levy, David. Primary affect hunger. *American Journal of Psychiatry*, 1937, vol.94, pp.643-652.

Medalie, Jack H., and Uri Goldbourt. Angina pectoris among 10,000 men. *American Journal of Medicine*, 1976, vol.60, pp.910-921.

Mikulincer, Mario. Attachment style and the mental representation of the self. *Journal of Personality and Social Psychology*, 1995, vol.69, pp.1203-1215.

————. Adult attachment style and information processing: Individual differences in curiosity and cognitive closure. *Journal of Personality and Social Psychology*, 1997, vol.72, pp.1217-1230.

————. Adult attachment style and individual differences in functional versus dysfunctional experiences of anger. *Journal of Personality and Social Psychology*, 1998, vol.74, pp.513-524.

Mikulincer, Mario, Victor Florian, and Aron Weller. Attachtnent styles, coping strategies, and post-traumatic psychological distress: The impact of the Gulf War in Israel. *Journal of Personality and Social Psychology*, 1993, vol.64, pp.817-826.

Morell, Marie A., and Robin F. Apple. Affect expression, marital satisfaction and stress re-

文献

General

Blum, Deborah. *Love at Goon Park: Harry Harlow and the science of affection.* Berkley Books, 2002.

Coontz, Stephanie. *Marriage, a History: From obedience to intimacy or how love conquered marriage.* Viking Press, 2005.

Ekman, Paul. *Emotions Revealed.* Henry Holt, 2003.

Goleman, Daniel. *Social Intelligence: The new science of human relationships.* Bantam Press, 2006.

Gottman, John. *The Seven Principles for Making Marriage Work.* Crown Publishers, 1999.

Johnson, Susan. *The Practice of Emotionally Focused Couple Therapy: Creating connection.* Brunner/Routledge, 2004.

Karen, Robert. *Becoming Attached.* Oxford University Press, 1998.

Lewis, Thomas, Fari Amini, and Richard Lannon. *A General Theory of Love.* Vintage Books, 2000.

Mikulincer, Mario, and Phil Shaver. *Attachment in Adulthood: Structure, dynamics and change.* Guilford Press, 2007.

Siegel, Daniel, and Mary Hartzell. *Parenting from the Inside Out.* Putnam, 2003.

第I部　愛についての新たな光明

愛――その革新的解釈

Barich, Rachel, and Denise Bielby. Rethinking marriage: Change and stability in expectations 1967-1994. *Journal of Family Issues,* 1996, vol.17, pp.139-169.

Bowlby, John. *Attachment and Loss, Volume 1: Attachment.* Basic Books, 1969.

————. *Attachment and Loss, Volume 2: Separation.* Basic Books, 1973.

————. *Attachment and Loss, Volume 3: Loss.* Basic Books, 1981.

Buss, David, Todd Shackelford, Lee Kirkpatrick, and Randy Larsen. A half century of mate preferences: The cultural evolution of values. *Journal of Marriage and the Family,* 2001, vol.63, pp.491-503.

Campbell, A.,: P.E. Converse, and W.L. Rodgers. *The Quality of American Life.* Russell, Sage Publications, 1976.

Coan, James, Hillary Schaefer, and Richard Davidson. Lending a hand. *Psychological Science,* 2006, vol.17, pp.1-8.

Coyne, James, Michael J. Rohrbaugh, Varda Shoham, John Sonnega, John M. Nicklas, and

■著者

スー・ジョンソン［*Sue Johnson*］

カリフォルニア州サンディエゴのアライアント国際大学教授。
臨床心理学者。感情焦点化療法の創始者として北米および世界各国で何千ものセラピストを指導。著書多数。カナダのオタワ在住。

詳細は www.iceeft.com www.holdmetight.com

■訳者

白根 伊登恵［しらね いとえ］

横浜市生まれ。翻訳家。

訳書――『幻聴が消えた日』『アダルト・チルドレン』『アダルトチルドレン・シンドローム』『虐待サバイバーとアディクション』以上金剛出版、『毒になる姑』『あなたは変われる』以上毎日新聞社、他多数。

■監修者

岩壁 茂［いわかべ しげる］

お茶の水女子大学大学院人間文化創成科学研究科准教授。早稲田大学政治経済学部経済学科卒業後、カナダ・マッギル大学に学士編入、同大学大学院でカウンセリング心理学博士号取得。札幌学院大学に勤務後、現職。

著書――『新世紀うつ病治療・支援論』(共編著・金剛出版)、『はじめて学ぶ臨床心理学の質的研究』(岩崎学術出版社)、『プロセス研究の方法』(新曜社)、『心理療法・失敗例の臨床研究』(金剛出版)、訳書に『感情に働きかける面接技法』(レスリー・グリーンバーグほか著・誠信書房)、『エモーション・フォーカスト・セラピー入門』(レスリー・グリーンバーグ著・金剛出版) など。

私《わたし》をギュッと抱《だ》きしめて
愛を取り戻す七つの会話

発行　2014年8月30日
2刷　2022年2月25日

著者　スー・ジョンソン

訳者　白根 伊登恵

監修者　岩壁 茂

発行者　立石 正信

発行所　株式会社 金剛出版
〒112-0005
東京都文京区水道1-5-16
電話 03-3815-6661
振替 00120-6-34848

装丁　臼井 新太郎
装画　上坂 じゅりこ
本文レイアウト　石倉 康次
印刷・製本　三報社印刷

ISBN978-4-7724-1374-9 C3011